EDITION DE J. BRY AINÉ
— 1 FRANC LE VOLUME —

OEUVRES COMPLÈTES

DE

J.-J. ROUSSEAU

RÉIMPRIMÉES D'APRÈS LES MEILLEURS TEXTES

SOUS LA DIRECTION DE

LOUIS BARRÉ

illustrées par Tony Johannot, Baron et Célestin Nanteuil

TOME HUITIÈME

THÉATRE. — LETTRE A D'ALEMBERT

PARIS

J. BRY AINÉ, LIBRAIRE-ÉDITEUR

17, RUE GUÉNÉGAUD, 17

1857

ŒUVRES COMPLÈTES

DE

J.-J. ROUSSEAU

ŒUVRES COMPLÈTES

DE

J.-J. ROUSSEAU

RÉIMPRIMÉES D'APRÈS LES MEILLEURS TEXTES

SOUS LA DIRECTION DE

LOUIS BARRÉ

Illustrées par T. Johannot, Baron C. Nanteuil et C. Meltais

ÉDITION J. BRY

TOME HUITIÈME

THÉATRE. — LETTRE A M. D'ALEMBERT

PARIS

J. BRY AINÉ, LIBRAIRE-ÉDITEUR

17, RUE GUÉNÉGAUD, 17

1857

J.-J. ROUSSEAU

CITOYEN DE GENÈVE

A M. D'ALEMBERT

de l'académie française, de l'académie royale des sciences de Paris,
de celle de Prusse, de la société royale de Londres, de l'académie royale des belles-lettres
de Suède, et de l'institut de Bologne,

SUR SON ARTICLE GENÈVE, DANS LE TOME VII DE L'ENCYCLOPÉDIE

ET PARTICULIÈREMENT SUR LE PROJET D'ÉTABLIR UN THÉATRE DE COMÉDIE
EN CETTE VILLE.

> Di meliora piis, erroremque hostibus illum.
> VIRG., *Georg.*, III, 513.

PRÉFACE.

J'ai tort si j'ai pris en cette occasion la plume sans nécessité. Il ne peut m'être ni avantageux ni agréable de m'attaquer à M. d'Alembert. Je considère sa personne ; j'admire ses talents, j'aime ses ouvrages ; je suis sensible au bien qu'il a dit de mon pays : honoré moi-même de ses éloges, un juste retour d'honnêteté m'oblige à toutes sortes d'égards envers lui; mais les égards ne l'emportent sur les devoirs que pour ceux dont toute la morale consiste en apparences. Justice et vérité, voilà les premiers devoirs de l'homme. Humanité, patrie, voilà ses premières affections. Toutes les fois que des ménagements particuliers lui font changer cet ordre, il est coupable. Puis-je l'être en faisant ce que j'ai dû? Pour me répondre, il faut avoir une patrie à servir, et plus d'amour pour ses devoirs que de crainte de déplaire aux hommes.

Comme tout le monde n'a pas sous les yeux l'*Encyclopédie*, je vais transcrire ici de l'article de *Genève* le passage qui m'a mis la plume à la main. Il aurait dû l'en faire tomber, si j'aspirais à l'honneur de bien écrire; mais j'ose en rechercher un autre, dans lequel je ne crains la concurrence de personne. En lisant ce passage isolé, plus d'un lecteur sera surpris du zèle qui l'a pu dicter : en le lisant dans son article, on trouvera que la comédie, qui n'est pas à Genève, et qui pourrait y être, tient la huitième partie de la place qu'occupent les choses qui y sont.

« On ne souffre point de Comédie à Genève : ce n'est pas qu'on y désap-
« prouve les spectacles en eux-mêmes; mais on craint, dit-on, le goût de
« parure, de dissipation et de libertinage que les troupes de comédiens ré-
« pandent parmi la jeunesse. Cependant ne serait-il pas possible de remédier à
« cet inconvénient par des lois sévères et bien exécutées sur la conduite des
« comédiens? Par ce moyen Genève aurait des spectacles et des mœurs, et
« jouirait de l'avantage des uns et des autres; les représentations théâtrales
« formeraient le goût des citoyens, et leur donneraient une finesse de tact,
« une délicatesse de sentiment qu'il est très difficile d'acquérir sans ce se-
« cours : la littérature en profiterait sans que le libertinage fît des progrès ;
« et Genève réunirait la sagesse de Lacédémone à la politesse d'Athènes. Une
« autre considération, digne d'une république si sage et si éclairée, devrait
« peut-être l'engager à permettre les spectacles. Le préjugé barbare contre
« la profession de comédien, l'espèce d'avilissement où nous avons mis ces
« hommes si nécessaires au progrès et au soutien des arts, est certainement
« une des principales causes qui contribuent au dérèglement que nous leur
« reprochons : ils cherchent à se dédommager, par les plaisirs, de l'estime
« que leur état ne peut obtenir. Parmi nous, un comédien qui a des mœurs
« est doublement respectable ; mais à peine lui en sait-on gré. Le traitant
« qui insulte à l'indigence publique et qui s'en nourrit, le courtisan qui
« rampe et qui ne paie point ses dettes : voilà l'espèce d'hommes que nous
« honorons le plus. Si les comédiens étaient non-seulement soufferts à Ge-
« nève, mais contenus d'abord par des règlements sages, protégés ensuite
« et même considérés dès qu'ils en seraient dignes, enfin absolument placés
« sur la même ligne que les autres citoyens, cette ville aurait bientôt l'avan-
« tage de posséder ce qu'on croit si rare, et qui ne l'est que par notre faute,
« une troupe de comédiens estimables. Ajoutons que cette troupe deviendrait
« bientôt la meilleure de l'Europe : plusieurs personnes pleines de goût et
« de dispositions pour le théâtre, et qui craignent de se déshonorer parmi
« nous en s'y livrant, accourraient à Genève, pour cultiver non-seulement
« sans honte, mais même avec estime, un talent si agréable et si peu commun. Le
« séjour de cette ville, que bien des Français regardent comme triste par la
« privation des spectacles, deviendrait alors le séjour des plaisirs honnêtes,
« comme il est celui de la philosophie et de la liberté; et les étrangers ne
« seraient plus surpris de voir que, dans une ville où les spectacles décents
« et réguliers sont défendus, on permette des farces grossières et sans es-
« prit, aussi contraires au bon goût qu'aux bonnes mœurs. Ce n'est pas tout:
« peu à peu l'exemple des comédiens de Genève, la régularité de leur con-
« duite, et la considération dont elle les ferait jouir, serviraient de modèle
« aux comédiens des autres nations, et de leçon à ceux qui les ont traités
« jusqu'ici avec tant de rigueur et même d'inconséquence. On ne les verrait

« pas d'un côté pensionnés par le gouvernement, et de l'autre un objet d'a-
« nathème : nos prêtres perdraient l'habitude de les excommunier, et nos
« bourgeois de les regarder avec mépris ; et une petite république aurait la
« gloire d'avoir réformé l'Europe sur ce point, plus important peut-être
« qu'on ne pense. »

Voilà certainement le tableau le plus agréable et le plus séduisant qu'on pût nous offrir ; mais voilà en même temps le plus dangereux conseil qu'on pût nous donner. Du moins, tel est mon sentiment ; et mes raisons sont dans cet écrit. Avec quelle avidité la jeunesse de Genève, entraînée par une autorité d'un si grand poids, ne se livrera-t-elle point à des idées auxquelles elle n'a déjà que trop de penchant ! Combien, depuis la publication de ce volume, de jeunes Genevois, d'ailleurs bons citoyens, n'attendent-ils que le moment de favoriser l'établissement d'un théâtre, croyant rendre un service à la patrie, et presque au genre humain ! Voilà le sujet de mes alarmes, voilà le mal que je voudrais prévenir. Je rends justice aux intentions de M. d'Alembert ; j'espère qu'il voudra bien la rendre aux miennes : je n'ai pas plus d'envie de lui déplaire que lui de nous nuire. Mais enfin, quand je me tromperais, ne dois-je pas agir, parler, selon ma conscience et mes lumières ? Ai-je dû me taire ? l'ai-je pu, sans trahir mon devoir et ma patrie ?

Pour avoir droit de garder le silence en cette occasion, il faudrait que je n'eusse jamais pris la plume sur des sujets moins nécessaires. Douce obscurité qui fit trente ans mon bonheur, il faudrait avoir toujours su t'aimer, il faudrait qu'on ignorât que j'ai eu quelques liaisons avec les éditeurs de l'*Encyclopédie*, que j'ai fourni quelques articles à l'ouvrage, que mon nom se trouve avec ceux des auteurs ; il faudrait que mon zèle pour mon pays fût moins connu, qu'on supposât que l'article *Genève* m'eût échappé, ou qu'on ne pût inférer de mon silence que j'adhère à ce qu'il contient ! Rien de tout cela ne pouvant être, il faut donc parler : il faut que je désavoue ce que je n'approuve point, afin qu'on ne m'impute pas d'autres sentiments que les miens. Mes compatriotes n'ont pas besoin de mes conseils, je le sais bien ; mais moi, j'ai besoin de m'honorer, en montrant que je pense comme eux sur nos maximes. Je n'ignore pas combien cet écrit, si loin de ce qu'il devrait être, est loin même de ce que j'aurais pu faire en de plus heureux jours. Tant de choses ont concouru à le mettre au-dessous du médiocre où je pouvais autrefois atteindre, que je m'étonne qu'il ne soit pas pis encore. J'écrivais pour ma patrie ; s'il était vrai que le zèle tînt lieu de talent, j'aurais fait mieux que jamais ; mais j'ai vu ce qu'il fallait faire, et n'ai pu l'exécuter. J'ai dit froidement la vérité : qui est-ce qui se soucie d'elle ? Triste recommandation pour un livre ! Pour être utile il faut être agréable ; et ma plume a perdu cet art-là. Tel me disputera malignement cette perte. Soit : cependant je me sens déchu, et l'on ne tombe pas au-dessous de rien.

Premièrement, il ne s'agit plus ici d'un vain babil de philosophie, mais d'une vérité de pratique importante à tout un peuple. Il ne s'agit plus de parler au petit nombre, mais au public ; ni de faire penser les autres, mais d'expliquer nettement ma pensée. Il a donc fallu changer de style : pour me faire mieux entendre à tout le monde, j'ai dit moins de choses en plus de mots ; et voulant être clair et simple, je me suis trouvé lâche et diffus.

Je comptais d'abord sur une feuille ou deux d'impression tout au plus : j'a commencé à la hâte; et, mon sujet s'étendant sous ma plume, je l'ai laissée aller sans contrainte. J'étais malade et triste; et, quoique j'eusse grand besoin de distraction, je me sentais si peu en état de penser et d'écrire, que, si l'idée d'un devoir à remplir ne m'eût soutenu, j'aurais jeté cent fois mon papier au feu. J'en suis devenu moins sévère à moi-même. J'ai cherché dans mon travail quelque amusement qui me le fît supporter. Je me suis jeté dans toutes les digressions qui se sont présentées, sans prévoir combien, pour soulager mon ennui, j'en préparais peut-être au lecteur.

Le goût, le choix, la correction, ne sauraient se trouver dans cet ouvrage. Vivant seul, je n'ai pu le montrer à personne. J'avais un Aristarque (1) sévère et judicieux; je ne l'ai plus, je n'en veux plus (2) : mais je le regretterai sans cesse, et il manque bien plus encore à mon cœur qu'à mes écrits.

La solitude calme l'âme et apaise les passions que le désordre du monde a fait naître. Loin des vices qui nous irritent, on en parle avec moins d'indignation; loin des maux qui nous touchent, le cœur en est moins ému. Depuis que je ne vois plus les hommes, j'ai presque cessé de haïr les méchants. D'ailleurs le mal qu'ils m'ont fait à moi-même m'ôte le droit d'en dire d'eux. Il faut désormais que je leur pardonne, pour ne leur pas ressembler. Sans y songer, je substituerais l'amour de la vengeance à celui de la justice : il vaut mieux tout oublier. J'espère qu'on ne me trouvera plus cette âpreté qu'on me reprochait, mais qui me faisait lire; je consens d'être moins lu, pourvu que je vive en paix.

A ces raisons il s'en joint une autre plus cruelle, et que je voudrais en vain dissimuler; le public ne la sentirait que trop malgré moi. Si, dans les essais sortis de ma plume, ce papier est encore au-dessous des autres, c'est moins la faute des circonstances que la mienne; c'est que je suis au-dessous de moi-même. Les maux du corps épuisent l'âme : à force de souffrir elle perd son ressort. Un instant de fermentation passagère produisit en moi quelque lueur de talent : il s'est montré tard, il s'est éteint de bonne heure. En reprenant mon état naturel, je suis rentré dans le néant. Je n'eus qu'un moment, il est passé; j'ai la honte de me survivre. Lecteur, si vous recevez ce dernier ouvrage avec indulgence, vous accueillerez mon ombre; car, pour moi, je ne suis plus (3).

A Montmorency, le 20 mars 1758.

(1) Cet aristarque tant regretté était Diderot.
(2) Ad amicum etsi produxeris gladium, non desperes; est enim regressus. Ad amicum si aperueris os triste, non timeas : est enim concordatio : excepto convicio, et improperio, et superbia, et mysterii revelatione, et plaga dolosa; in his omnibus effugiet amicus (*Ecclesiastic.*, XXXII, 26, 27). — Si vous avez tiré l'épée contre votre ami, n'en désespérez pas, car il y a moyen de revenir. Si vous l'avez attristé par vos paroles, ne craignez rien, il est possible encore de vous réconcilier avec lui. Mais pour l'outrage, le reproche injurieux, la révélation du secret et la plaie faite à son cœur en trahison, point de grâce à ses yeux : il s'éloignera sans retour. — Cette traduction est de Marmontel (*Mémoires*, livre VII).
(3) Voici ce que raconte Dusaulx dans le récit d'un dîner fait chez lui par Rousseau, avec quelques autres convives. « On lui fit remarquer sur mes tablettes tous ses livres exposés sur le même rayon. Il s'émut à cet aspect : Ah! les voilà, s'écria-t-il, je les ren-

J.-J. ROUSSEAU A M. D'ALEMBERT.

J'ai lu, monsieur, avec plaisir votre article GENÈVE, dans le septième volume de l'*Encyclopédie*. En le relisant avec plus de plaisir encore, il m'a fourni quelques réflexions, que j'ai cru pouvoir offrir, sous vos auspices, au public et à mes concitoyens. Il y a beaucoup à louer dans cet article; mais si les éloges dont vous honorez ma patrie m'ôtent le droit de vous en rendre, ma sincérité parlera pour moi : n'être pas de votre avis sur quelques points, c'est assez m'expliquer sur les autres.

Je commencerai par celui que j'ai le plus de répugnance à traiter et dont l'examen me convient le moins, mais sur lequel, par la raison que je viens de dire, le silence ne m'est pas permis : c'est le jugement que vous portez de la doctrine de nos ministres en matière de foi. Vous avez fait de ce corps respectable un éloge très beau, très vrai, très propre à eux seuls dans tous les clergés du monde, et qu'augmente encore la considération qu'ils vous ont témoignée, en montrant qu'ils aiment la philosophie, et ne craignent pas l'œil du philosophe. Mais, monsieur, quand on veut honorer les gens, il faut que ce soit à leur manière, et non pas à la nôtre, de peur qu'ils ne s'offensent avec raison des louanges nuisibles, qui, pour être données à bonne intention, n'en blessent pas moins l'état, l'intérêt, les opinions, ou les préjugés de ceux qui en sont l'objet. Ignorez-vous que tout nom de secte est odieux, et que de pareilles imputations, rarement sans conséquence pour des laïques, ne le sont jamais pour des théologiens?

Vous me direz qu'il est question de faits et non de louanges, et que le philosophe a plus d'égard à la vérité qu'aux hommes; mais cette prétendue vérité n'est pas si claire ni si indifférente que vous soyez en droit de l'avancer sans de bonnes autorités, et je ne vois pas où l'on en peut prendre pour prouver que les sentiments qu'un corps professe et sur lesquels il se conduit ne sont pas les siens. Vous me direz encore que vous n'attribuez point à tout le corps ecclésiastique les sentiments dont vous parlez; mais vous les attribuez à plusieurs; et plusieurs, dans un petit nombre, font toujours une si grande partie, que le tout doit s'en ressentir.

Plusieurs pasteurs de Genève n'ont, selon vous, qu'un socinianisme par-

contre partout; il semble qu'ils me poursuivent. Que ces gens-là m'ont fait de mal..... et de plaisir! Il s'en approche; il les frappe ou les caresse l'un après l'autre.

« Saisissant sa *Lettre à d'Alembert*, concernant les spectacles : Voici mon livre favori, voici mon Benjamin? C'est que je l'ai produit sans effort, du premier jet, et dans les moments les plus lucides de ma vie. On a beau faire, on ne me ravira jamais à cet égard la gloire d'avoir fait une œuvre d'homme. » (*De mes rapports avec J.-J. Rousseau*, p. 101.)

fait. Voilà ce que vous déclarez hautement à la face de l'Europe. J'ose vous demander comment vous l'avez appris : ce ne peut être que par vos propres conjectures, ou par le témoignage d'autrui, ou sur l'aveu des pasteurs en question.

Or, dans les matières de pur dogme et qui ne tiennent point à la morale, comment peut-on juger de la foi d'autrui par conjecture ? comment peut-on même en juger sur la déclaration d'un tiers, contre celle de la personne intéressée ? qui sait mieux que moi ce que je crois ou ne crois pas ? et à qui doit-on s'en rapporter là-dessus plutôt qu'à moi-même ? Qu'après avoir tiré des discours ou des écrits d'un honnête homme des conséquences sophistiques et désavouées, un prêtre acharné poursuive l'auteur sur ces conséquences, le prêtre fait son métier, et n'étonne personne ; mais devons-nous honorer les gens de bien comme un fourbe les persécute ? et le philosophe imitera-t-il des raisonnements captieux dont il fut si souvent la victime ?

Il resterait donc à penser, sur ceux de nos pasteurs que vous prétendez être sociniens parfaits et rejeter les peines éternelles, qu'ils vous ont confié là-dessus leurs sentiments particuliers. Mais, si c'était en effet leur sentiment et qu'ils vous l'eussent confié, sans doute ils vous l'auraient dit en secret, dans l'honnête et libre épanchement d'un commerce philosophique ; ils l'auraient dit au philosophe et non pas à l'auteur. Ils n'en ont donc rien fait, et ma preuve est sans réplique : c'est que vous l'avez publié.

Je ne prétends point pour cela juger ni blâmer la doctrine que vous leur imputez ; je dis seulement qu'on n'a nul droit de la leur imputer, à moins qu'ils ne la reconnaissent ; et j'ajoute qu'elle ne ressemble en rien à celle dont ils nous instruisent. Je ne sais ce que c'est que le socinianisme, ainsi je n'en puis parler ni en bien ni en mal (et même, sur quelques notions confuses de cette secte et de son fondateur, je me sens plus d'éloignement que de goût pour elle) : mais, en général, je suis l'ami de toute religion paisible, où l'on sert l'Être éternel selon la raison qu'il nous a donnée. Quand un homme ne peut croire ce qu'il trouve absurde, ce n'est pas sa faute, c'est celle de sa raison (1) : et comment concevrai-je que Dieu le punisse de ne s'être pas fait un entendement (2) contraire à celui qu'il a reçu de lui ? Si un

---

(1) Je crois voir un principe qui, bien démontré comme il pourrait l'être, arracherait à l'instant les armes des mains à l'intolérant et au superstitieux, et calmerait cette fureur de faire des prosélytes qui semble animer les incrédules : c'est que la raison humaine n'a pas de mesure commune bien déterminée, et qu'il est injuste à tout homme de donner la sienne pour règle à celle des autres.

Supposons de la bonne foi, sans laquelle toute dispute n'est que du caquet. Jusqu'à certain point il y a des principes communs, une évidence commune, et de plus, chacun a sa propre raison qui le détermine : ainsi ce sentiment ne mène point au scepticisme ; mais aussi, les bornes générales de la raison n'étant point fixées, et nul n'ayant inspection sur celle d'autrui, voilà tout d'un coup le fier dogmatique arrêté. Si jamais on pouvait établir la paix où règnent l'intérêt, l'orgueil et l'opinion, c'est par là qu'on terminerait à la fin les dissensions des prêtres et des philosophes. Mais peut-être ne serait-ce le compte ni des uns ni des autres : il n'y aurait plus ni persécutions ni disputes ; les premiers n'auraient personne à tourmenter, les seconds personne à convaincre ; autant vaudrait quitter le métier.

Si l'on me demandait là-dessus pourquoi donc je dispute moi-même, je répondrais que je parle au plus grand nombre, que j'expose des vérités de pratique, que je me fonde sur l'expérience, que je remplis mon devoir, et qu'après avoir dit ce que je pense, je ne trouve point mauvais qu'on ne soit pas de mon avis.

(2) Il faut se ressouvenir que j'ai à répondre à un auteur qui n'est pas protestant ; et

docteur venait m'ordonner de la part de Dieu de croire que la partie est plus grande que le tout, que pourrais-je penser en moi-même, sinon que cet homme vient m'ordonner d'être fou ? Sans doute l'orthodoxe, qui ne voit nulle absurdité dans les mystères, est obligé de les croire : mais si le socinien y en trouve, qu'a-t-on à lui dire? Lui prouvera-t-on qu'il n'y en a pas? Il commencera, lui, par vous prouver que c'est une absurdité de raisonner sur ce qu'on ne saurait entendre. Que faire donc ? Le laisser en repos.

Je ne suis pas plus scandalisé que ceux qui, servant un Dieu clément, rejettent l'éternité des peines, s'ils la trouvent incompatible avec sa justice. Qu'en pareil cas ils interprètent de leur mieux les passages contraires à leur opinion, plutôt que de l'abandonner; que peuvent-ils faire autre chose? Nul n'est plus pénétré que moi d'amour et de respect pour le plus sublime de tous les livres : il me console et m'instruit tous les jours, quand les autres ne m'inspirent plus que du dégoût. Mais je soutiens que, si l'Écriture elle-même nous donnait de Dieu quelque idée indigne de lui, il faudrait la rejeter en cela, comme vous rejetez en géométrie les démonstrations qui mènent à des conclusions absurdes; car, de quelque authenticité que puisse être le texte sacré, il est encore plus croyable que la Bible soit altérée, que Dieu injuste ou malfaisant.

Voilà, monsieur, les raisons qui m'empêcheraient de blâmer ces sentiments dans d'équitables et modérés théologiens, qui de leur propre doctrine apprendraient à ne forcer personne à l'adopter. Je dirai plus : des manières de penser si convenables à une créature raisonnable et faible, si dignes d'un créateur juste et miséricordieux, me paraissent préférables à cet assentiment stupide qui fait de l'homme une bête, et à cette barbare intolérance qui se plaît à tourmenter dès cette vie ceux qu'elle destine aux tourments éternels dans l'autre(1). En ce sens je vous remercie pour ma patrie de l'esprit de philo-

---

je crois lui répondre en effet, en montrant que ce qu'il accuse nos ministres de faire dans notre religion s'y ferait inutilement, et se fait nécessairement dans plusieurs autres sans qu'on y songe.

Le monde intellectuel, sans en excepter la géométrie, est plein de vérités incompréhensibles, et pourtant incontestables, parce que la raison qui les démontre existantes ne peut les toucher, pour ainsi dire, à travers les bornes qui l'arrêtent, mais seulement les apercevoir. Tel est le dogme de l'existence de Dieu, tels sont les mystères admis dans les communions protestantes. Les mystères qui heurtent la raison, pour me servir des termes de M. d'Alembert, sont tout autre chose. Leur contradiction même les fait entrer dans ses bornes; elle a toutes les prises imaginables pour sentir qu'ils n'existent pas : car, bien qu'on ne puisse voir une chose absurde, rien n'est si clair que l'absurdité. Voilà ce qui arrive lorsqu'on soutient à la fois deux propositions contradictoires. Si vous me dites qu'un espace d'un pouce est aussi un espace d'un pied, vous ne dites point une chose mystérieuse, obscure, incompréhensible; vous dites, au contraire, une absurdité lumineuse et palpable, une chose évidemment fausse. De quelque genre que soient les démonstrations qui l'établissent, elles ne sauraient l'emporter sur celle qui la détruit, parce qu'elle est tirée immédiatement des notions primitives qui servent de base à toute certitude humaine. Autrement, la raison, déposant contre elle-même, nous forcerait à la récuser; et, loin de nous faire croire ceci ou cela, elle nous empêcherait de plus rien croire, attendu que tout principe de foi serait détruit. Tout homme, de quelque religion qu'il soit, qui dit croire à de pareils mystères, en impose donc, ou ne sait ce qu'il dit.

(1) Sur la tolérance chrétienne on peut consulter le chapitre qui porte ce titre dans le onzième livre de la *Doctrine chrétienne* de M. le professeur Vernet. On y verra par quelles raisons l'Église doit apporter encore plus de ménagement et de circonspection dans la censure des erreurs sur la foi, que dans celle des fautes contre les mœurs, et comment s'allient, dans les règles de cette censure, la douceur du chrétien, la raison du sage, et le zèle du pasteur.

sophie et d'humanité que vous reconnaissez dans son clergé, et de la justice que vous aimez à lui rendre; je suis d'accord avec vous sur ce point. Mais, pour être philosophes et tolérants, il ne s'ensuit pas que ses membres soient hérétiques. Dans le nom de parti que vous leur donnez, dans les dogmes que vous dites être les leurs, je ne puis ni vous approuver ni vous suivre. Quoiqu'un tel système n'ait rien peut-être que d'honorable à ceux qui l'adoptent, je me garderai de l'attribuer à mes pasteurs, qui ne l'ont pas adopté, de peur que l'éloge que j'en pourrais faire ne fournît à d'autres le sujet d'une accusation très grave, et ne nuisît à ceux que j'aurais prétendu louer. Pourquoi me chargerais-je de la profession de foi d'autrui? N'ai-je pas trop appris à craindre ces imputations téméraires? Combien de gens se sont chargés de la mienne en m'accusant de manquer de religion, qui sûrement ont fort mal lu dans mon cœur! Je ne les taxerai point d'en manquer eux-mêmes; car un des devoirs qu'elle m'impose est de respecter les secrets des consciences. Monsieur, jugeons les actions des hommes, et laissons Dieu juger de leur foi.

En voilà trop peut-être sur un point dont l'examen ne m'appartient pas, et n'est pas aussi le sujet de cette lettre. Les ministres de Genève n'ont pas besoin de la plume d'autrui pour se défendre (1); ce n'est pas la mienne qu'ils choisiraient pour cela, et de pareilles discussions sont trop loin de mon inclination pour que je m'y livre avec plaisir : mais, ayant à parler du même article où vous leur attribuez des opinions que nous ne leur connaissons point, me taire sur cette assertion, c'était y paraître adhérer, et c'est ce que je suis fort éloigné de faire. Sensible au bonheur que nous avons de posséder un corps de théologiens philosophes et pacifiques, ou plutôt un corps d'officiers de morale (2) et de ministres de la vertu, je ne vois naître qu'avec effroi toute occasion pour eux de se rabaisser jusqu'à n'être plus que des gens d'église. Il nous importe de les conserver tels qu'ils sont. Il nous importe qu'ils jouissent eux-mêmes de la paix qu'ils nous font aimer, et que d'odieuses disputes de théologie ne troublent plus leur repos ni le nôtre. Il nous importe enfin d'apprendre toujours, par leurs leçons et par leur exemple, que la douceur et l'humanité sont aussi les vertus du chrétien.

Je me hâte de passer à une discussion moins grave et moins sérieuse, mais qui nous intéresse encore assez pour mériter nos réflexions, et dans laquelle j'entrerai plus volontiers, comme étant un peu plus de ma compétence; c'est celle du projet d'établir un théâtre de comédie à Genève. Je n'exposerai point ici mes conjectures sur les motifs qui vous ont pu porter à nous proposer un

---

(1) C'est ce qu'ils viennent de faire, à ce qu'on m'écrit, par une déclaration publique. Elle ne m'est point parvenue dans ma retraite; mais j'apprends que le public l'a reçue avec applaudissement. Ainsi, non-seulement je jouis du plaisir de leur avoir le premier rendu l'honneur qu'ils méritent, mais de celui d'entendre mon jugement unanimement confirmé. Je sens bien que cette déclaration rend le début de ma lettre entièrement superflu, et le rendrait peut-être indiscret dans tout autre cas; mais, étant sur le point de le supprimer, j'ai vu que, parlant du même article qui y a donné lieu, la même raison subsistait encore, et qu'on pourrait toujours prendre mon silence pour une espèce de consentement. Je laisse donc ces réflexions d'autant plus volontiers, que, si elles viennent hors de propos sur une affaire heureusement terminée, elles ne contiennent en général rien que d'honorable à l'église de Genève, et que d'utile aux hommes en tous pays.

(2) C'est ainsi que l'abbé de Saint-Pierre appelait toujours les ecclésiastiques, soit pour dire ce qu'ils sont en effet, soit pour exprimer ce qu'ils devraient être.

établissement si contraire à nos maximes. Quelles que soient vos raisons, il ne s'agit pour moi que des nôtres; et tout ce que je me permettrai de dire à votre égard, c'est que vous serez sûrement le premier philosophe(1) qui jamais ait excité un peuple libre, une petite ville, et un état pauvre, à se charger d'un spectacle public.

Que de questions je trouve à discuter dans celle que vous semblez résoudre! Si les spectacles sont bons ou mauvais en eux-mêmes? s'ils peuvent s'allier avec les mœurs? si l'austérité républicaine les peut comporter? s'il faut les souffrir dans une petite ville? si la profession de comédien peut être honnête? si les comédiennes peuvent être aussi sages que d'autres femmes? si de bonnes lois suffisent pour réprimer les abus? si ces lois peuvent être bien observées? etc. Tout est problème encore sur les vrais effets du théâtre, parce que, les disputes qu'il occasionne ne partageant que les gens d'église et les gens du monde, chacun ne l'envisage que par ses préjugés. Voilà, monsieur, des recherches qui ne seraient pas indignes de votre plume. Pour moi, sans croire y suppléer, je me contenterai de chercher, dans cet essai, les éclaircissements que vous nous avez rendus nécessaires; vous priant de considérer qu'en disant mon avis, à votre exemple, je remplis un devoir envers ma patrie; et qu'au moins, si je me trompe dans mon sentiment, cette erreur ne peut nuire à personne.

Au premier coup d'œil jeté sur ces institutions, je vois d'abord qu'un speccle est un amusement; et, s'il est vrai qu'il faille des amusements à l'homme, vous conviendrez au moins qu'ils ne sont permis qu'autant qu'ils sont nécessaires, et que tout amusement inutile est un mal pour un être dont la vie est si courte et le temps si précieux. L'état d'homme a ses plaisirs, qui dérivent de sa nature, et naissent de ses travaux, de ses rapports, de ses besoins; et ces plaisirs, d'autant plus doux que celui qui les goûte a l'âme plus saine, rendent quiconque en sait jouir peu sensible à tous les autres. Un père, un fils, un mari, un citoyen, ont des devoirs si chers à remplir, qu'ils ne leur laissent rien à dérober à l'ennui. Le bon emploi du temps rend le temps plus précieux encore; et mieux on le met à profit, moins on en sait trouver à perdre. Aussi voit-on constamment que l'habitude du travail rend l'inaction insupportable, et qu'une bonne conscience éteint le goût des plaisirs frivoles : mais c'est le mécontentement de soi-même, c'est le poids de l'oisiveté, c'est l'oubli des goûts simples et naturels, qui rendent si nécessaire un amusement étranger. Je n'aime point qu'on ait besoin d'attacher incessamment son cœur sur la scène, comme s'il était mal à son aise au-dedans de nous. La nature même a dicté la réponse de ce barbare (2) à qui l'on vantait les magnificences du cirque et des jeux établis à Rome. Les Romains, demanda ce bon homme, n'ont-ils ni femme, ni enfants? Le barbare avait raison. L'on croit s'assembler au spectacle, et c'est là que chacun s'isole; c'est là qu'on va oublier ses amis, ses voisins, ses proches, pour s'intéresser à des fables, pour pleurer les malheurs des morts, ou rire aux dépens des vivants. Mais j'aurais dû

---

(1) De deux célèbres historiens, tous deux philosophes, tous deux chers à M. d'Alembert, le moderne (Hume) serait de son avis peut-être; mais Tacite, qu'il aime, qu'il daigne traduire, le grave Tacite, qu'il cite si volontiers, et qu'à l'obscurité près il imite si bien quelquefois, en eût-il été de même?

(2) Chrysost. *in Matth.*, Homel. 38.

sentir que ce langage n'est plus de saison dans notre siècle. Tâchons d'en prendre un qui soit mieux entendu.

Demander si les spectacles sont bons ou mauvais en eux-mêmes, c'est faire une question trop vague; c'est examiner un rapport avant que d'avoir fixé les termes. Les spectacles sont faits pour le peuple, et ce n'est que par leurs effets sur lui qu'on peut déterminer leurs qualités absolues. Il peut y avoir des spectacles d'une infinité d'espèces (1) : il y a de peuple à peuple une prodigieuse diversité de mœurs, de tempéraments, de caractères. L'homme est un, je l'avoue; mais l'homme, modifié par les religions, par les gouvernements, par les lois, par les coutumes, par les préjugés, par les climats, devient si différent de lui-même, qu'il ne faut plus chercher parmi nous ce qui est bon aux hommes en général, mais ce qui leur est bon dans tel temps ou dans tel pays. Ainsi les pièces de Ménandre, faites pour le théâtre d'Athènes, étaient déplacées sur celui de Rome; ainsi les combats des gladiateurs, qui, sous la république, animaient le courage et la valeur des Romains, n'inspiraient, sous les empereurs, à la populace de Rome, que l'amour du sang et la cruauté : du même objet offert au même peuple en différents temps, il apprit d'abord à mépriser sa vie, et ensuite à se jouer de celle d'autrui.

Quant à l'espèce des spectacles, c'est nécessairement le plaisir qu'ils donnent, et non leur utilité, qui la détermine. Si l'utilité peut s'y trouver, à la bonne heure; mais l'objet principal est de plaire, et, pourvu que le peuple s'amuse, cet objet est assez rempli. Cela seul empêchera toujours qu'on ne puisse donner à ces sortes d'établissements tous les avantages dont ils seraient susceptibles, et c'est s'abuser beaucoup que de s'en former une idée de perfection qu'on ne saurait mettre en pratique sans rebuter ceux qu'on croit instruire. Voilà d'où naît la diversité des spectacles selon les goûts divers des nations. Un peuple intrépide, grave et cruel, veut des fêtes meurtrières et périlleuses, où brillent la valeur et le sang-froid. Un peuple féroce et bouillant veut du sang, des combats, des passions atroces. Un peuple voluptueux veut de la musique et des danses. Un peuple galant veut de l'amour et de la politesse. Un peuple badin veut de la plaisanterie et du ridicule. *Trahit sua quemque voluptas.* Il faut, pour leur plaire, des spectacles qui favorisent leurs penchants, au lieu qu'il en faudrait qui les modérassent.

La scène, en général, est un tableau des passions humaines, dont l'original est dans tous les cœurs : mais si le peintre n'avait soin de flatter ces passions, les spectateurs seraient bientôt rebutés, et ne voudraient plus se voir sous

---

(1) « Il peut y avoir des spectacles blâmables en eux-mêmes, comme ceux qui sont
« inhumains ou indécents et licencieux : tels étaient quelques-uns des spectacles parmi
« les païens. Mais il en est aussi d'indifférents en eux-mêmes, qui ne deviennent mauvais
« que par l'abus qu'on en fait. Par exemple, les pièces de théâtre n'ont rien de mauvais
« en tant qu'on y trouve une peinture des caractères et des actions des hommes, où l'on
« pourrait même donner des leçons agréables et utiles pour toutes les conditions : mais
« si l'on y débite une morale relâchée, si les personnes qui exercent cette profession
« mènent une vie licencieuse et servent à corrompre les autres, si de tels spectacles
« entretiennent la vanité, la fainéantise, le luxe, l'impudicité, il est visible que la chose
« tourne en abus, et qu'à moins qu'on ne trouve le moyen de corriger ces abus ou de
« s'en garantir, il vaut mieux renoncer à cette sorte d'amusement. » (*Instructions chrétiennes*, tome III, livre III, chap. XVI.)

Voilà l'état de la question bien posé. Il s'agit de savoir si la morale du théâtre est nécessairement relâchée, si les abus sont inévitables, si les inconvénients dérivent de la nature de la chose ou s'ils viennent de causes qu'on ne puisse écarter.

un aspect qui les fît mépriser d'eux-mêmes. Que s'il donne à quelques-unes des couleurs odieuses, c'est seulement à celles qui ne sont point générales, et qu'on hait naturellement. Ainsi l'auteur ne fait encore en cela que suivre le sentiment du public; et alors ces passions de rebut sont toujours employées à en faire valoir d'autres, sinon plus légitimes, du moins plus au gré des spectateurs. Il n'y a que la raison qui ne soit bonne à rien sur la scène. Un homme sans passions, ou qui les dominerait toujours, n'y saurait intéresser personne; et l'on a déjà remarqué qu'un stoïcien, dans la tragédie, serait un personnage insupportable; dans la comédie, il ferait rire tout au plus.

Qu'on n'attribue donc pas au théâtre le pouvoir de changer des sentiments ni des mœurs qu'il ne peut que suivre et embellir. Un auteur qui voudrait heurter le goût général composerait bientôt pour lui seul. Quand Molière corrigea la scène comique, il attaqua des modes, des ridicules; mais il ne choqua pas pour cela le goût du public (1); il le suivit ou le développa, comme fit aussi Corneille de son côté. C'était l'ancien théâtre qui commençait à choquer ce goût, parce que, dans un siècle devenu plus poli, le théâtre gardait sa première grossièreté. Aussi, le goût général ayant changé depuis ces deux auteurs, si leurs chefs-d'œuvre étaient encore à paraître, tomberaient-ils infailliblement aujourd'hui. Les connaisseurs ont beau les admirer toujours, si le public les admire encore, c'est plus par honte de s'en dédire que par un vrai sentiment de leurs beautés. On dit que jamais une bonne pièce ne tombe : vraiment, je le crois bien ; c'est que jamais une bonne pièce ne choque les mœurs (2) de son temps. Qui est-ce qui doute que sur nos théâtres la meilleure pièce de Sophocle ne tombât tout à plat? On ne saurait se mettre à la place de gens qui ne nous ressemblent point.

Tout auteur qui veut nous peindre des mœurs étrangères a pourtant grand soin d'approprier sa pièce aux nôtres. Sans cette précaution, l'on ne réussit jamais, et le succès même de ceux qui l'ont prise a souvent des causes bien différentes de celles que lui suppose un observateur superficiel. Quand *Arlequin sauvage* (3) est si bien accueilli des spectateurs, pense-t-on que ce soit par le goût qu'ils prennent pour le sens et la simplicité de ce personnage, et qu'un seul d'entre eux voulût pour cela lui ressembler? C'est, tout au contraire, que cette pièce favorise leur tour d'esprit, qui est d'aimer et rechercher les idées neuves et singulières. Or, il n'y en a point de plus neuves pour eux que celles de la nature. C'est précisément leur aversion pour les choses communes qui les ramène quelquefois aux choses simples.

(1) Pour peu qu'il anticipât, ce Molière lui-même avait peine à se soutenir; le plus parfait de ses ouvrages tomba dans sa naissance, parce qu'il le donna trop tôt, et que le public n'était pas mûr encore pour le *Misanthrope*.

Tout ceci est fondé sur une maxime évidente : savoir, qu'un peuple suit souvent des usages qu'il méprise, ou qu'il est prêt à mépriser, sitôt qu'on osera lui en donner l'exemple. Quand, de mon temps, on jouait la fureur des pantins, on ne faisait que dire au théâtre ce que pensaient ceux mêmes qui passaient leur journée à ce sot amusement : mais les goûts constants d'un peuple, ses coutumes, ses vieux préjugés, doivent être respectés sur la scène. Jamais poète ne s'est bien trouvé d'avoir violé cette loi.

(2) Je dis le goût ou les mœurs indifféremment; car, bien que l'une de ces choses ne soit pas l'autre, elles ont toujours une origine commune et souffrent les mêmes révolutions. Ce qui ne signifie pas que le bon goût et les bonnes mœurs règnent toujours en même temps; proposition qui demande éclaircissement et discussion, mais qu'un certain état du goût répond toujours à certain état de mœurs, ce qui est incontestable.

(3) Comédie de Delisle de La Drevetière, jouée au Théâtre Italien, en 1721.

Il s'ensuit de ces premières observations que l'effet général du spectacle est de renforcer le caractère national, d'augmenter les inclinations naturelles, et de donner une nouvelle énergie à toutes les passions. En ce sens il semblerait que, cet effet se bornant à charger et non changer les mœurs établies, la comédie serait bonne aux bons et mauvaise aux méchants. Encore, dans le premier cas, resterait-il toujours à savoir si les passions trop irritées ne dégénèrent point en vices. Je sais que la poétique du théâtre prétend faire tout le contraire, et purger les passions en les excitant : mais j'ai peine à bien concevoir cette règle. Serait-ce que, pour devenir tempérant et sage, il faut commencer par être furieux et fou?

« Eh! non, ce n'est pas cela, disent les partisans du théâtre. La tragédie « prétend bien que toutes les passions dont elle fait des tableaux nous émeu- « vent, mais elle ne veut pas toujours que notre affection soit la même que « celle du perssonnage tourmenté par une passion. Le plus souvent, au con- « traire, son but est d'exciter en nous des sentiments opposés à ceux qu'elle « prête à ses personnages. » Ils disent encore que, si les auteurs abusent du pouvoir d'émouvoir les cœurs pour mal placer l'intérêt, cette faute doit être attribuée à l'ignorance et à la dépravation des artistes et non point à l'art. Ils disent enfin que la peinture fidèle des passions et des peines qui les accompagnent suffit seule pour nous les faire éviter avec tout le soin dont nous sommes capables.

Il ne faut, pour sentir la mauvaise foi de toutes ces réponses, que consulter l'état de son cœur à la fin d'une tragédie. L'émotion, le trouble et l'attendrissement qu'on sent en soi-même, et qui se prolongent après la pièce, annoncent-ils une disposition bien prochaine à surmonter et régler nos passions? Les impressions vives et touchantes dont nous prenons l'habitude, et qui reviennent si souvent, sont-elles bien propres à modérer nos sentiments au besoin? Pourquoi l'image des peines qui naissent des passions effacerait-elle celle des transports de plaisir et de joie qu'on en voit aussi naître, et que les auteurs ont soin d'embellir encore pour rendre leurs pièces plus agréables? Ne sait-on pas que toutes les passions sont sœurs, qu'une seule suffit pour en exciter mille, et que les combattre l'une par l'autre n'est qu'un moyen de rendre le cœur plus sensible à toutes? Le seul instrument qui serve à les purger est la raison; et j'ai déjà dit que la raison n'avait nul effet au théâtre. Nous ne partageons pas les affections de tous les personnages, il est vrai; car, leurs intérêts étant opposés, il faut bien que l'auteur nous en fasse préférer quelqu'un, autrement nous n'en prendrions point du tout : mais, loin de choisir pour cela les passions qu'il veut nous faire aimer, il est forcé de choisir celles que nous aimons. Ce que j'ai dit du genre des spectacles doit s'entendre encore de l'intérêt qu'on y fait régner. A Londres, un drame intéresse en faisant haïr les Français; à Tunis, la belle passion serait la piraterie; à Messine, une vengeance bien savoureuse; à Goa, l'honneur de brûler des juifs. Qu'un auteur (1) choque ces maximes, il pourra faire une fort belle pièce où l'on n'ira point : et c'est alors qu'il faudra taxer cet auteur d'igno-

---

(1) Qu'on mette, pour voir, sur la scène française un homme droit et vertueux, mais simple et grossier, sans amour, sans galanterie, et qui ne fasse point de belles phrases; qu'on y mette un sage sans préjugé, qui, ayant reçu affront d'un spadassin, refuse de

rance, pour avoir manqué à la première loi de son art, à celle qui sert de base à toutes les autres, qui est de réussir. Ainsi le théâtre purge les passions qu'on n'a pas, et fomente celles qu'on a. Ne voilà-t-il pas un remède bien administré ?

Il y a donc un concours de causes générales et particulières qui doivent empêcher qu'on ne puisse donner aux spectacles la perfection dont on les croit susceptibles, et qu'ils ne produisent les effets avantageux qu'on semble en attendre. Quand on supposerait même cette perfection aussi grande qu'elle peut être, et le peuple aussi bien disposé qu'on voudra ; encore ces effets se réduiraient-ils à rien, faute de moyens pour les rendre sensibles. Je ne sache que trois sortes d'instruments à l'aide desquels on puisse agir sur les mœurs d'un peuple ; savoir, la force des lois, l'empire de l'opinion, et l'attrait du plaisir. Or, les lois n'ont nul accès au théâtre, dont la moindre contrainte ferait (1) une peine et non pas un amusement. L'opinion n'en dépend point, puisqu'au lieu de faire la loi au public, le théâtre la reçoit de lui ; et, quant au plaisir qu'on y peut prendre, tout son effet est de nous y ramener plus souvent.

Examinons s'il en peut avoir d'autres. Le théâtre, me dit-on, dirigé comme il peut et doit l'être, rend la vertu aimable et le vice odieux. Quoi donc ! avant qu'il y eût des comédies n'aimait-on point les gens de bien ? ne haïssait-on point les méchants ? et ces sentiments sont-ils plus faibles dans les lieux dépourvus de spectacles ? Le théâtre rend la vertu plus aimable.... Il opère un grand prodige de faire ce que la nature et la raison font avant lui ! Les méchants sont haïs sur la scène..... Sont-ils aimés dans la société quand on les y connaît pour tels ? Est-il bien sûr que cette haine soit plutôt l'ouvrage de l'auteur que des forfaits qu'il leur fait commettre ? Est-il bien sûr que le simple récit de ces forfaits nous en donnerait moins d'horreur que toutes les couleurs dont il nous les peint ? Si tout son art consiste à nous montrer les malfaiteurs pour nous les rendre odieux, je ne vois point ce que cet art a de si admirable, et l'on ne prend là-dessus que trop d'autres leçons sans celle-là. Oserai-je ajouter un soupçon qui me vient ? Je doute que tout homme à qui l'on exposera d'avance les crimes de Phèdre ou de Médée ne les déteste plus encore au commencement qu'à la fin de la pièce ; et si ce doute est fondé, que faut-il penser de cet effet si vanté du théâtre ?

Je voudrais bien qu'on me montrât clairement et sans verbiage par quels moyens il pourrait produire en nous des sentiments que nous n'aurions pas, et nous faire juger des êtres moraux autrement que nous n'en jugeons en nous-mêmes. Que toutes ces vaines prétentions approfondies sont puériles et dépourvues de sens ! Ah ! si la beauté de la vertu était l'ouvrage de l'art, il y a longtemps qu'il l'aurait défigurée. Quant à moi, dût-on me traiter de

s'aller faire égorger par l'offenseur ; et qu'on épuise tout l'art du théâtre pour rendre ces personnages intéressants comme le Cid au peuple français : j'aurai tort si l'on réussit.

(1) Les lois peuvent déterminer les sujets, la forme des pièces, la manière de les jouer ; mais elles ne sauraient forcer le public à s'y plaire. L'empereur Néron, chantant au théâtre, faisait égorger ceux qui s'endormaient : encore ne pouvait-il tenir tout le monde éveillé, et peu s'en fallut que le plaisir d'un court sommeil ne coûtât la vie à Vespasien. Nobles acteurs de l'Opéra de Paris, ah ! si vous eussiez joui de la puissance impériale, je ne gémirais pas maintenant d'avoir trop vécu !

méchant encore pour oser soutenir que l'homme est né bon, je le pense et crois l'avoir prouvé : la source de l'intérêt qui nous attache à ce qui est honnête, et nous inspire de l'aversion pour le mal, est en nous et non dans les pièces. Il n'y a point d'art pour produire cet intérêt, mais seulement pour s'en prévaloir. L'amour du beau (1) est un sentiment aussi naturel au cœur humain que l'amour de soi-même ; il n'y naît point d'un arrangement de scènes ; l'auteur ne l'y porte pas, il l'y trouve ; et de ce pur sentiment qu'il flatte naissent les douces larmes qu'il fait couler.

Imaginez la comédie aussi parfaite qu'il vous plaira ; où est celui qui, s'y rendant pour la première fois, n'y va pas déjà convaincu de ce qu'on y prouve, et déjà prévenu pour ceux qu'on y fait aimer ? Mais ce n'est pas de cela qu'il est question ; c'est d'agir conséquemment à ses principes et d'imiter les gens qu'on estime. Le cœur de l'homme est toujours droit sur tout ce qui ne se rapporte pas personnellement à lui. Dans les querelles dont nous sommes purement spectateurs, nous prenons à l'instant le parti de la justice, et il n'y a point d'acte de méchanceté qui ne nous donne une vive indignation, tant que nous n'en tirons aucun profit : mais quand notre intérêt s'y mêle, bientôt nos sentiments se corrompent ; et c'est alors seulement que nous préférons le mal qui nous est utile, au bien que nous fait aimer la nature. N'est-ce pas un effet nécessaire de la constitution des choses, que le méchant tire un double avantage de son injustice et de la probité d'autrui ? Quel traité plus avantageux pourrait-il faire, que d'obliger le monde entier d'être juste, excepté lui seul, en sorte que chacun lui rendît fidèlement ce qui lui est dû, et qu'il ne rendît ce qu'il doit à personne ? Il aime la vertu, sans doute ; mais il l'aime dans les autres, parce qu'il espère en profiter ; il n'en veut point pour lui, parce qu'elle lui serait coûteuse. Que va-t-il donc voir au spectacle ? Précisément ce qu'il voudrait trouver partout : des leçons de vertu pour le public, dont il s'excepte, et des gens immolant tout à leur devoir, tandis qu'on n'exige rien de lui.

J'entends dire que la tragédie mène à la pitié par la terreur ; soit. Mais quelle est cette pitié ? Une émotion passagère et vaine, qui ne dure pas plus que l'illusion qui l'a produite ; un reste de sentiment naturel, étouffé bientôt par les passions ; une pitié stérile, qui se repaît de quelques larmes, et n'a jamais produit le moindre acte d'humanité. Ainsi pleurait le sanguinaire Sylla au récit des maux qu'il n'avait pas faits lui-même ; ainsi se cachait le tyran de Phère au spectacle, de peur qu'on ne le vît gémir avec Andromaque et Priam, tandis qu'il écoutait sans émotion les cris de tant d'infortunés qu'on égorgeait tous les jours par ses ordres. Tacite rapporte que Valérius-Asiaticus, accusé calomnieusement par l'ordre de Messaline, qui voulait le faire périr, se défendit par-devant l'empereur d'une manière qui toucha extrêmement ce prince et arracha des larmes à Messaline elle-même. Elle entra dans une chambre voisine pour se remettre, après avoir, tout en pleurant, averti

---

(1) C'est du beau moral qu'il est ici question. Quoi qu'en disent les philosophes, cet amour est inné dans l'homme, et sert de principe à la conscience. Je puis citer en exemple de cela la petite pièce de *Nanine*, qui a fait murmurer l'assemblée, et ne s'est soutenue que par la grande réputation de l'auteur ; et cela parce que l'honneur, la vertu, les purs sentiments de la nature, y sont préférés à l'impertinent préjugé des conditions.

Vitellius à l'oreille de ne pas laisser échapper l'accusé. Je ne vois pas au spectacle une de ces pleureuses de loges si fières de leurs larmes que je ne songe à celles de Messaline pour ce pauvre Valérius-Asiaticus.

Si, selon la remarque de Diogène-Laërce, le cœur s'attendrit plus volontiers à des maux feints qu'à des maux véritables; si les imitations du théâtre nous arrachent quelquefois plus de pleurs que ne ferait la présence même des objets imités, c'est moins, comme le pense l'abbé du Bos, parce que les émotions sont plus faibles et ne vont jamais jusqu'à la douleur (1), que parce qu'elles sont pures et sans mélange d'inquiétude pour nous-mêmes. En donnant des pleurs à ces fictions, nous avons satisfait à tous les droits de l'humanité, sans avoir plus rien à mettre du nôtre; au lieu que les infortunés en personne exigeraient de nous des soins, des soulagements, des consolations, des travaux, qui pourraient nous associer à leurs peines, qui coûteraient du moins à notre indolence, et dont nous sommes bien aises d'être exemptés. On dirait que notre cœur se resserre, de peur de s'attendrir à nos dépens.

Au fond, quand un homme est allé admirer de belles actions dans des fables et pleurer des malheurs imaginaires, qu'a-t-on encore à exiger de lui? N'est-il pas content de lui-même? Ne s'applaudit-il pas de sa belle âme? Ne s'est-il pas acquitté de tout ce qu'il doit à la vertu par l'hommage qu'il vient de lui rendre? Que voudrait-on qu'il fît de plus? Qu'il la pratiquât lui-même? Il n'a point de rôle à jouer : il n'est pas comédien.

Plus j'y réfléchis, et plus je trouve que tout ce qu'on met en représentation au théâtre on ne l'approche pas de nous, on l'en éloigne. Quand je vois le *Comte d'Essex*, le règne d'Elisabeth se recule à mes yeux de dix siècles; et si l'on jouait un événement arrivé hier dans Paris, on me le ferait supposer du temps de Molière. Le théâtre a ses règles, ses maximes, sa morale à part, ainsi que son langage et ses vêtements. On se dit bien que rien de tout cela ne nous convient, et l'on se croirait aussi ridicule d'adopter les vertus de ses héros que de parler en vers et d'endosser un habit à la romaine. Voilà donc à peu près à quoi servent tous ces grands sentiments et toutes ces brillantes maximes qu'on vante avec tant d'emphase; à les reléguer à jamais sur la scène, et à nous montrer la vertu comme un jeu de théâtre, bon pour amuser le public, mais qu'il y aurait de la folie à vouloir transporter sérieusement dans la société. Ainsi la plus avantageuse impression des meilleures tragédies est de réduire à quelques affections passagères, stériles et sans effet, tous les devoirs de l'homme; à nous faire applaudir de notre courage en louant celui des autres, de notre humanité en plaignant les maux que nous aurions pu guérir, de notre charité en disant au pauvre : Dieu vous assiste!

On peut, il est vrai, donner un appareil plus simple à la scène, et rapprocher dans la comédie le ton du théâtre de celui du monde : mais de cette manière on ne corrige pas les mœurs, on les peint; et un laid visage ne paraît point laid à celui qui le porte. Que si l'on veut les corriger par leur charge,

---

(1) Il dit que le poëte ne nous afflige qu'autant que nous le voulons; qu'il ne nous fait aimer ses héros qu'autant qu'il nous plaît. Cela est contre toute expérience. Plusieurs s'abstiennent d'aller à la tragédie, parce qu'ils en sont émus au point d'en être incommodés; d'autres, honteux de pleurer au spectacle, y pleurent cependant malgré eux; et ces effets ne sont pas assez rares pour n'être qu'une exception à la maxime de cet auteur.

on quitte la vraisemblance de la nature, et le tableau ne fait plus d'effet. La charge ne rend pas les objets haïssables, elle ne les rend que ridicules; et de là résulte un très grand inconvénient, c'est qu'à force de craindre les ridicules, les vices n'effraient plus, et qu'on ne saurait guérir les premiers sans fomenter les autres. Pourquoi, direz-vous, supposer cette opposition nécessaire? Pourquoi, monsieur? Parce que les bons ne tournent point les méchants en dérision, mais les écrasent de leur mépris, et que rien n'est moins plaisant et risible que l'indignation de la vertu. Le ridicule, au contraire, est l'arme favorite du vice. C'est par elle qu'attaquant dans le fond des cœurs le respect qu'on doit à la vertu, il éteint enfin l'amour qu'on lui porte.

Ainsi tout nous force d'abandonner cette vaine idée de perfection qu'on nous veut donner de la forme des spectacles, dirigés vers l'utilité publique. C'est une erreur, disait le grave Muralt (1), d'espérer qu'on y montre fidèlement les véritables rapports des choses : car, en général, le poète ne peut qu'altérer ces rapports pour les accommoder au goût du peuple. Dans le comique, il les diminue et les met au-dessous de l'homme; dans le tragique, il les étend pour les rendre héroïques, et les met au-dessus de l'humanité. Ainsi jamais ils ne sont à sa mesure, et toujours nous voyons au théâtre d'autres êtres que nos semblables. J'ajouterai que cette différence est si vraie et si reconnue, qu'Aristote en fait une règle dans sa *Poétique* (2) : *Comœdia enim deteriores, tragœdia meliores quam nunc sunt imitari conantur*. Ne voilà-t-il pas une imitation bien entendue, qui se propose pour objet ce qui n'est point, et laisse, entre le défaut et l'excès, ce qui est, comme une chose inutile? Mais qu'importe la vérité de l'imitation, pourvu que l'illusion y soit? Il ne s'agit que de piquer la curiosité du peuple. Ces productions d'esprit, comme la plupart des autres, n'ont pour but que les applaudissements. Quand l'auteur en reçoit et que les acteurs les partagent, la pièce est parvenue à son but et l'on n'y cherche point d'autre utilité. Or, si le bien est nul, reste le mal; et comme celui-ci n'est pas douteux, la question me paraît décidée. Mais passons à quelques exemples qui puissent en rendre le solution plus sensible.

Je crois pouvoir avancer, comme une vérité facile à prouver en conséquence des précédentes, que le théâtre français, avec les défauts qui lui restent, est cependant à peu près aussi parfait qu'il peut l'être, soit pour l'agrément, soit pour l'utilité; et que ces deux avantages y sont dans un rapport qu'on ne peut troubler sans ôter à l'un plus qu'on ne donnerait à l'autre, ce qui rendrait ce même théâtre moins parfait encore. Ce n'est pas qu'un homme de génie ne puisse inventer un genre de pièces préférable à ceux qui sont établis : mais ce nouveau genre, ayant besoin pour se soutenir des talents de l'auteur, périra nécessairement avec lui; et ses successeurs, dépourvus des mêmes ressources, seront toujours forcés de revenir aux moyens communs d'intéresser et de plaire. Quels sont ces moyens parmi nous? Des actions célèbres, de grands noms, de grands crimes, et de grandes vertus dans la tragédie; le comique et le plaisant dans la comédie; et toujours l'amour dans toutes deux (3). Je demande quel profit les mœurs peuvent tirer de tout cela.

---

(1) Il est plus d'une fois question de cet écrivain dans la *Nouvelle Héloïse.*
(2) Chap. VI.
(3) Les Grecs n'avaient pas besoin de fonder sur l'amour le principal intérêt de leur

On me dira que, dans ces pièces, le crime est toujours puni, et la vertu toujours récompensée. Je réponds que, quand cela serait, la plupart des actions tragiques n'étant que de pures fables, des événements qu'on sait être de l'invention du poète ne font pas une grande impression sur les spectateurs ; à force de leur montrer qu'on veut les instruire, on ne les instruit plus. Je réponds encore que ces punitions et ces récompenses s'opèrent toujours par des moyens si peu communs, qu'on n'attend rien de pareil dans le cours naturel des choses humaines. Enfin je réponds en niant le fait. Il n'est ni ne peut être généralement vrai : car cet objet n'étant point celui sur lequel les auteurs dirigent leurs pièces, ils doivent rarement l'atteindre, et souvent il serait un obstacle au succès. Vice ou vertu, qu'importe, pourvu qu'on impose par un air de grandeur? Aussi la scène française, sans contredit la plus parfaite, ou du moins la plus régulière qui ait encore existé, n'est-elle pas moins le triomphe des grands scélérats que des plus illustres héros : témoin Catilina, Mahomet, Atrée, et beaucoup d'autres

Je comprends bien qu'il ne faut pas toujours regarder à la catastrophe pour juger de l'effet moral d'une tragédie, et qu'à cet égard l'objet est rempli quand on s'intéresse pour l'infortuné vertueux plus que pour l'heureux coupable : ce qui n'empêche point qu'alors la prétendue règle ne soit violée. Comme il n'y a personne qui n'aimât mieux être Britannicus que Néron, je conviens qu'on doit compter en ceci pour bonne la pièce qui les représente, quoique Britannicus y périsse. Mais, par le même principe, quel jugement porterons-nous d'une tragédie où, bien que les criminels soient punis, ils nous sont présentés sous un aspect si favorable, que tout l'intérêt est pour eux ; où Caton, le plus grand des humains, fait le rôle d'un pédant ; où Cicéron, le sauveur de la république, Cicéron, de tous ceux qui portèrent le nom de pères de la patrie le premier qui en fut honoré et le seul qui le mérita, nous est montré comme un vil rhéteur, un lâche ; tandis que l'infâme Catilina, couvert de crimes qu'on n'oserait nommer, près d'égorger tous ses magistrats et de réduire sa patrie en cendres, fait le rôle d'un grand homme, et réunit, par ses talents, sa fermeté, son courage, toute l'estime des spectateurs? Qu'il eût, si l'on veut, une âme forte ; en était-il moins un scélérat détestable? et fallait-il donner aux forfaits d'un brigand le coloris des exploits d'un héros? A quoi donc aboutit la morale d'une pareille pièce, si ce n'est à encourager des Catilina, et à donner aux méchants habiles le prix de l'estime publique due aux gens de bien? Mais tel est le goût qu'il faut flatter sur la scène ; telles sont les mœurs d'un siècle instruit. Le savoir, l'esprit, le courage, ont seuls notre admiration ; et toi, douce et modeste vertu, tu restes toujours sans honneurs ! Aveugles que nous sommes au milieu de tant de lumières, victimes de nos applaudissements insensés, n'apprendrons-nous jamais combien mérite de mépris et de haine tout homme qui abuse, pour le malheur du genre humain, du génie et des talents que lui donna la nature !

Atrée et *Mahomet* n'ont pas même la faible ressource du dénoûment. Le monstre qui sert de héros à chacune de ces pièces achève paisiblement ses

---

tragédie, et ne l'y fondaient pas en effet. La nôtre, qui n'a pas la même ressource, ne saurait se passer de cet intérêt. On verra, dans la suite, la raison de cette différence.

forfaits, en jouit; et l'un des deux le dit en propres termes au dernier vers de la tragédie :

> Et je jouis enfin du prix de mes forfaits.

Je veux bien supposer que les spectateurs, renvoyés avec cette belle maxime, n'en concluront pas que le crime a donc un prix de plaisir et de jouissance; mais je demande enfin de quoi leur aura profité la pièce où cette maxime est mise en exemple.

Quant à *Mahomet*, le défaut d'attacher l'admiration publique au coupable y serait d'autant plus grand, que celui-ci a bien un autre coloris, si l'auteur n'avait eu soin de porter sur un second personnage un intérêt de respect et de vénération capable d'effacer ou de balancer au moins la terreur et l'étonnement que Mahomet inspire. La scène surtout qu'ils ont ensemble est conduite avec tant d'art, que Mahomet, sans se démentir, sans rien perdre de la supériorité qui lui est propre, est pourtant éclipsé par le simple bon sens et l'intrépide vertu de Zopire (1). Il fallait un auteur qui sentît bien sa force pour oser mettre vis-à-vis l'un de l'autre deux pareils interlocuteurs. Je n'ai jamais ouï faire de cette scène en particulier tout l'éloge dont elle me paraît digne; mais je n'en connais pas une au théâtre français où la main d'un grand maître soit plus sensiblement empreinte, et où le sacré caractère de la vertu l'emporte plus sensiblement sur l'élévation du génie.

Une autre considération qui tend à justifier cette pièce, c'est qu'il n'est pas seulement question d'étaler deux forfaits, mais les forfaits du fanatisme en particulier, pour apprendre au peuple à le connaître et s'en défendre. Par malheur, de pareils soins sont très inutiles, et ne sont pas toujours sans danger. Le fanatisme n'est pas une erreur, mais une fureur aveugle et stupide que la raison ne retient jamais. L'unique secret pour l'empêcher de naître est de contenir ceux qui l'excitent. Vous avez beau démontrer à des fous que leurs chefs les trompent, ils n'en sont pas moins ardents à les suivre. Que si le fanatisme existe une fois, je ne vois encore qu'un seul moyen d'arrêter son progrès, c'est d'employer contre lui ses propres armes. Il ne s'agit ni de raisonner ni de convaincre; il faut laisser là la philosophie, fermer les livres, prendre le glaive et punir les fourbes. De plus, je crains bien, par rapport à Mahomet, qu'aux yeux des spectateurs sa grandeur d'âme ne diminue beaucoup l'atrocité de ses crimes; et qu'une pareille pièce, jouée devant des gens en état de choisir, ne fît plus de Mahomets que de Zopires. Ce qu'il y a du moins de bien sûr, c'est que de pareils exemples ne sont guère encourageants pour la vertu.

---

(1) Je me souviens d'avoir trouvé dans Omar plus de chaleur et d'élévation vis-à-vis de Zopire, que dans Mahomet lui-même; et je prenais cela pour un défaut. En y pensant mieux, j'ai changé d'opinion. Omar, emporté par son fanatisme, ne doit parler de son maître qu'avec cet enthousiasme de zèle et d'admiration qui l'élève au-dessus de l'humanité. Mais Mahomet n'est pas fanatique; c'est un fourbe qui, sachant bien qu'il n'est pas question de faire l'inspiré vis-à-vis de Zopire, cherche à le gagner par une confiance affectée et par des motifs d'ambition. Ce ton de raison doit le rendre moins brillant qu'Omar, par cela même qu'il est plus grand et qu'il sait mieux discerner les hommes. Lui-même dit ou fait entendre tout cela dans la scène. C'était donc ma faute si je ne l'avais pas senti. Mais voilà ce qui nous arrive à nous autres petits auteurs : en voulant censurer les écrits de nos maîtres, notre étourderie nous y fait révéler mille fautes qui sont des beautés pour les hommes de jugement.

Le noir Atrée n'a aucune de ces excuses, l'horreur qu'il inspire est à pure perte; il ne nous apprend rien qu'à frémir de son crime, et, quoiqu'il ne soit grand que par sa fureur, il n'y a pas dans toute la pièce un seul personnage en état par son caractère de partager avec lui l'attention publique : car, quant au doucereux Plisthène, je ne sais comment on l'a pu supporter dans une pareille tragédie. Sénèque n'a point mis d'amour dans la sienne : et, puisque l'auteur moderne a pu se résoudre à l'imiter dans tout le reste, il aurait bien dû l'imiter encore en cela. Assurément il faut avoir un cœur bien flexible pour souffrir des entretiens galants à côté des scènes d'Atrée.

Avant de finir sur cette pièce, je ne puis m'empêcher d'y remarquer un mérite qui semblera peut-être un défaut à bien des gens. Le rôle de Thyeste est peut-être, de tous ceux qu'on a mis sur notre théâtre, le plus sentant le goût antique. Ce n'est point un héros courageux, ce n'est point un modèle de vertu; on ne peut pas dire non plus que ce soit un scélérat (1) : c'est un homme faible, et pourtant intéressant, par cela seul qu'il est homme et malheureux. Il me semble aussi que, par cela seul, le sentiment qu'il excite est extrêmement tendre et touchant; car cet homme tient de bien près à chacun de nous, au lieu que l'héroïsme nous accable encore plus qu'il ne nous touche, parce que après tout nous n'y avons que faire. Ne serait-il pas à désirer que nos sublimes auteurs daignassent descendre un peu de leur continuelle élévation, et nous attendrir quelquefois pour la simple humanité souffrante, de peur que, n'ayant de la pitié que pour des héros malheureux, nous n'en ayons jamais pour personne? Les anciens avaient des héros, et mettaient des hommes sur leurs théâtres; nous, au contraire, nous n'y mettons que des héros, et à peine avons-nous des hommes. Les anciens parlaient de l'humanité en phrases moins apprêtées; mais ils savaient mieux l'exercer. On pourrait appliquer à eux et à nous un trait rapporté par Plutarque (2), et que je ne puis m'empêcher de transcrire. Un vieillard d'Athènes cherchait place au spectacle et n'en trouvait point; de jeunes gens, le voyant en peine, lui firent signe de loin; il vint; mais ils se serrèrent et se moquèrent de lui. Le bon homme fit ainsi le tour du théâtre, fort embarrassé de sa personne et toujours hué de la belle jeunesse. Les ambassadeurs de Sparte s'en aperçurent, et, se levant à l'instant, placèrent honorablement le vieillard au milieu d'eux. Cette action fut remarquée de tout le spectacle et applaudie d'un battement de mains universel. « Eh! que de maux! s'écria le bon vieillard d'un ton de douleur; les Athéniens savent ce qui est honnête, mais les Lacédémoniens le pratiquent. » Voilà la philosophie moderne et les mœurs anciennes. Je reviens à mon sujet. Qu'apprend-on dans *Phèdre* et dans *OEdipe*, sinon que l'homme n'est pas libre, et que le ciel le punit des crimes qu'il lui fait commettre? Qu'apprend-on dans *Médée*, si ce n'est jusqu'où la fureur de la jalousie peut rendre une mère cruelle et dénaturée? Suivez la plupart des pièces du Théâtre-Français : vous trouverez presque dans toutes des monstres abominables et des actions atroces, utiles si l'on veut, à donner de l'intérêt aux pièces et de l'exercice

---

(1) La preuve de cela, c'est qu'il intéresse. Quant à la faute dont il est puni, elle est ancienne, elle est trop expiée; et puis c'est peu de chose pour un méchant de théâtre, qu'on ne tient point pour tel s'il ne fait frémir d'horreur.

(2) *Dicts notables des Lacédémoniens*, § 69.

aux vertus, mais dangereuses certainement, en ce qu'elles accoutument les yeux du peuple à des horreurs qu'il ne devrait pas même connaître, et à des forfaits qu'il ne devrait pas supposer possibles. Il n'est pas même vrai que le meurtre et le parricide y soient toujours odieux. A la faveur de je ne sais quelles commodes suppositions, on les rend permis, ou pardonnables. On a peine à ne pas excuser Phèdre incestueuse et versant le sang innocent; Syphax empoisonnant sa femme, le jeune Horace poignardant sa sœur, Agamemnon immolant sa fille, Oreste égorgeant sa mère, ne laissent pas d'être des personnages intéressants. Ajoutez que l'auteur, pour faire parler chacun selon son caractère, est forcé de mettre dans la bouche des méchants leurs maximes et leurs principes, revêtus de tout l'éclat des beaux vers et débités d'un ton imposant et sentencieux, pour l'instruction du parterre.

Si les Grecs supportaient de pareils spectacles, c'était comme leur représentant des antiquités nationales qui couraient de tout temps parmi le peuple, qu'ils avaient leurs raisons pour se rappeler sans cesse, et dont l'odieux même entrait dans leurs vues. Dénuée des mêmes motifs et du même intérêt, comment la même tragédie peut-elle trouver parmi vous des spectateurs capables de soutenir les tableaux qu'elle leur présente, et les personnages qu'elle y fait agir? L'un tue son père, épouse sa mère, et se trouve le frère de ses enfants; un autre force un fils d'égorger son père; un troisième fait boire au père le sang de son fils. On frissonne à la seule idée des horreurs dont on pare la scène française pour l'amusement du peuple le plus doux et le plus humain qui soit sur la terre. Non..... je le soutiens, et j'en atteste l'effroi des lecteurs, les massacres des gladiateurs n'étaient pas si barbares que ces affreux spectacles. On voyait couler du sang, il est vrai; mais on ne souillait pas son imagination de crimes qui font frémir la nature.

Heureusement la tragédie, telle qu'elle existe, est si loin de nous, elle nous présente des êtres si gigantesques, si boursouflés, si chimériques, que l'exemple de leurs vices n'est guère plus contagieux que celui de leurs vertus n'est utile, et qu'à proportion qu'elle veut moins nous instruire, elle nous fait aussi moins de mal. Mais il n'en est pas ainsi de la comédie, dont les mœurs ont avec les nôtres un rapport plus immédiat, et dont les personnages ressemblent mieux à des hommes. Tout en est mauvais et pernicieux, tout tire à conséquence pour les spectateurs; et le plaisir même du comique étant fondé sur un vice du cœur humain, c'est une suite de ce principe que plus la comédie est agréable et parfaite, plus son effet est funeste aux mœurs. Mais, sans répéter ce que j'ai déjà dit de sa nature, je me contenterai d'en faire ici l'application, et de jeter un coup d'œil sur votre théâtre comique.

Prenons-le dans sa perfection, c'est-à-dire à sa naissance. On convient, et on le sentira chaque jour davantage, que Molière est le plus parfait auteur comique dont les ouvrages nous soient connus : mais qui peut disconvenir aussi que le théâtre de ce même Molière, des talents duquel je suis plus admirateur que personne, ne soit une école de vices et de mauvaises mœurs, plus dangereuse que les livres mêmes où l'on fait profession de les enseigner! Son plus grand soin est de tourner la bonté et la simplicité en ridicule, et de mettre la ruse et le mensonge du parti pour lequel on prend intérêt : ses honnêtes gens ne sont que des gens qui parlent; ses vicieux sont des gens qui agissent, et que les plus brillants succès favorisent le plus souvent : enfin l'honneur des applaudissements, rarement pour le plus estimable, est presque toujours pour le plus adroit.

Examinez le comique de cet auteur : partout vous trouverez que les vices de caractère en sont l'instrument, et les défauts naturels le sujet; que la malice de l'un punit la simplicité de l'autre, et que les sots sont les victimes des méchants : ce qui, pour n'être que trop vrai dans le monde, n'en vaut pas mieux à mettre au théâtre avec un air d'approbation, comme pour exciter les âmes perfides à punir, sous le nom de sottise, la candeur des honnêtes gens.

Dat veniam corvis, vexat censura columbas (1).

Voilà l'esprit général de Molière et de ses imitateurs. Ce sont des gens qui, tout au plus, raillent quelquefois les vices, sans jamais faire aimer la vertu; de ces gens, disait un ancien, qui savent bien moucher la lampe, mais qui n'y mettent jamais d'huile.

Voyez comment, pour multiplier ses plaisanteries, cet homme trouble tout l'ordre de la société; avec quel scandale il renverse tous les rapports les plus sacrés sur lesquels elle est fondée; comment il tourne en dérision les respectables droits des pères sur leurs enfants, des maris sur leurs femmes, des maîtres sur leurs serviteurs! il fait rire, il est vrai, et n'en devient que plus coupable, en forçant, par un charme invincible, les sages mêmes de se prêter à des railleries qui devraient attirer leur indignation. J'entends dire qu'il attaque les vices; mais je voudrais bien que l'on comparât ceux qu'il attaque avec ceux qu'il favorise. Quel est le plus blâmable d'un bourgeois sans esprit et vain qui fait sottement le gentilhomme, ou du gentilhomme fripon qui le dupe? Dans la pièce dont je parle, ce dernier n'est-il pas l'honnête homme? n'a-t-il pas pour lui l'intérêt? et le public n'applaudit-il pas à tous les tours qu'il fait à l'autre? Quel est le plus criminel d'un paysan assez fou pour épouser une demoiselle, ou d'une femme qui cherche à déshonorer son époux? Que penser d'une pièce où le parterre applaudit à l'infidélité, au mensonge, à l'impudence de celle-ci, et rit de la bêtise du manant puni? C'est un grand vice d'être avare et de prêter à usure; mais n'en est-ce pas un plus grand encore à un fils de voler son père, de lui manquer de respect, de lui faire mille insultants reproches, et, quand ce père irrité lui donne sa malédiction, de répondre d'un air goguenard qu'il n'a que faire de ses dons? Si la plaisanterie est excellente, en est-elle moins punissable? et la pièce où l'on fait aimer le fils insolent qui l'a faite en est-elle moins une école de mauvaises mœurs?

Je ne m'arrêterai point à parler des valets. Ils sont condamnés par tout le monde (2); et il serait d'autant moins juste d'imputer à Molière les erreurs de ses modèles et de son siècle, qu'il s'en est corrigé lui-même. Ne nous

---

(1) Juvénal, satire II, 63.
(2) Je ne décide pas s'il faut en effet les condamner. Il se peut que les valets ne soient plus que les instruments des méchancetés des maîtres, depuis que ceux-ci leur ont ôté l'honneur de l'invention. Cependant je douterais qu'en ceci l'image trop naïve de la société fût bonne au théâtre. Supposé qu'il faille quelques fourberies dans les pièces, je ne sais s'il ne vaudrait pas mieux que les valets seuls en fussent chargés, et que les honnêtes gens fussent aussi des gens honnêtes, au moins sur la scène.

prévalons ni des irrégularités qui peuvent se trouver dans les ouvrages dé sa jeunesse, ni de ce qu'il y a de moins bien dans ses autres pièces, et passons tout d'un coup à celle qu'on reconnaît unanimement pour son chef-d'œuvre je veux dire le *Misanthrope*.

Je trouve que cette comédie nous découvre mieux qu'aucune autre la véritable vue dans laquelle Molière a composé son théâtre, et nous peut mieux faire juger de ses vrais effets. Ayant à plaire au public, il a consulté le goût le plus général de ceux qui le composent : sur ce goût il s'est formé un tableau des défauts contraires dans lequel il a pris ses caractères comiques, et dont il a distribué les divers traits dans ses pièces. Il n'a donc point prétendu former un honnête homme, mais un homme du monde ; par conséquent il n'a point voulu corriger les vices, mais les ridicules ; et comme j'ai déjà dit, il a trouvé dans le vice même un instrument très propre à y réussir. Ainsi, voulant exposer à la risée publique tous les défauts opposés aux qualités de l'homme aimable, de l'homme de société, après avoir joué tant d'autres ridicules, il lui restait à jouer celui que le monde pardonne le moins, le ridicule de la vertu : c'est ce qu'il a fait dans le *Misanthrope*.

Vous ne sauriez me nier deux choses : l'une qu'Alceste, dans cette pièce, est un homme droit, sincère, estimable, un véritable homme de bien ; l'autre, que l'auteur lui donne un personnage ridicule. C'en est assez, ce me semble, pour rendre Molière inexcusable. On pourrait dire qu'il a joué dans Alceste, non la vertu, mais un véritable défaut, qui est la haine des hommes. A cela je réponds qu'il n'est pas vrai qu'il ait donné cette haine à son personnage : il ne faut pas que ce nom de misanthrope en impose, comme si celui qui le porte était ennemi du genre humain. Une pareille haine ne serait pas un défaut, mais une dépravation de la nature et le plus grand de tous les vices. Le vrai misanthrope est un monstre. S'il pouvait exister, il ne ferait pas rire, il ferait horreur. Vous pouvez avoir vu à la Comédie italienne une pièce intitulée *La vie est un songe*. Si vous vous rappelez le héros de cette pièce, voilà le vrai misanthrope.

Qu'est-ce donc que le misanthrope de Molière? Un homme de bien qui déteste les mœurs de son siècle et la méchanceté de ses contemporains ; qui, précisément parce qu'il aime ses semblables, hait en eux les maux qu'ils se font réciproquement et les vices dont ces maux sont l'ouvrage. S'il était moins touché des erreurs de l'humanité, moins indigné des iniquités qu'il voit, serait-il plus humain lui-même? Autant vaudrait soutenir qu'un tendre père aime mieux les enfants d'autrui que les siens, parce qu'il s'irrite des fautes de ceux-ci, et ne dit jamais rien aux autres.

Ces sentiments du misanthrope sont parfaitement développés dans son rôle. Il dit, je l'avoue, qu'il a conçu une haine effroyable contre le genre humain. Mais en quelle occasion le dit-il (1)? Quand, outré d'avoir vu son ami trahir lâchement son sentiment et tromper l'homme qui le lui demande,

---

(1) J'avertis qu'étant sans livres, sans mémoire, et n'ayant pour tous matériaux qu'un confus souvenir des observations que j'ai faites autrefois au spectacle, je puis me tromper dans mes citations et renverser l'ordre des pièces. Mais quand mes exemples seraient peu justes, mes raisons ne le seraient pas moins, attendu qu'elles ne sont point tirées de telle ou telle pièce, mais de l'esprit général du théâtre, que j'ai bien étudié.

il s'en voit encore plaisanter lui-même au plus fort de sa colère. Il est naturel que cette colère dégénère en emportement et lui fasse dire alors plus qu'il ne pense de sang-froid. D'ailleurs, la raison qu'il rend de cette haine universelle en justifie pleinement la cause :

> Les uns parce qu'ils sont méchants,
> Et les autres pour être aux méchants complaisants.

Ce n'est donc pas des hommes qu'il est ennemi, mais de la méchanceté des uns et du support que cette méchanceté trouve dans les autres. S'il n'y avait ni fripons ni flatteurs, il aimerait tout le genre humain. Il n'y a pas un homme de bien qui ne soit misanthrope en ce sens; ou plutôt les vrais misanthropes sont ceux qui ne pensent pas ainsi; car, au fond, je ne connais point de plus grand ennemi des hommes que l'ami de tout le monde, qui, toujours charmé de tout, encourage incessamment les méchants, et flatte, par sa coupable complaisance, les vices d'où naissent tous les désordres de la société.

Une preuve bien sûre qu'Alceste n'est point misanthrope à la lettre, c'est qu'avec ses brusqueries et ses incartades il ne laisse pas d'intéresser et de plaire. Les spectateurs ne voudraient pas, à la vérité, lui ressembler, parce que tant de droiture est fort incommode; mais aucun d'eux ne serait fâché d'avoir affaire à quelqu'un qui lui ressemblât : ce qui n'arriverait pas s'il était l'ennemi déclaré des hommes. Dans toutes les autres pièces de Molière, le personnage ridicule est toujours haïssable ou méprisable. Dans celle-là, quoique Alceste ait des défauts réels dont on n'a pas tort de rire, on sent pourtant au fond du cœur un respect pour lui dont on ne peut se défendre. En cette occasion, la force de la vertu l'emporte sur l'art de l'auteur et fait honneur à son caractère. Quoique Molière fît des pièces répréhensibles, il était personnellement honnête homme; et jamais le pinceau d'un honnête homme ne sut couvrir de couleurs odieuses les traits de la droiture et de la probité. Il n'y a plus : Molière a mis dans la bouche d'Alceste un si grand nombre de ses propres maximes, que plusieurs ont cru qu'il s'était voulu peindre lui-même. Cela parut dans le dépit qu'eut le parterre, à la première représentation, de n'avoir pas été, sur le sonnet, de l'avis du misanthrope : car on vit bien que c'était celui de l'auteur.

Cependant ce caractère si vertueux est présenté comme ridicule. Il l'est, en effet, à certains égards; et ce qui démontre que l'intention du poète est bien de le rendre tel, c'est celui de l'ami Philinte, qu'il met en opposition avec le sien. Ce Philinte est le sage de la pièce; un de ces honnêtes gens du grand monde dont les maximes ressemblent beaucoup à celles des fripons; de ces gens si doux, si modérés, qui trouvent toujours que tout va bien, parce qu'ils ont intérêt que rien n'aille mieux; qui sont toujours contents de tout le monde, parce qu'ils ne se soucient de personne; qui, autour d'une bonne table, soutiennent qu'il n'est pas vrai que le peuple ait faim; qui, le gousset bien garni, trouvent fort mauvais qu'on déclame en faveur des pauvres; qui, de leur maison bien fermée, verraient voler, piller, égorger, massacrer tout le genre humain sans se plaindre, attendu que Dieu les a doués d'une douceur très méritoire à supporter les malheurs d'autrui.

On voit bien que le flegme raisonneur de celui-ci est très propre à redoubler et faire sortir d'une manière comique les emportements de l'autre : et le tort de Molière n'est pas d'avoir fait du misanthrope un homme colère et bilieux, mais de lui avoir donné des fureurs puériles sur des sujets qui ne devaient pas l'émouvoir. Le caractère du misanthrope n'est pas à la disposition du poète ; il est déterminé par la nature de sa passion dominante. Cette passion est une violente haine du vice, née d'un amour ardent pour la vertu, aigrie par le spectacle continuel de la méchanceté des hommes. Il n'y a donc qu'une âme grande et noble qui en soit susceptible. L'horreur et le mépris qu'y nourrit cette même passion pour tous les vices qui l'ont irritée sert encore à les écarter du cœur qu'elle agite. De plus, cette contemplation continuelle des désordres de la société le détache de lui-même pour fixer toute son attention sur le genre humain. Cette habitude élève, agrandit ses idées, détruit en lui des inclinations basses qui nourrissent et concentrent l'amour-propre ; et de ce concours naît une certaine force de courage, une fierté de caractère qui ne laisse prise au fond de son âme qu'à des sentiments dignes de l'occuper.

Ce n'est pas que l'homme ne soit toujours homme ; que la passion ne le rende souvent faible, injuste, déraisonnable ; qu'il n'épie peut-être les motifs cachés des actions des autres avec un secret plaisir d'y voir la corruption de leurs cœurs ; qu'un petit mal ne lui donne souvent une grande colère, et qu'en l'irritant à dessein un méchant adroit ne pût parvenir à le faire passer pour méchant lui-même : mais il n'en est pas moins vrai que tous moyens ne sont pas bons à produire ces effets, et qu'ils doivent être assortis à son caractère pour le mettre en jeu ; sans quoi c'est substituer un autre homme au misanthrope, et nous le peindre avec des traits qui ne sont pas les siens.

Voilà donc de quel côté le caractère du misanthrope doit porter ses défauts ; et voilà aussi de quoi Molière fait un usage admirable dans toutes les scènes d'Alceste avec son ami, où les froides maximes et les railleries de celui-ci, démontant l'autre à chaque instant, lui font dire mille impertinences très bien placées ; mais ce caractère âpre et dur, qui lui donne tant de fiel et d'aigreur dans l'occasion, l'éloigne en même temps de tout chagrin puéril qui n'a nul fondement raisonnable, et de tout intérêt personnel trop vif, dont il ne doit nullement être susceptible. Qu'il s'emporte sur tous les désordres dont il n'est que le témoin, ce sont toujours de nouveaux traits au tableau ; mais qu'il soit froid sur celui qui s'adresse directement à lui : car, ayant déclaré la guerre aux méchants, il s'attend bien qu'ils la lui feront à leur tour. S'il n'avait pas prévu le mal que lui fera sa franchise, elle serait une étourderie et non pas une vertu. Qu'une femme fausse le trahisse, que d'indignes amis le déshonorent, que de faibles amis l'abandonnent, il doit le souffrir sans en murmurer : il connaît les hommes.

Si ces distinctions sont justes, Molière a mal saisi le misanthrope. Pense-t-on que ce soit par erreur ? Non sans doute. Mais voilà par où le désir de faire rire aux dépens du personnage l'a forcé de le dégrader contre la vérité du caractère.

Après l'aventure du sonnet, comment Alceste ne s'attend-il point aux mauvais procédés d'Oronte ? Peut-il en être étonné quand on l'en instruit, comme si c'était la première fois de sa vie qu'il eût été sincère, ou la première fois que sa sincérité lui eût fait un ennemi? Ne doit-il pas se préparer tranquillement à la perte de son procès, loin d'en marquer d'avance un dépit d'enfant?

> Ce sont vingt mille francs qu'il m'en pourra coûter;
> Mais pour vingt mille francs j'aurai droit de pester.

Un misanthrope n'a que faire d'acheter si cher le droit de pester, il n'a qu'à ouvrir les yeux; et il n'estime pas assez l'argent pour croire avoir acquis sur ce point un nouveau droit par la perte d'un procès. Mais il fallait faire rire le parterre.

Dans la scène avec Dubois, plus Alceste a de sujets de s'impatienter, plus il doit rester flegmatique et froid, parce que l'étourderie du valet n'est pas un vice. Le misanthrope et l'homme emporté sont deux caractères très différents : c'était là l'occasion de les distinguer. Molière ne l'ignorait pas. Mais il fallait faire rire le parterre.

Au risque de faire aussi rire le lecteur à mes dépens, j'ose accuser cet auteur d'avoir manqué de très grandes convenances, une très grande vérité, et peut-être de nouvelles beautés de situation : c'était de faire un tel changement à son plan, que Philinte entrât comme acteur nécessaire dans le nœud de sa pièce, en sorte qu'on pût mettre les actions de Philinte et d'Alceste dans une apparente opposition avec leurs principes, et dans une conformité parfaite avec leurs caractères. Je veux dire qu'il fallait que le misanthrope fût toujours furieux contre les vices publics, et toujours tranquille sur les méchancetés personnelles dont il était la victime. Au contraire, le philosophe Philinte devait voir tous les désordres de la société avec un flegme stoïque, et se mettre en fureur au moindre mal qui s'adressait directement à lui. En effet, j'observe que ces gens si paisibles sur les injustices publiques sont toujours ceux qui font le plus de bruit au moindre tort qu'on leur fait, et qu'ils ne gardent leur philosophie qu'aussi longtemps qu'ils n'en ont pas besoin pour eux-mêmes. Ils ressemblent à cet Irlandais qui ne voulait pas sortir de son lit, quoique le feu fût à la maison. La maison brûle, lui criait-on. Que m'importe? répondait-il, je n'en suis que le locataire. A la fin le feu pénétra jusqu'à lui. Aussitôt il s'élance, il court, il crie, il s'agite; il commence à comprendre qu'il faut quelquefois prendre intérêt à la maison qu'on habite, quoiqu'elle ne nous appartienne pas.

Il me semble qu'en traitant les caractères en question sur cette idée, chacun des deux eût été plus vrai, plus théâtral, et que celui d'Alceste eût fait incomparablement plus d'effet : mais le parterre alors n'aurait pu rire qu'aux dépens de l'homme du monde; et l'intention de l'auteur était qu'on rît aux dépens du misanthrope (1).

Dans la même vue, il fait tenir quelquefois des propos d'humeur d'un

(1) Je ne doute point que, sur l'idée que je viens de proposer, un homme de génie ne pût faire un nouveau *Misanthrope* non moins vrai, non moins naturel que l'Athénien, égal en mérite à celui de Molière, et sans comparaison plus instructif. Je ne vois qu'un inconvénient à cette nouvelle pièce, c'est qu'il serait impossible qu'elle réussît : car, quoi qu'on dise, en choses qui déshonorent, nul ne rit de bon cœur à ses dépens. Nous voilà rentrés dans mes principes.

— C'est cette idée de Rousseau sur un *nouveau Misanthrope* à mettre en scène qu'a réalisée Fabre d'Églantine, dans la pièce intitulée *Philinte ou la Suite du Misanthrope*. Il y a suivi toutes ses indications, et l'on peut dire que les meilleures scènes de cette goût tout contraire à celui qu'il lui donne. Telle est cette pointe de la scène du sonnet,

> La peste de ta chute, empoisonneur au diable !
> En eusses-tu fait une à te casser le nez !

pointe d'autant plus déplacée dans la bouche du misanthrope, qu'il vient d'en critiquer de plus supportables dans le sonnet d'Oronte; et il est bien étrange que celui qui la fait propose un instant après la chanson du *roi Henri* pour un modèle de goût. Il ne sert de rien de dire que ce mot échappe dans un moment de dépit; car le dépit ne dicte rien moins que des pointes; et Alceste, qui passe sa vie à gronder, doit avoir pris, même en grondant, un ton conforme à son tour d'esprit :

> Morbleu ! vil complaisant ! vous louez des sottises !

C'est ainsi que doit parler le misanthrope en colère. Jamais pointe n'ira bien après cela. Mais il fallait faire rire le parterre; et voilà comment on avilit la vertu.

Une chose assez remarquable, dans cette comédie, est que les charges étrangères que l'auteur a données au rôle du misanthrope l'ont forcé d'adoucir ce qui était essentiel au caractère. Ainsi, tandis que dans toutes ses autres pièces les caractères sont chargés pour faire plus d'effet, dans celle-ci seule les traits sont émoussés pour la rendre plus théâtrale. La même scène dont je viens de parler m'en fournit la preuve. On y voit Alceste tergiverser et user de détours pour dire son avis à Oronte. Ce n'est point là le misanthrope : c'est un honnête homme du monde qui se fait peine de tromper celui qui le consulte. La force du caractère voulait qu'il lui dît brusquement, « Votre sonnet ne vaut rien, jetez-le au feu : » mais cela aurait ôté le comique qui naît de l'embarras du misanthrope et de ses « je ne dis pas cela » répétés, qui pourtant ne sont au fond que des mensonges. Si Philinte, à son exemple, lui eût dit en cet endroit, « Et que dis-tu donc, traître? » qu'avait-il à répliquer? En vérité, ce n'est pas la peine de rester misanthrope pour ne l'être qu'à demi; car, si l'on se permet le premier ménagement et la première altération de la vérité, où sera la raison suffisante pour s'arrêter jusqu'à ce qu'on devienne aussi faux qu'un homme de cour?

L'ami d'Alceste doit le connaître. Comment ose-t-il lui proposer de visiter des juges, c'est-à-dire, en termes honnêtes, de chercher à les corrompre? Comment peut-il supposer qu'un homme capable de renoncer même aux bienséances par amour pour la vertu, soit capable de manquer à ses devoirs par intérêt? Solliciter un juge! Il ne faut pas être misanthrope, il suffit d'être honnête homme pour n'en rien faire. Car enfin, quelque tour qu'on donne à la chose, ou celui qui sollicite un juge l'exhorte à remplir son devoir, et alors il lui fait une insulte, ou il lui propose une acception de personnes, et alors il veut le séduire, puisque toute acception de personnes est un crime dans un juge, qui doit connaître l'affaire et non les parties, et ne voir que l'ordre et la loi. Or, je dis qu'engager un juge à faire une mauvaise action, c'est la faire soi-même; et qu'il vaut mieux perdre une cause juste que de faire une mau-

---

comédie appartiennent à Rousseau. D'ailleurs son assertion sur l'impossibilité de réussir dans la pièce dont il avait ainsi tracé le plan a été démentie par l'événement; car le *Philinte* de Fabre, malgré de nombreux défauts, a eu un très grand succès.

vaise action. Cela est clair, net; il n'y a rien à répondre. La morale du monde a d'autres maximes, je ne l'ignore pas. Il me suffit de montrer que, dans tout ce qui rendait le misanthrope si ridicule, il ne faisait que le devoir d'un homme de bien; et que son caractère était mal rempli d'avance, si son ami supposait qu'il pût y manquer.

Si quelquefois l'habile auteur laisse agir ce caractère dans toute sa force, c'est seulement quand cette force rend la scène plus théâtrale, et produit un comique de contraste ou de situation plus sensible. Telle est, par exemple, l'humeur taciturne et silencieuse d'Alceste, et ensuite la censure intrépide et vivement apostrophée de la conversation chez la coquette :

> Allons, ferme, poussez, mes bons amis de cour.

Ici l'auteur a marqué fortement la distinction du médisant et du misanthrope. Celui-ci, dans son fiel âcre et mordant, abhorre la calomnie et déteste la satire. Ce sont les vices publics, ce sont les méchants en général qu'il attaque. La basse et secrète médisance est indigne de lui, il la méprise et la hait dans les autres; et quand il dit du mal de quelqu'un, il commence par le lui dire en face. Aussi, durant toute la pièce, ne fait-il nulle part plus d'effet que dans cette scène, parce qu'il est là ce qu'il doit être, et que, s'il fait rire le parterre, les honnêtes gens ne rougissent pas d'avoir ri.

Mais, en général, on ne peut nier que, si le misanthrope était plus misanthrope, il ne fût beaucoup moins plaisant, parce que sa franchise et sa fermeté, n'admettant jamais de détour, ne le laisseraient jamais dans l'embarras. Ce n'est donc pas par ménagement pour lui que l'auteur adoucit quelquefois son caractère; c'est, au contraire, pour le rendre plus ridicule. Une autre raison l'y oblige encore, c'est que le misanthrope de théâtre, ayant à parler de ce qu'il voit, doit vivre dans le monde, et, par conséquent, tempérer sa droiture et ses manières par quelques-uns de ces égards de mensonge et de fausseté qui composent la politesse, et que le monde exige de quiconque y veut être supporté. S'il s'y montrait autrement, ses discours ne feraient plus d'effet. L'intérêt de l'auteur est bien de le rendre ridicule, mais non pas fou; et c'est ce qu'il paraîtrait aux yeux du public, s'il était tout-à-fait sage.

On a peine à quitter cette admirable pièce quand on a commencé de s'en occuper; et, plus on y songe, plus on y découvre de nouvelles beautés. Mais enfin, puisqu'elle est, sans contredit, de toutes les comédies de Molière celle qui contient la meilleure et la plus saine morale, sur celle-là jugeons des autres; et convenons que, l'intention de l'auteur étant de plaire à des esprits corrompus, ou sa morale porte au mal, ou le faux bien qu'elle prêche est plus dangereux que le mal même : en ce qu'il séduit par une apparence de raison; en ce qu'il fait préférer l'usage et les maximes du monde à l'exacte probité; en ce qu'il fait consister la sagesse dans un certain milieu entre le vice et la vertu; en ce qu'au grand soulagement des spectateurs, il leur persuade que, pour être honnête homme, il suffit de n'être pas un franc scélérat.

J'aurais trop d'avantage si je voulais passer de l'examen de Molière à celui de ses successeurs, qui, n'ayant ni son génie ni sa probité, n'en ont que mieux suivi ses vues intéressées, en s'attachant à flatter une jeunesse débauchée, et des femmes sans mœurs. Ce sont eux qui, les premiers, ont introduit ces grossières équivoques, non moins proscrites par le goût que par l'honnêteté, qui firent longtemps l'amusement des mauvaises compagnies, et n'ead'ade srap srsonnes modestes, et dont le meilleur ton, lent dans ses pmbrogrès, pas encore purifié certaines provinces. D'autres auteurs, plus réservés dans leurs saillies, laissant les premiers amuser les femmes perdues, se chargèrent d'encourager les filous. Regnard, un des moins libres, n'est pas le moins dangereux (1). C'est une chose incroyable qu'avec l'agrément de la police on joue publiquement au milieu de Paris une comédie où, dans l'appartement d'un oncle qu'on vient de voir expirer, son neveu, honnête homme de la pièce, s'occupe avec son digne cortége de soins que les lois paient de la corde; et qu'au lieu des larmes que la seule humanité fait verser en pareil cas aux indifférents mêmes, on égaie à l'envi de plaisanteries barbares le triste appareil de la mort. Les droits les plus sacrés, les plus touchants sentiments de la nature, sont joués dans cette odieuse scène. Les tours les plus punissables y sont rassemblés comme à plaisir avec un enjouement qui fait passer tout cela pour des gentillesses. Faux acte, supposition, vol, fourberie, mensonge, inhumanité, tout y est, et tout y est applaudi. Le mort s'étant avisé de renaître, au grand déplaisir de son cher neveu, et ne voulant point ratifier ce qui s'est fait en son nom, on trouve le moyen d'arracher son consentement de force; et tout se termine au gré des acteurs et des spectateurs, qui, s'intéressant malgré eux à ces misérables, sortent de la pièce avec cet édifiant souvenir d'avoir été dans le fond de leur cœur complices des crimes qu'ils ont vu commettre.

Osons le dire sans détour : Qui de nous est assez sûr de lui pour supporter la représentation d'une pareille comédie sans être de moitié des tours qui s'y jouent? Qui ne serait pas un peu fâché si le filou venait à être surpris ou manquer son coup? Qui ne devient pas un moment filou soi-même en s'intéressant pour lui? Car s'intéresser pour quelqu'un qu'est-ce autre chose que se mettre en sa place? Belle instruction pour la jeunesse, que celle où les hommes faits ont bien de la peine à se garantir de la séduction du vice! Est-ce à dire qu'il ne soit jamais permis d'exposer au théâtre des actions blâmables? Non; mais, en vérité, pour savoir mettre un fripon sur la scène, il faut un auteur bien honnête homme.

Ces défauts sont tellement inhérents à notre théâtre, qu'en voulant les en ôter on le défigure. Nos auteurs modernes, guidés par de meilleures intentions, font des pièces plus épurées; mais aussi qu'arrive-t-il? Qu'elles n'ont plus de vrai comique et ne produisent aucun effet. Elles instruisent beaucoup, si l'on veut; mais elles ennuient encore davantage. Autant vaudrait aller au sermon.

Dans cette décadence du théâtre, on se voit contraint d'y substituer aux véritables beautés éclipsées de petits agréments capables d'en imposer à la

---

(1) Notre texte, pareil à celui de l'édition de Genève, diffère ici de celui de l'édition de 1801, dans laquelle, après ces mots, « une jeunesse débauchée et des femmes sans mœurs, » on lit immédiatement ce qui suit : « Je ne ferai pas à Dancourt l'honneur de parler de lui ; ses pièces n'effarouchent pas par des termes obscènes; mais il faut n'avoir de chaste que les oreilles pour les pouvoir supporter. Regnard, plus modeste, n'est pas moins dangereux : laissant l'autre amuser les femmes perdues, il se charge, lui, d'encourager les filous. C'est une chose incroyable, etc. »

multitude. Ne sachant plus nourrir la force du comique et des caractères, on a renforcé l'intérêt de l'amour. On a fait la même chose dans la tragédie pour suppléer aux situations prises dans des intérêts d'état qu'on ne connaît plus, et aux sentiments naturels et simples qui ne touchent plus personne. Les auteurs concourent à l'envi, pour l'utilité publique, à donner une nouvelle énergie et un nouveau coloris à cette passion dangereuse ; et, depuis Molière et Corneille, on ne voit plus réussir au théâtre que des romans sous le nom de pièces dramatiques.

L'amour est le règne des femmes. Ce sont elles qui nécessairement y donnent la loi ; parce que, selon l'ordre de la nature, la résistance leur appartient, et que les hommes ne peuvent vaincre cette résistance qu'aux dépens de leur liberté. Un effet naturel de ces sortes de pièces est donc d'étendre l'empire du sexe, de rendre des femmes et de jeunes filles les précepteurs du public, et de leur donner sur les spectateurs le même pouvoir qu'elles ont sur leurs amants. Pensez-vous, monsieur, que cet ordre soit sans inconvénient, et qu'en augmentant avec tant de soin l'ascendant des femmes, les hommes en seraient mieux gouvernés ?

Il peut y avoir dans le monde quelques femmes dignes d'être écoutées d'un honnête homme ; mais est-ce d'elles en général qu'il doit prendre conseil ? et n'y aurait-il aucun moyen d'honorer leur sexe à moins d'avilir le nôtre ? Le plus charmant objet de la nature, le plus capable d'émouvoir un cœur sensible et de le porter au bien, est, je l'avoue, une femme aimable et vertueuse ; mais cet objet céleste, où se cache-t-il ? N'est-il pas bien cruel de le contempler avec tant de plaisir au théâtre, pour en trouver de si différents dans la société ? Cependant le tableau séducteur fait son effet. L'enchantement causé par ces prodiges de sagesse tourne au profit des femmes sans honneur. Qu'un jeune homme n'ait vu le monde que sur la scène, le premier moyen qui s'offre à lui pour aller à la vertu est de chercher une maîtresse qui l'y conduise, espérant bien trouver une Constance (1) ou une Cénie (2) tout au moins. C'est ainsi que, sur la foi d'un modèle imaginaire, sur un air modeste et touchant, sur une douceur contrefaite, *nescius auræ fallacis*, le jeune insensé court se perdre en pensant devenir un sage.

. Ceci me fournit l'occasion de proposer une espèce de problème. Les anciens avaient en général un très grand respect pour les femmes (3) ; mais ils marquaient ce respect en s'abstenant de les exposer au jugement du public, et croyaient honorer leur modestie en se taisant sur leurs autres vertus. Ils

(1) Personnage du *Fils naturel*, drame Diderot.
(2) Ce n'est point par étourderie que je cite *Cénie* en cet endroit, quoique cette charmante pièce soit l'ouvrage d'une femme (Madame de Graffigny) ; car, cherchant la vérité de bonne foi, je ne sais point déguiser ce qui fait contre mon sentiment ; et ce n'est pas à une femme, mais aux femmes, que je refuse les talents des hommes. J'honore d'autant plus volontiers ceux de l'auteur de *Cénie*, en particulier, qu'ayant à me plaindre de ses discours, je lui rends un hommage pur et désintéressé, comme tous les éloges sortis de ma plume.
(3) Ils leur donnaient plusieurs noms honorables que nous n'avons plus, ou qui sont bas et surannés parmi nous. On sait quel usage Virgile a fait de celui de *Matres* dans une occasion où les mères troyennes n'étaient guère sages (*Æneid.*, lib. V, 654. — *Idem*, lib. VII, 359 et 392). Nous n'avons à la place que le mot de *Dames*, qui ne convient pas à toutes, qui même vieillit insensiblement, et qu'on a tout-à-fait proscrit du ton à la mode. J'observe que les anciens tiraient volontiers leurs titres d'honneur des droits de la nature, et que nous ne tirons les nôtres que des droits du rang.

avaient pour maxime que le pays où les mœurs étaient les plus pures était celui où l'on parlait le moins des femmes, et que la femme la plus honnête était celle dont on parlait le moins. C'est sur ce principe qu'un Spartiate, entendant un étranger faire de magnifiques éloges d'une dame de sa connaissance, l'interrompit en colère : « Ne cesseras-tu point, lui dit-il, de médire d'une femme de bien (1)? » De là venait encore que, dans leur comédie, les rôles d'amoureuses et de filles à marier ne représentaient jamais que des esclaves ou des filles publiques. Ils avaient une telle idée de la modestie du sexe, qu'ils auraient cru manquer aux égards qu'ils lui devaient de mettre une honnête fille sur la scène, seulement en représentation (2). En un mot, l'image du vice a découvert les choquait moins que celle de la pudeur offensée.

Chez nous, au contraire, la femme la plus estimée est celle qui fait le plus de bruit, de qui l'on parle le plus, qu'on voit le plus dans le monde, chez qui l'on dîne le plus souvent, qui donne le plus impérieusement le ton, qui juge, tranche, décide, prononce, assigne au talent, au mérite, aux vertus, leurs degrés et leurs places, et dont les humbles savants mendient le plus bassement la faveur. Sur la scène, c'est pis encore. Au fond, dans le monde elles ne savent rien, quoiqu'elles jugent de tout; mais au théâtre, savantes du savoir des hommes, philosophes, grâce aux auteurs, elles écrasent notre propre sexe de ses propres talents : et les imbéciles spectateurs vont bonnement apprendre des femmes ce qu'ils ont pris soin de leur dicter. Tout cela, dans le vrai, c'est se moquer d'elles, c'est les taxer d'une vanité puérile; et je ne doute pas que les plus sages n'en soient indignées. Parcourez la plupart des pièces modernes : c'est toujours une femme qui sait tout, qui apprend tout aux hommes; c'est toujours la dame de cour qui fait dire le catéchisme au petit Jehan de Saintré. Un enfant ne saurait se nourrir de son pain, s'il n'est coupé par sa gouvernante. Voilà l'image de ce qui se passe aux nouvelles pièces. La bonne est sur le théâtre, et les enfants sont dans le parterre. Encore une fois, je ne nie pas que cette méthode n'ait ses avantages, et que de tels précepteurs ne puissent donner du poids et du prix à leurs leçons. Mais revenons à ma question. De l'usage antique et du nôtre, je demande lequel est le plus honorable aux femmes, et rend le mieux à leur sexe les vrais respects qui lui sont dus.

La même cause qui donne, dans nos pièces tragiques et comiques, l'ascendant aux femmes sur les hommes, le donne encore aux jeunes gens sur les vieillards; et c'est un autre renversement des rapports naturels, qui n'est pas moins répréhensible. Puisque l'intérêt y est toujours pour les amants, il s'ensuit que les personnages avancés en âge n'y peuvent jamais faire que des rôles en sous-ordre. Ou, pour former le nœud de l'intrigue, ils servent d'obstacles au vœux des jeunes amants, et alors ils sont haïssables; ou ils sont amoureux eux-mêmes, et alors ils sont ridicules. *Turpe senex miles* (3). On en fait, dans les tragédies, des tyrans, des usurpateurs; dans les comédies,

---

(1) Plutarque, *Dicts notables des Lacédémoniens*, § 16 et 31.

(2) S'ils en usaient autrement dans les tragédies, c'est que, suivant le système politique de leur théâtre, ils n'étaient pas fâchés qu'on crût que les personnes d'un haut rang n'ont pas besoin de pudeur, et font toujours exception aux règles de la morale.

(3) Ovid. *Amor.*, 1, 9, v. 4.

des jaloux, des usuriers, des pédants, des pères insupportables, que tout le monde conspire à tromper. Voilà sous quel honorable aspect on montre la vieillesse au théâtre; voilà quel respect on inspire pour elle aux jeunes gens. Remercions l'illustre auteur de *Zaïre* et de *Nanine* d'avoir soustrait à ce mépris le vénérable Lusignan et le bon vieux Philippe Humbert. Il en est quelques autres encore : mais cela suffirait-il pour arrêter le torrent du préjugé public, et pour effacer l'avilissement où la plupart des auteurs se plaisent à montrer l'âge de la sagesse, de l'expérience et de l'autorité? Qui peut douter que l'habitude de voir toujours dans les vieillards des personnages odieux au théâtre, n'aide à les faire rebuter dans la société, et qu'en s'accoutumant à confondre ceux qu'on voit dans le monde avec les radoteurs et les Gérontes de la comédie, on ne les méprise tous également? Observez à Paris, dans une assemblée, l'air suffisant et vain, le ton ferme et tranchant d'une impudente jeunesse, tandis que les anciens, craintifs et modestes, ou n'osent ouvrir la bouche, ou sont à peine écoutés. Voit-on rien de pareil dans les provinces et dans les lieux où les spectacles ne sont point établis? et par toute la terre, hors les grandes villes, une tête chenue et des cheveux blancs n'impriment-ils pas toujours du respect? On me dira qu'à Paris les vieillards contribuent à se rendre méprisables en renonçant au maintien qui leur convient, pour prendre indécemment la parure et les manières de la jeunesse, et que, faisant les galants à son exemple, il est très simple qu'on la leur préfère dans son métier : mais c'est tout au contraire pour n'avoir nul autre moyen de se faire supporter, qu'ils sont contraints de recourir à celui-là; et ils aiment encore mieux être soufferts à la faveur de leurs ridicules, que de ne l'être point du tout. Ce n'est pas assurément qu'en faisant les agréables ils le deviennent en effet, et qu'un galant sexagénaire soit un personnage fort gracieux, mais son indécence même lui tourne à profit : c'est un triomphe de plus pour une femme, qui, traînant à son char un Nestor, croit montrer que les glaces de l'âge ne garantissent point des feux qu'elle inspire. Voilà pourquoi les femmes encouragent de leur mieux ces doyens de Cythère, et ont la malice de traiter d'hommes charmants de vieux fous, qu'elles trouveraient moins aimables s'ils étaient moins extravagants. Mais revenons à mon sujet.

Ces effets ne sont pas les seuls que produit l'intérêt de la scène uniquement fondé sur l'amour. On lui en attribue beaucoup d'autres plus graves et plus importants, dont je n'examine point ici la réalité, mais qui ont été souvent et fortement allégués par les écrivains ecclésiastiques. Les dangers que peut produire le tableau d'une passion contagieuse sont, leur a-t-on répondu, prévenus par la manière de le présenter : l'amour qu'on expose au théâtre y est rendu légitime, son but est honnête, souvent il est sacrifié au devoir et à la vertu, et, dès qu'il est coupable, il est puni. Fort bien : mais n'est-il pas plaisant qu'on prétende ainsi régler après coup les mouvements du cœur sur les préceptes de la raison, et qu'il faille attendre les événements pour savoir quelle impression l'on doit recevoir des situations qui les amènent? Le mal qu'on reproche au théâtre n'est pas précisément d'inspirer des passions criminelles, mais de disposer l'âme à des sentiments trop tendres, qu'on satisfait ensuite aux dépens de la vertu. Les douces émotions qu'on y ressent n'ont pas par elles-mêmes un objet déterminé, mais elles en font naître le besoin; elles ne donnent pas précisément de l'amour, mais elles préparent à en sentir; elles ne choisissent pas la personne qu'on doit aimer, mais elles nous forcent à faire ce choix. Ainsi elles ne sont innocentes ou criminelles que par l'usage que nous en faisons selon notre caractère, et ce caractère est indépendant de l'exemple. Quand il serait vrai qu'on ne peint au théâtre que des passions légitimes, s'ensuit-il de là que les impressions sont faibles, que les effets en sont moins dangereux? Comme si les vives images d'une tendresse innocente étaient moins douces, moins séduisantes, moins capables d'échauffer un cœur sensible, que celles d'un amour crimine à qui l'horreur du vice sert au moins de contre-poison! Mais si l'idée de l'innocence embellit quelques instants le sentiment qu'elle accompagne, bientôt les circonstances s'effacent de la mémoire, tandis que l'impression d'une passion si douce reste gravée au fond du cœur. Quand le patricien Manilius fut chassé du sénat de Rome pour avoir donné un baiser à sa femme en présence de sa fille (1), à ne considérer cette action qu'en elle même, qu'avait-elle de répréhensible? rien sans doute; elle annonçait même un sentiment louable. Mais les chastes feux de la mère en pouvaient inspirer d'impurs à la fille. C'était donc d'une action fort honnête faire un exemple de corruption. Voilà l'effet des amours permis du théâtre.

On prétend nous guérir de l'amour par la peinture de ses faiblesses. Je ne sais là-dessus comment les auteurs s'y prennent; mais je vois que les spectateurs sont toujours du parti de l'amant faible, et que souvent ils sont fâchés qu'il ne le soit pas davantage. Je demande si c'est un grand moyen d'éviter de lui ressembler.

Rappelez-vous, monsieur, une pièce à laquelle je crois me souvenir d'avoir assisté avec vous, il y a quelques années, et qui nous fit un plaisir auquel nous nous attendions peu, soit qu'en effet l'auteur y eût mis plus de beautés théâtrales que nous n'avions pensé, soit que l'actrice prêtât son charme ordinaire au rôle qu'elle faisait valoir. Je veux parler de la *Bérénice* de Racine. Dans quelle disposition d'esprit le spectateur voit-il commencer cette pièce? Dans un sentiment de mépris pour la faiblesse d'un empereur et d'un Romain, qui balance, comme le dernier des hommes, entre sa maîtresse et son devoir; qui, flottant incessamment dans une déshonorante incertitude, avilit par des plaintes efféminées ce caractère presque divin que lui donne l'histoire; qui fait chercher dans un vil soupirant de ruelle le bienfaiteur du monde et les délices du genre humain. Qu'en pense le même spectateur après la représentation? Il finit par plaindre cet homme sensible qu'il méprisait, par s'intéresser à cette même passion dont il lui faisait un crime, par murmurer en secret du sacrifice qu'il est forcé d'en faire aux lois de la patrie. Voilà ce que chacun de nous éprouvait à la représentation. Le rôle de Titus, très bien rendu, eût fait de l'effet s'il eût été plus digne de lui; mais tous sentirent que l'intérêt principal était pour Bérénice, et que c'était le sort de son amour qui déterminait l'espèce de la catastrophe. Non que ses plaintes continuelles donnassent une grande émotion durant le cours de la pièce: mais au cinquième acte, où, cessant de se plaindre, l'air morne, l'œil sec et la voix

---

(1) Plutarque, *Vie de Marcus Caton*, § 35.

éteinte, elle faisait parler une douleur froide approchant du désespoir, l'art de l'actrice ajoutait au pathétique du rôle; et les spectateurs, vivement touchés, commençaient à pleurer quand Bérénice ne pleurait plus. Que signifiait cela, sinon qu'on tremblait qu'elle ne fût renvoyée; qu'on sentait d'avance la douleur dont son cœur serait pénétré; et que chacun aurait voulu que Titus se laissât vaincre, même au risque de l'en moins estimer? Ne voilà t-il pas une tragédie qui a bien rempli son objet, et qui a bien appris aux spectateurs à surmonter les faiblesses de l'amour?

L'événement dément ces vœux secrets; mais qu'importe? le dénoûment n'efface point l'effet de la pièce. La reine part sans le congé du parterre : l'empereur la renvoie *invitus invitam* (1), on peut ajouter *invito spectatore*. Titus a beau rester Romain, il est seul de son parti; tous les spectateurs ont épousé Bérénice.

Quand même on pourrait me disputer cet effet, quand même on soutiendrait que l'exemple de force et de vertu qu'on voit dans Titus vainqueur de lui-même fonde l'intérêt de la pièce, et fait qu'en plaignant Bérénice on est bien aise de la plaindre, on ne ferait que rentrer en cela dans mes principes, parce que, comme je l'ai déjà dit, les sacrifices faits au devoir et à la vertu ont toujours un charme secret, même pour les cœurs corrompus : et la preuve que ce sentiment n'est point l'ouvrage de la pièce, c'est qu'ils l'ont avant qu'elle commence. Mais cela n'empêche pas que certaines passions satisfaites ne leur semblent préférables à la vertu même, et que, s'ils sont contents de voir Titus vertueux et magnanime, ils ne le fussent encore plus de le voir heureux et faible, ou du moins qu'ils ne consentissent volontiers à l'être à sa place. Pour rendre cette vérité sensible, imaginons un dénoûment tout contraire à celui de l'auteur. Qu'après avoir mieux consulté son cœur, Titus, ne voulant ni enfreindre les lois de Rome, ni vendre le bonheur à l'ambition, vienne, avec des maximes opposées, abdiquer aux pieds de Bérénice; que, pénétrée d'un si grand sacrifice, elle sente que son devoir serait de refuser la main de son amant, et que pourtant elle l'accepte; que tous deux, enivrés des charmes de l'amour, de la paix, de l'innocence, et renonçant aux vaines grandeurs, prennent, avec cette douce joie qu'inspirent les vrais mouvements de la nature, le parti d'aller vivre heureux et ignorés dans un coin de la terre; qu'une scène si touchante soit animée des sentiments tendres et pathétiques que le sujet fournit, et que Racine eût si bien fait valoir; que Titus, en quittant les Romains, leur adresse un discours tel que la circonstance et le sujet le comportent : n'est-il pas clair, par exemple, qu'à moins qu'un auteur ne soit de la dernière maladresse, un tel discours doit faire fondre en larmes toute l'assemblée? La pièce, finissant ainsi, sera, si l'on veut, moins bonne, moins instructive, moins conforme à l'histoire; mais en fera-t-elle moins de plaisir? et les spectateurs en sortiront-ils moins satisfaits? Les quatre premiers actes subsisteraient à peu près tels qu'ils sont; et cependant on en tirerait une leçon directement contraire (2). Tant il est vrai que

---

(1) Sueton., *in Tito*, cap. VII.

(2) Il y a, dans le septième tome de *Pamela*, un examen très judicieux de l'*Andromaque* de Racine, par lequel on voit que cette pièce ne va pas mieux à son but prétendu que toutes les autres.

les tableaux de l'amour font toujours plus d'impression que les maximes de la sagesse, et que l'effet d'une tragédie est tout-à-fait indépendant de celui du dénoûment !

Veut-on savoir s'il est sûr qu'en montrant les suites funestes des passions immodérées la tragédie apprenne à s'en garantir, que l'on consulte l'expérience. Ces suites funestes sont représentées très fortement dans *Zaïre* : il en coute la vie aux deux amants : et il en coûte bien plus que la vie à Orosmane, puisqu'il ne se donne la mort que pour se délivrer du plus cruel sentiment qui puisse entrer dans un cœur humain, le remords d'avoir poignardé sa maîtresse. Voilà donc assurément des leçons très énergiques. Je serais curieux de trouver quelqu'un, homme ou femme, qui s'osât vanter d'être sorti d'une représentation de *Zaïre* bien prémuni contre l'amour. Pour moi, je crois entendre chaque spectateur dire en son cœur à la fin de la tragédie : Ah ! qu'on me donne une Zaïre, je ferai bien en sorte de ne la pas tuer. Si les femmes n'ont pu se lasser de courir en foule à cette pièce enchanteresse et d'y faire courir les hommes, je ne dirai point que c'est pour s'encourager, par l'exemple de l'héroïne, à n'imiter pas un sacrifice qui lui réussit si mal ; mais c'est parce que, de toutes les tragédies qui sont au théâtre, nulle autre ne montre avec plus de charmes le pouvoir de l'amour et l'empire de la beauté, et qu'on y apprend encore, pour surcroît de profit, à ne pas juger sa maîtresse sur les apparences. Qu'Orosmane immole Zaïre à sa jalousie, une femme sensible y voit sans effroi le transport de la passion : car c'est un moindre malheur de périr par la main de son amant, que d'en être médiocrement aimée.

Qu'on nous peigne l'amour comme on voudra : il séduit, ou ce n'est pas lui. S'il est mal peint, la pièce est mauvaise ; s'il est bien peint, il offusque tout ce qui l'accompagne. Ses combats, ses maux, ses souffrances, le rendent plus touchant encore que s'il n'avait nulle résistance à vaincre. Loin que ses tristes effets rebutent, il n'en devient que plus intéressant par ses malheurs mêmes. On se dit malgré soi qu'un sentiment si délicieux console de tout. Une si douce image amollit insensiblement le cœur : on prend de la passion ce qui mène au plaisir ; on en laisse ce qui tourmente. Personne ne se croit obligé d'être un héros ; et c'est ainsi qu'admirant l'amour honnête on se livre à l'amour criminel.

Ce qui achève de rendre ses images dangereuses, c'est précisément ce qu'on fait pour les rendre agréables ; c'est qu'on ne le voit jamais régner sur la scène qu'entre des âmes honnêtes ; c'est que les deux amants sont toujours des modèles de perfection. Et comment ne s'intéresserait-on pas pour une passion si séduisante entre deux cœurs dont le caractère est déjà si intéressant par lui-même? Je doute que, dans toutes nos pièces dramatiques, on en trouve une seule où l'amour mutuel n'ait pas la faveur du spectateur. Si quelque infortuné brûle d'un feu non partagé, on en fait le rebut du parterre. On croit faire merveilles de rendre un amant estimable ou haïssable, selon qu'il est bien ou mal accueilli dans ses amours ; de faire toujours approuver au public les sentiments de sa maîtresse, et de donner à la tendresse tout l'intérêt de la vertu : au lieu qu'il faudrait apprendre aux jeunes gens à se défier des illusions de l'amour, à fuir l'erreur d'un penchant aveugle qui croit

toujours se fonder sur l'estime, et à craindre quelquefois de livrer un cœur
vertueux à un objet indigne de ses soins. Je ne sache guère que *le Misanthrope* où le héros de la pièce ait fait un mauvais choix (1). Rendre le misanthrope amoureux n'était rien ; le coup du génie est de l'avoir fait amoureux
d'une coquette. Tout le reste du théâtre est un trésor de femmes parfaites.
On dirait qu'elles s'y sont toutes réfugiées. Est-ce là l'image fidèle de la société? est-ce ainsi qu'on nous rend suspecte une passion qui perd tant de
gens bien nés? Il s'en faut peu qu'on ne nous fasse croire qu'un honnête
homme est obligé d'être amoureux, et qu'une amante aimée ne saurait n'être
pas vertueuse. Nous voilà fort bien instruits !

Encore une fois, je n'entreprends point de juger si c'est bien ou mal fait
de fonder sur l'amour le principal intérêt du théâtre ; mais je dis que, si ses
peintures sont quelquefois dangereuses, elles le seront toujours, quoi qu'on
fasse pour les déguiser. Je dis que c'est en parler de mauvaise foi, ou sans le
connaître, de vouloir en rectifier les impressions par d'autres impressions
étrangères qui ne les accompagnent point jusqu'au cœur, ou que le cœur en
a bientôt séparées ; impressions qui même en déguisent les dangers, et donnent à ce sentiment trompeur un nouvel attrait par lequel il perd ceux qui
s'y livrent.

Soit qu'on déduise de la nature des spectacles, en général, les meilleures
formes dont ils sont susceptibles, soit qu'on examine tout ce que les lumières
d'un siècle et d'un peuple éclairés ont fait pour la perfection des nôtres, je
crois qu'on peut conclure de ces considérations diverses que l'effet moral du
spectacle et des théâtres ne saurait jamais être bon ni salutaire en lui-même,
puisqu'à ne compter que leurs avantages, on n'y trouve aucune sorte d'utilité réelle sans inconvénients qui la surpassent. Or, par une suite de son inu-
tilité même, le théâtre, qui ne peut rien pour corriger les mœurs, peut beaucoup pour les altérer. En favorisant tous nos penchants, il donne un nouvel
ascendant à ceux qui nous dominent ; les continuelles émotions qu'on y ressent nous énervent, nous affaiblissent, nous rendent incapables de résister à
nos passions ; et le stérile intérêt qu'on prend à la vertu ne sert qu'à contenter notre amour-propre, sans nous contraindre à la pratiquer. Ceux de
mes compatriotes qui ne désapprouvent pas les spectacles en eux-mêmes ont
donc tort.

Outre ces effets du théâtre relatifs aux choses représentées, il en a d'autres
non moins nécessaires, qui se rapportent directement à la scène et aux personnages représentants ; et c'est à ceux-là que les Genevois déjà cités attri-
buent le goût de luxe, de parure et de dissipation, dont ils craignent avec
raison l'introduction parmi nous. Ce n'est pas seulement la fréquentation
des comédiens, mais celle du théâtre, qui peut amener ce goût par son appareil et la parure des acteurs. N'eût-il autre effet que d'interrompre à certaines heures le cours des affaires civiles et domestiques, et d'offrir une ressource assurée à l'oisiveté, il n'est pas possible que la commodité d'aller tous

---

(1) Ajoutons le *Marchand de Londres*, pièce admirable, et dont la morale va plus directement au but qu'aucune pièce française que je connaisse.

— Le titre de cette pièce, en anglais, est *Aden-Feversham*. Son auteur est le célèbre
Lillo, dont Diderot s'est fait l'apologiste et l'imitateur.

les jours régulièrement au même lieu s'oublier soi-même et s'occuper d'objets étrangers ne donne au citoyen d'autres habitudes et ne lui forme de nouvelles mœurs. Mais ces changements seront-ils avantageux ou nuisibles? c'est une question qui dépend moins de l'examen du spectacle que de celui des spectateurs. Il est sûr que ces changements les amèneront tous à peu près au même point. C'est donc par l'état où chacun était d'abord qu'il faut estimer les différences.

Quand les amusements sont indifférents par leur nature (et je veux bien pour un moment considérer les spectacles comme tels), c'est la nature des occupations qu'ils interrompent qui les fait juger bons ou mauvais, surtout lorsqu'ils sont assez vifs pour devenir des occupations eux-mêmes, et substituer leur goût à celui du travail. La raison veut qu'on favorise les amusements des gens dont les occupations sont nuisibles, et qu'on détourne des mêmes amusements ceux dont les occupations sont utiles. Une autre considération générale est qu'il n'est pas bon de laisser à des hommes oisifs et corrompus le choix de leurs amusements, de peur qu'ils ne les imaginent conformes à leurs inclinations vicieuses, et ne deviennent aussi malfaisants dans leurs plaisirs que dans leurs affaires. Mais laissez un peuple simple et laborieux se délasser de ses travaux quand et comme il lui plait ; jamais il n'est à craindre qu'il abuse de cette liberté : et l'on ne doit point se tourmenter à lui chercher des divertissements agréables ; car, comme il faut peu d'apprêts aux mets que l'abstinence et la faim assaisonnent, il n'en faut pas non plus beaucoup aux plaisirs de gens épuisés de fatigue, pour qui le repos seul en est un très doux. Dans une grande ville, pleine de gens intrigants, désœuvrés, sans religion, sans principes, dont l'imagination, dépravée par l'oisiveté, la fainéantise, par l'amour du plaisir et par de grands besoins, n'engendre que des monstres et n'inspire que des forfaits; dans une grande ville où les mœurs et l'honneur ne sont rien, parce que chacun, dérobant aisément sa conduite aux yeux du public, ne se montre que par son crédit et n'est estimé que par ses richesses ; la police ne saurait trop multiplier les plaisirs permis, ni trop s'appliquer à les rendre agréables pour ôter aux particuliers la tentation d'en chercher de plus dangereux. Comme les empêcher de s'occuper c'est les empêcher de malfaire, deux heures par jour dérobées à l'activité du vice sauvent la douzième partie des crimes qui se commettraient; et tout ce que les spectacles vus ou à voir causent d'entretiens dans les cafés et autres refuges des fainéants et fripons du pays, est encore autant de gagné pour les pères de famille, soit sur l'honneur de leurs filles ou de leurs femmes, soit sur leur bourse ou sur celle de leurs fils.

Mais, dans les petites villes, dans les lieux moins peuplés, où les particuliers, toujours sous les yeux du public, sont censeurs nés les uns des autres, et où la police a sur tous une inspection facile, il faut suivre des maximes toutes contraires. S'il y a de l'industrie, des arts, des manufactures, on doit se garder d'offrir des distractions relâchantes à l'âpre intérêt qui fait ses plaisirs de ses soins, et enrichit le prince de l'avarice des sujets. Si le pays, sans commerce, nourrit les habitants dans l'inaction, loin de fomenter en eux l'oisiveté à laquelle une vie simple et facile ne les porte déjà que trop, il faut la leur rendre insupportable, en les contraignant, à force d'ennui, d'employer utilement un temps dont ils ne sauraient abuser. Je vois qu'à Paris, où l'on juge de tout sur les apparences, parce qu'on n'a pas le loisir de rien examiner, on croit, à l'air de désœuvrement et de langueur dont frappent au premier coup d'œil la plupart des villes de province, que les habitants, plongés dans une stupide inaction, n'y font que végéter, ou tracasser et se brouiller ensemble. C'est une erreur dont on reviendrait aisément si l'on songeait que la plupart des gens de lettres qui brillent à Paris, la plupart des découvertes utiles et des inventions nouvelles, y viennent de ces provinces si méprisées. Restez quelque temps dans une petite ville, où vous aurez cru d'abord ne trouver que des automates ; non-seulement vous y verrez bientôt des gens beaucoup plus sensés que vos singes des grandes villes, mais vous manquerez rarement d'y découvrir dans l'obscurité quelque homme ingénieux qui vous surprendra par ses talents, par ses ouvrages, que vous surprendrez encore plus en les admirant, et qui, vous montrant des prodiges de travail, de patience et d'industrie, croira ne vous montrer que des choses communes à Paris. Telle est la simplicité du vrai génie : il n'est ni intrigant ni actif ; il ignore le chemin des honneurs et de la fortune, et ne songe point à le chercher ; il ne se compare à personne ; toutes ses ressources sont en lui seul : insensible aux outrages et peu sensible aux louanges, s'il se connaît, il ne s'assigne point sa place, et jouit de lui-même sans s'apprécier.

Dans une petite ville on trouve, proportion gardée, moins d'activité, sans doute, que dans une capitale, parce que les passions sont moins vives et les besoins moins pressants ; mais plus d'esprits originaux, plus d'industrie inventive, plus de choses vraiment neuves, parce qu'on y est moins imitateur ; qu'ayant peu de modèles, chacun tire plus de soi-même, et met plus du sien dans tout ce qu'il fait ; parce que l'esprit humain, moins étendu, moins noyé parmi les opinions vulgaires, s'élabore et fermente mieux dans la tranquille solitude ; parce qu'en voyant moins on imagine davantage ; enfin, parce que, moins pressé du temps, on a plus le loisir d'étendre et digérer ses idées.

Je me souviens d'avoir vu dans ma jeunesse, aux environs de Neufchâtel, un spectacle assez agréable, et peut-être unique sur la terre, une montagne entière couverte d'habitations dont chacune fait le centre des terres qui en dépendent ; en sorte que ces maisons, à distances aussi égales que les fortunes des propriétaires, offrent à la fois aux nombreux habitants de cette montagne le recueillement de la retraite et les douceurs de la société. Ces heureux paysans, tous à leur aise, francs de tailles, d'impôts, de subdélégués, de corvées, cultivent avec tout le soin possible des biens dont le produit est pour eux, et emploient le loisir que cette culture leur laisse à faire mille ouvrages de leurs mains, et à mettre à profit le génie inventif que leur donna la nature. L'hiver surtout, temps où la hauteur des neiges leur ôte une communication facile, chacun, renfermé bien chaudement, avec sa nombreuse famille, dans sa jolie et propre maison de bois (1) qu'il a bâtie lui-même, s'occupe de mille travaux amusants, qui chassent l'ennui de son asile, et ajoutent à son bien-être. Jamais menuisier, serrurier, vitrier, tourneur de

(1) Je crois entendre un bel esprit de Paris se récrier, pourvu qu'il ne lise pas lui-même, à cet endroit comme à bien d'autres, et démontrer doctement aux dames (car c'est surtout aux dames que ces messieurs démontrent) qu'il est impossible qu'une mai-

profession, n'entra dans le pays; tous le sont pour eux-mêmes, aucun ne l'est pour autrui : dans la multitude de meubles commodes et même élégants qui composent leur ménage et parent leur logement, on n'en voit pas un qui n'ait été fait de la main du maître. Il leur reste encore du loisir pour faire mille instruments divers, d'acier, de bois, de carton, qu'ils vendent aux étrangers, dont plusieurs même parviennent jusqu'à Paris, entre autres ces petites horloges de bois qu'on y voit depuis quelques années. Ils en font aussi de fer; ils font même des montres; et, ce qui paraît incroyable, chacun réunit à lui seul toutes les professions diverses dans lesquelles se subdivise 'horlogerie, et fait tous ses outils lui-même.

Ce n'est pas tout : ils ont des livres utiles et sont passablement instruits ; s raisonnent sensément de toutes choses, et de plusieurs avec esprit (1). Ils ont des siphons, des aimants, des lunettes, des pompes, des baromètres, des hambres noires; leurs tapisseries sont des multitudes d'instruments de oute espèce : vous prendriez le poêle d'un paysan pour un atelier de mécanique et pour un cabinet de physique expérimentale. Tous savent un peu dessiner, peindre et chiffrer; la plupart jouent de la flûte; plusieurs ont un peu de musique et chantent juste. Ces arts ne leur sont point enseignés par des maîtres, mais leur passent, pour ainsi dire, par tradition. De ceux que j'ai vus savoir la musique, l'un me disait l'avoir apprise de son père, un autre de sa tante, un autre de son cousin; quelques-uns croyaient l'avoir toujours sue. Un de leurs plus fréquents amusements est de chanter avec leurs femmes et leurs enfants les psaumes à quatre parties ; et l'on est tout étonné d'entendre sortir de ces cabanes champêtres l'harmonie forte et mâle de Goudimel (2), depuis si longtemps oubliée de nos savants artistes.

Je ne pouvais non plus me lasser de parcourir ces charmantes demeures, que les habitants de m'y témoigner la plus franche hospitalité. Malheureusement j'étais jeune : ma curiosité n'était que celle d'un enfant, et je songeais plus à m'amuser qu'à m'instruire. Depuis trente ans, le peu d'observations que je fis se sont effacées de ma mémoire. Je me souviens seulement que j'admirais sans cesse, en ces hommes singuliers, un mélange étonnant de finesse et de simplicité, qu'on croirait presque incompatibles, et que je n'ai plus observé nulle part. Du reste, je n'ai rien retenu de leurs mœurs, de leur société, de leurs caractères. Aujourd'hui, que j'y porterais d'autres yeux, faut-il ne revoir plus cet heureux pays! Hélas ! il est sur la route du mien!

Après cette légère idée, supposons qu'au sommet de la montagne dont je viens de parler, au centre des habitations, on établisse un spectacle fixe et

son de bois soit chaude. Grossier mensonge ! erreur de physique ! Ah! pauvre auteur! Quant à moi, je crois la démonstration sans réplique. Tout ce que je sais, c'est que les Suisses passent chaudement leur hiver, au milieu des neiges, dans des maisons de bois.

(1) Je puis citer en exemple un homme de mérite, bien connu dans Paris, et plus d'une fois honoré des suffrages de l'Académie des sciences; c'est M. Rivaz, célèbre Valaisan. Je sais bien qu'il n'a pas beaucoup d'égaux parmi ses compatriotes; mais enfin c'est en vivant comme eux qu'il apprit à les surpasser.

(2) Ce musicien, un des plus célèbres du XVIe siècle, naquit à Besançon, en 1520; il mourut assassiné à Lyon, en 1572, par suite de la journée de la Saint-Barthélemi. Ayant embrassé la réforme, il mit en chant à quatre parties les psaumes de David, traduits en vers par de Bèze et Marot; ces psaumes se chantent encore dans tous les cantons de la Suisse protestante.

peu coûteux, sous prétexte, par exemple, d'offrir une honnête récréation à des gens continuellement occupés, et en état de supporter cette petite dépense ; supposons encore qu'ils prennent du goût pour ce même spectacle, et cherchons ce qui doit résulter de son établissement.

Je vois d'abord que leurs travaux, cessant d'être leurs amusements aussitôt qu'ils en auront un autre, celui-ci les dégoûtera des premiers ; le zèle ne fournira plus tant de loisir, ni les mêmes inventions. D'ailleurs il y aura chaque jour un temps réel de perdu pour ceux qui assisteront au spectacle ; et l'on ne se remet pas à l'ouvrage l'esprit rempli de ce qu'on vient de voir ; on en parle, ou l'on y songe. Par conséquent relâchement de travail : premier préjudice.

Quelque peu qu'on paie à la porte, on y paie enfin ; c'est toujours une dépense qu'on ne faisait pas. Il en coûte pour soi, pour sa femme, pour ses enfants, quand on les y mène, et il les y faut mener quelquefois. De plus, un ouvrier ne va point dans une assemblée se montrer en habit de travail ; il faut prendre plus souvent ses habits des dimanches, changer de linge plus souvent, se poudrer, se raser : tout cela coûte du temps et de l'argent. Augmentation de dépense : deuxième préjudice.

Un travail moins assidu et une dépense plus forte exigent un dédommagement. On le trouvera sur le prix des ouvrages qu'on sera forcé de renchérir. Plusieurs marchands, rebutés de cette augmentation, quitteront les *Montagnons* (1), et se pourvoiront chez les autres Suisses leurs voisins, qui, sans être moins industrieux, n'auront point de spectacles, et n'augmenteront point leurs prix. Diminution de débit : troisième préjudice.

Dans les mauvais temps les chemins ne sont pas praticables, et comme il faudra toujours, dans ces temps-là, que la troupe vive, elle n'interrompra pas ses représentations. On ne pourra donc éviter de rendre le spectacle abordable en tout temps. L'hiver il faudra faire des chemins dans la neige, peut-être les paver ; et Dieu veuille qu'on n'y mette pas des lanternes ! Voilà des dépenses publiques ; par conséquent des contributions de la part des particuliers. Établissement d'impôts : quatrième préjudice.

Les femmes des Montagnons, allant d'abord pour voir, et ensuite pour être vues, voudront être parées ; elles voudront l'être avec distinction ; la femme de M. le châtelain ne voudra pas se montrer au spectacle mise comme celle du maître d'école ; la femme du maître d'école s'efforcera de se mettre comme celle du châtelain. De là naîtra bientôt une émulation de parure qui ruinera les maris, les gagnera peut-être, et qui trouvera sans cesse mille nouveaux moyens d'éluder les lois somptuaires. Introduction du luxe : cinquième préjudice.

Tout le reste est facile à concevoir. Sans mettre en ligne de compte les autres inconvénients dont j'ai parlé, ou dont je parlerai dans la suite, sans avoir égard à l'espèce du spectacle et à ses effets moraux, je m'en tiens uniquement à ce qui regarde le travail et le gain, et je crois montrer, par une conséquence évidente, comment un peuple aisé, mais qui doit son bien-être à

(1) C'est le nom qu'on donne dans le pays aux habitants de cette montagne.

son industrie, changeant la réalité contre l'apparence, se ruine à l'instant qu'il veut briller.

Au reste, il ne faut point se récrier contre la chimère de ma supposition ; je ne la donne que pour telle, et ne veux que rendre sensibles du plus au moins ses suites inévitables. Otez quelques circonstances, vous retrouverez ailleurs d'autres *montagnons;* et *mutatis mutandis*, l'exemple a son application.

Ainsi, quand il serait vrai que les spectacles ne sont pas mauvais en eux-mêmes, on aurait toujours à chercher s'ils ne le deviendraient point à l'égard du peuple auquel on les destine. En certains lieux ils seront utiles pour attirer les étrangers, pour augmenter la circulation des espèces, pour exciter les artistes, pour varier les modes, pour occuper les gens trop riches ou aspirant à l'être, pour les rendre moins malfaisants, pour distraire le peuple de ses misères, pour lui faire oublier ses chefs en voyant ses baladins, pour maintenir et perfectionner le goût quand l'honnêteté est perdue, pour couvrir d'un vernis de procédés la laideur du vice, pour empêcher, en un mot, que les mauvaises mœurs ne dégénèrent en brigandage. En d'autres lieux ils ne serviraient qu'à détruire l'amour du travail, à décourager l'industrie, à ruiner les particuliers, à leur inspirer le goût de l'oisiveté, à leur faire chercher les moyens de subsister sans rien faire, à rendre un peuple inactif et lâche, à l'empêcher de voir les objets publics et particuliers dont il doit s'occuper, à tourner la sagesse en ridicule, à substituer un jargon de théâtre à la pratique des vertus, à mettre toute la morale en métaphysique, à travestir les citoyens en beaux esprits, les mères de famille en petites maîtresses, et les filles en amoureuses de comédie. L'effet général sera le même sur tous les hommes ; mais les hommes, ainsi changés, conviendront plus ou moins à leur pays. En devenant égaux, les mauvais gagneront, les bons perdront encore davantage ; tous contracteront un caractère de mollesse, un esprit d'inaction, qui ôtera aux uns de grandes vertus, et préservera les autres de méditer de grands crimes.

De ces nouvelles réflexions il résulte une conséquence directement contraire à celle que je tirais des premières : savoir que, quand le peuple est corrompu, les spectacles lui sont bons, et mauvais quand il est bon lui-même. Il semblerait donc que ces deux effets contraires devraient s'entre-détruire, et les spectacles rester indifférents à tous : mais il y a cette différence, que l'effet qui renforce le bien et le mal, étant tiré de l'esprit des pièces, est sujet comme elles à mille modifications qui le réduisent presque à rien ; au lieu que celui qui change le bien en mal, et le mal en bien, résultant de l'existence même du spectacle, est un effet constant, réel, qui revient tous les jours et doit l'emporter à la fin.

Il suit de là que, pour juger s'il est à propos ou non d'établir un théâtre en quelque ville, il faut premièrement savoir si les mœurs y sont bonnes ou mauvaises : question sur laquelle il ne m'appartient peut-être pas de prononcer par rapport à nous. Quoi qu'il en soit, tout ce que je puis accorder là-dessus, c'est qu'il est vrai que la comédie ne nous fera point de mal, si plus rien ne nous en peut faire.

Pour prévenir les inconvénients qui peuvent naître de l'exemple des comédiens, vous voudriez qu'on les forçât d'être honnêtes gens. Par ce moyen, dites-vous, on aurait à la fois des spectacles et des mœurs, et l'on réunirait les avantages des uns et des autres. Des spectacles et des mœurs! Voilà qui formerait vraiment un spectacle à voir, d'autant plus que ce serait la première fois. Mais quels sont les moyens que vous nous indiquez pour contenir les comédiens? Des lois sévères et bien exécutées. C'est au moins avouer qu'ils ont besoin d'être contenus, et que les moyens n'en sont pas faciles. Des lois sévères! La première est de n'en point souffrir. Si nous enfreignons celle-là, que deviendra la sévérité des autres? Des lois bien exécutées! Il s'agit de savoir si cela se peut : car la force des lois a sa mesure; celle des vices qu'elles répriment a aussi la sienne. Ce n'est qu'après avoir comparé ces deux quantités et trouvé que la première surpasse l'autre, qu'on peut s'assurer de l'exécution des lois. La connaissance de ces rapports fait la véritable science du législateur : car, s'il ne s'agissait que de publier édits sur édits, règlements sur règlements, pour remédier aux abus à mesure qu'ils naissent, on dirait sans doute de fort belles choses, mais qui, pour la plupart, resteraient sans effet, et serviraient d'indications de ce qu'il faudrait faire, plutôt que de moyens pour l'exécuter. Dans le fond, l'institution des lois n'est pas une chose si merveilleuse, qu'avec du sens et de l'équité tout homme ne pût très bien trouver de lui-même celles qui, bien observées, seraient les plus utiles à la société. Où est le plus petit écolier de droit qui ne dressera pas un code d'une morale aussi pure que celle des lois de Platon? Mais ce n'est pas de cela seul qu'il s'agit; c'est d'approprier tellement ce code au peuple pour lequel il est fait, et aux choses sur lesquelles on y statue, que son exécution s'ensuive du seul concours de ces convenances; c'est d'imposer au peuple, à l'exemple de Solon, moins les meilleures lois en elles-mêmes, que les meilleures qu'il puisse comporter dans la situation donnée. Autrement il vaut encore mieux laisser subsister les désordres, que de les prévenir, ou d'y pourvoir par des lois qui ne seront point observées : car, sans remédier au mal, c'est encore avilir les lois.

Une autre observation, non moins importante, est que les choses de mœurs et de justice universelle ne se règlent pas, comme celles de justice particulière et de droit rigoureux, par des édits et par des lois; ou, si quelquefois les lois influent sur les mœurs, c'est quand elles en tirent leur force. Alors elles leur rendent cette même force par une sorte de réaction bien connue des vrais politiques. La première fonction des éphores de Sparte, en entrant en charge, était une proclamation publique[1] par laquelle ils enjoignaient aux citoyens, non pas d'observer les lois, mais de les aimer, afin que l'observation ne leur en fût point dure. Cette proclamation, qui n'était pas un vain formulaire, montre parfaitement l'esprit de l'institution de Sparte, par laquelle les lois et les mœurs, intimement unies dans le cœur des citoyens, n'y faisaient, pour ainsi dire, qu'un même corps. Mais ne nous flattons pas de voir Sparte renaître au sein du commerce et de l'amour du gain. Si nous avions les mêmes maximes, on pourrait établir à Genève un spectacle sans aucun risque; car jamais citoyen ni bourgeois n'y mettrait le pied.

---

[1] Plutarque, *Traité des délais de la justice divine*, § 5.

Par où le gouvernement peut-il donc avoir prise sur les mœurs? Je réponds que c'est par l'opinion publique. Si nos habitudes naissent de nos propres sentiments dans la retraite, elles naissent de l'opinion d'autrui dans la société. Quand on ne vit pas en soi, mais dans les autres, ce sont leurs jugements qui règlent tout; rien ne paraît bon ni désirable aux particuliers, que ce que le public a jugé tel, et le seul bonheur que la plupart des hommes connaissent est d'être estimés heureux.

Quant au choix des instruments propres à diriger l'opinion publique, c'est une autre question, qu'il serait superflu de résoudre pour vous, et que ce n'est pas ici le lieu de résoudre pour la multitude. Je me contenterai de montrer, par un exemple sensible, que ces instruments ne sont ni des lois ni des peines, ni nulle espèce de moyens coactifs. Cet exemple est sous vos yeux; je le tire de votre patrie : c'est celui du tribunal des maréchaux de France, établis juges suprêmes du point d'honneur.

De quoi s'agissait-il dans cette institution? de changer l'opinion publique sur les duels, sur la réparation des offenses, et sur les occasions où un brave homme est obligé, sous peine d'infamie, de tirer raison d'un affront l'épée à la main. Il s'ensuit de là :

Premièrement, que, la force n'ayant aucun pouvoir sur les esprits, il fallait écarter avec le plus grand soin tout vestige de violence du tribunal établi pour opérer ce changement. Ce mot même de *tribunal* était mal imaginé : j'aimerais mieux celui de *cour d'honneur*. Ses seules armes devaient être l'honneur et l'infamie : jamais de récompense utile, jamais de punition corporelle, point de prison, point d'arrêts, point de gardes armés; simplement un appariteur, qui aurait fait ses citations en touchant l'accusé d'une baguette blanche, sans qu'il s'ensuivît aucune autre contrainte pour le faire comparaître. Il est vrai que, ne pas comparaître au terme fixé par-devant les juges de l'honneur, c'était se condamner soi-même. De là résultait naturellement note d'infamie, dégradation de noblesse, incapacité de servir le roi dans ses tribunaux, dans ses armées, et autres punitions de ce genre qui tiennent immédiatement à l'opinion ou en sont un effet nécessaire.

Il s'ensuit, en second lieu, que, pour déraciner le préjugé public, il fallait des juges d'une grande autorité sur la matière en question; et, quant à ce point, l'instituteur entra parfaitement dans l'esprit de l'établissement; car, dans une nation toute guerrière, qui peut mieux juger des justes occasions de montrer son courage et de celles où l'honneur offensé demande satisfaction, que d'anciens militaires chargés de titres d'honneur, qui ont blanchi sous les lauriers, et prouvé cent fois au prix de leur sang qu'ils n'ignorent pas quand le devoir veut qu'on en répande?

Il suit, en troisième lieu, que, rien n'étant plus indépendant du pouvoir suprême que le jugement du public, le souverain devait se garder, sur toutes choses, de mêler ses décisions arbitraires parmi des arrêts faits pour représenter ce jugement, et, qui plus est, pour le déterminer. Il devait s'efforcer au contraire de mettre la cour d'honneur au-dessus de lui, comme soumis lui-même à ses décrets respectables. Il ne fallait donc pas commencer par condamner à mort tous les duellistes indistinctement : ce qui était mettre d'emblée une opposition choquante entre l'honneur et la loi; car la loi même ne peut obliger personne à se déshonorer. Si tout le peuple a jugé qu'un homme est poltron, le roi, malgré toute sa puissance, aura beau le déclarer brave, personne n'en croira rien; et cet homme, passant pour un poltron qui veut être honoré par force, n'en sera que plus méprisé. Quant à ce que disent les édits, que c'est offenser Dieu de se battre, c'est un avis fort pieux sans doute; mais la loi civile n'est point juge des péchés; et toutes les fois que l'autorité souveraine voudra s'interposer dans les conflits de l'honneur et de la religion, elle sera compromise des deux côtés. Les mêmes édits ne raisonnent pas mieux quand ils disent qu'au lieu de se battre il faut s'adresser aux maréchaux : condamner ainsi le combat sans distinction, sans réserve, c'est commencer par juger soi-même ce qu'on renvoie à leur jugement. On sait bien qu'il ne leur est pas permis d'accorder le duel, même quand l'honneur outragé n'a plus d'autres ressources; et, selon les préjugés du monde, il y a beaucoup de semblables cas : car, quant aux satisfactions cérémonieuses dont on a voulu payer l'offensé, ce sont de véritables jeux d'enfant.

Qu'un homme ait le droit d'accepter une réparation pour lui-même et de pardonner à son ennemi, en ménageant cette maxime avec art, on la peut substituer insensiblement au féroce préjugé qu'elle attaque : mais il n'en est pas de même quand l'honneur des gens auxquels le nôtre est lié se trouve attaqué; dès lors il n'y a plus d'accommodement possible. Si mon père a reçu un soufflet, si ma sœur, ma femme ou ma maîtresse est insultée, conserverai-je mon honneur en faisant bon marché du leur? Il n'y a ni maréchaux ni satisfaction qui suffisent, il faut que je les venge ou que je me déshonore; les édits ne me laissent que le choix du supplice ou de l'infamie. Pour citer un exemple qui se rapporte à mon sujet, n'est-ce pas un concert bien entendu entre l'esprit de la scène et celui des lois, qu'on aille applaudir au théâtre ce même Cid qu'on irait voir pendre à la Grève?

Ainsi l'on a beau faire; ni la raison, ni la vertu, ni les lois ne vaincront l'opinion publique tant qu'on ne trouvera pas l'art de la changer. Encore une fois, cet art ne tient point à la violence. Les moyens établis ne serviraient, s'ils étaient pratiqués, qu'à punir les braves gens et sauver les lâches : mais heureusement ils sont trop absurdes pour pouvoir être employés, et n'ont servi qu'à faire changer de noms aux duels. Comment fallait-il donc s'y prendre? Il fallait, ce me semble, soumettre absolument les combats particuliers à la juridiction de maréchaux, soit pour les juger, soit pour les prévenir, soit même pour les permettre. Non-seulement il fallait leur laisser le droit d'accorder le champ quand ils le jugeraient à propos; mais il était important qu'ils usassent quelquefois de ce droit, ne fût-ce que pour ôter au public une idée assez difficile à détruire, et qui seule annule toute leur autorité; savoir, que, dans les affaires qui passent par-devant eux, ils jugent moins sur leur propre sentiment que sur la volonté du prince. Alors il n'y avait point de honte à leur demander le combat dans une occasion nécessaire; il n'y en avait pas même à s'en abstenir quand les raisons de l'accorder n'étaient pas jugées suffisantes; mais il y en aura toujours à leur dire : Je suis offensé, faites en sorte que je sois dispensé de me battre.

Par ce moyen, tous les appels secrets seraient infailliblement tombés dans le décri, quand, l'honneur offensé pouvant se défendre et le courage se montrer au champ d'honneur, on eût très justement suspecté ceux qui se seraient cachés pour se battre, et quand ceux que la cour d'honneur eût jugés s'être mal (1) battus seraient, en qualité de vils assassins, restés soumis aux tribunaux criminels. Je conviens que, plusieurs duels n'étant jugés qu'après coup, et d'autres même étant solennellement autorisés, il en aurait d'abord coûté la vie à quelques braves gens; mais c'eût été pour la sauver dans la suite à des infinités d'autres : au lieu que du sang qui se verse malgré les édits naît une raison d'en verser davantage.

Que serait-il arrivé dans la suite? A mesure que la cour d'honneur aurait acquis de l'autorité sur l'opinion du peuple par la sagesse et le poids de ses décisions, elle serait devenue peu à peu plus sévère, jusqu'à ce que, les occasions légitimes se réduisant tout-à-fait à rien, le point d'honneur eût changé de principes, et que les duels fussent entièrement abolis. On n'a pas eu tous ces embarras, à la vérité; mais aussi l'on a fait un établissement inutile. Si les duels aujourd'hui sont plus rares, ce n'est pas qu'ils soient méprisés ni punis; c'est parce que les mœurs ont changé (2) : et la preuve que ce changement vient de causes toutes différentes auxquelles le gouvernement n'a point de part, la preuve que l'opinion publique n'a nullement changé sur ce point, c'est qu'après tant de soins mal entendus, tout gentilhomme qui ne tire pas raison d'un affront l'épée à la main n'est pas moins déshonoré qu'auparavant.

Une quatrième conséquence de l'objet du même établissement est que, nul homme ne pouvant vivre civilement sans honneur, tous les états où l'on porte une épée, depuis le prince jusqu'au soldat, et tous les états même où l'on n'en porte point, doivent ressortir à cette cour d'honneur, les uns pour rendre compte de leur conduite et de leurs actions, les autres de leurs discours et de leurs maximes, tous également sujets à être honorés ou flétris, selon la conformité ou l'opposition de leur vie ou de leurs sentiments aux principes de l'honneur établis dans la nation, et réformés insensiblement par le tribunal sur ceux de la justice et de la raison. Borner cette compétence aux nobles et aux militaires, c'est couper les rejetons et laisser la racine; car si le point d'honneur fait agir la noblesse, il fait parler le peuple : les uns ne se battent que parce que les autres les jugent; et, pour changer les actions dont l'estime publique est l'objet, il faut auparavant changer les jugements qu'on en porte. Je suis convaincu qu'on ne viendra jamais à bout d'opérer ces changements sans y faire intervenir les femmes mêmes, de qui dépend en grande partie la manière de penser des hommes.

---

(1) Mal, c'est-à-dire, non-seulement en lâche et avec fraude, mais injustement et sans raison suffisante; ce qui se fût naturellement présumé de toute affaire non portée au tribunal.

(2) Autrefois les hommes prenaient querelle au cabaret : on les a dégoûtés de ce plaisir grossier en leur faisant bon marché des autres. Autrefois ils s'égorgeaient pour une maîtresse : en vivant plus familièrement avec les femmes, ils ont trouvé que ce n'était pas la peine de se battre pour elles. L'ivresse et l'amour ôtés, il reste peu d'importants sujets de dispute. Dans le monde on ne se bat plus que pour le jeu. Les militaires ne se battent plus que pour des passe-droits, ou pour n'être pas forcés de quitter le service. Dans ce siècle éclairé chacun sait calculer, à un écu près, ce que valent son honneur et sa vie.

De ce principe il suit encore que le tribunal doit être plus ou moins redouté dans les diverses conditions, à proportion qu'elles ont plus ou moins d'honneur à perdre, selon les idées vulgaires, qu'il faut toujours prendre ici pour règles. Si l'établissement est bien fait, les grands et les princes doivent trembler au seul nom de la cour d'honneur. Il aurait fallu qu'en l'instituant on y eût porté tous les démêlés personnels existant alors entre les premiers du royaume; que le tribunal les eût jugés définitivement autant qu'ils pouvaient l'être par les seules lois de l'honneur; que ces jugements eussent été sévères; qu'il y eût eu des cessions de pas et de rang personnelles et indépendantes du droit des places, des interdictions du port des armes, ou de paraître devant la face du prince, ou d'autres punitions semblables, nulles par elles-mêmes, grièves par l'opinion, jusqu'à l'infamie inclusivement, qu'on aurait pu regarder comme la peine capitale décernée par la cour d'honneur; que toutes ces peines eussent eu, par le concours de l'autorité suprême, les mêmes effets qu'a naturellement le jugement public quand la force n'annule point ses décisions; que le tribunal n'eût point statué sur des bagatelles, mais qu'il n'eût jamais rien fait à demi; que le roi même y eût été cité quand il jeta sa canne par la fenêtre, de peur, dit-il, de frapper un gentilhomme (1); qu'il eût comparu en accusé avec sa partie; qu'il eût été jugé solennellement; condamné à faire réparation au gentilhomme pour l'affront indirect qu'il lui avait fait; et que le tribunal lui eût en même temps accordé un prix d'honneur pour la modération du monarque dans la colère. Ce prix, qui devait être un signe très simple, mais visible, porté par le roi durant toute sa vie, lui eût été, ce me semble, un ornement plus honorable que ceux de la royauté, et je ne doute pas qu'il ne fût devenu le sujet des chants de plus d'un poète. Il est certain que, quant à l'honneur, les rois eux-mêmes sont soumis plus que personne aux jugements du public, et peuvent par conséquent, sans s'abaisser, comparaître au tribunal qui le représente. Louis XIV était digne de ces choses-là; et je crois qu'il les eût faites si quelqu'un les lui eût suggérées.

Avec toutes ces précautions et d'autres semblables, il est fort douteux qu'on eût réussi, parce qu'une pareille institution est entièrement contraire à l'esprit de la monarchie; mais il est très sûr que, pour les avoir négligées, pour avoir voulu mêler la force et les lois dans des matières de préjugés, et changer le point d'honneur par la violence, on a compromis l'autorité royale, et rendu méprisables des lois qui passaient leur pouvoir.

Cependant en quoi consistait ce préjugé qu'il s'agissait de détruire? Dans l'opinion la plus extravagante et la plus barbare qui jamais entra dans l'esprit humain : savoir, que tous les devoirs de la société sont suppléés par la bravoure; qu'un homme n'est plus fourbe, fripon, calomniateur; qu'il est civil, humain, poli, quand il sait se battre; que le mensonge se change en vérité, que le vol devient légitime, la perfidie honnête, l'infidélité louable, sitôt qu'on soutient tout cela le fer à la main; qu'un affront est toujours bien réparé par

---

(1) M. de Lauzun. Voilà, selon moi, des coups de canne bien noblement appliqués.
— Ce fait est raconté en détail dans les *Mémoires* de Saint-Simon, tome X, page 89-94, édition de Strasbourg; mais ce que Rousseau ne pouvait savoir, et ce que ces Mémoires nous apprennent, c'est que ces coups de canne si *noblement appliqués* étaient la juste punition d'une insolence de Lauzun qui est à peine croyable.

un coup d'épée, et qu'on n'a jamais tort avec un homme pourvu qu'on le tue. Il y a, je l'avoue, une autre sorte d'affaire où la gentillesse se mêle à la cruauté, et où l'on ne tue les gens que par hasard ; c'est celle où l'on se bat au premier sang. Au premier sang, grand Dieu! Et qu'en veux-tu faire de ce sang, bête féroce? le veux-tu boire? Le moyen de songer à ces horreurs sans émotion? Tels sont les préjugés que les rois de France, armés de toute la force publique, ont vainement attaqués. L'opinion, reine du monde, n'est point soumise au pouvoir des rois; ils sont eux-mêmes ses premiers esclaves.

Je finis cette longue digression, qui malheureusement ne sera pas la dernière; et de cet exemple, trop brillant peut-être, *si parva licet componere magnis*, je reviens à des applications plus simples. Un des infaillibles effets d'un théâtre établi dans une aussi petite ville que la nôtre sera de changer nos maximes, ou, si l'on veut, nos préjugés et nos opinions publiques; ce qui changera nécessairement nos mœurs contre d'autres meilleures ou pires, je n'en dis rien encore, mais sûrement moins convenables à notre constitution. Je demande, monsieur, par quelles lois efficaces vous remédierez à cela. Si le gouvernement peut beaucoup sur les mœurs, c'est seulement par son institution primitive : quand une fois il les a déterminées, non-seulement il n'a plus le pouvoir de les changer, à moins qu'il ne change; il a même bien de la peine à les maintenir contre les accidents inévitables qui les attaquent, et contre la pente naturelle qui les altère. Les opinions publiques, quoique si difficiles à gouverner, sont pourtant par elles-mêmes très mobiles et changeantes. Le hasard, mille causes fortuites, mille circonstances imprévues, font ce que la force et la raison ne sauraient faire : ou plutôt c'est précisément parce que le hasard les dirige que la force n'y peut rien; comme les dés qui partent de la main, quelque impulsion qu'on leur donne, n'en amènent pas plus aisément le point désiré.

Tout ce que la sagesse humaine peut faire est de prévenir les changements, d'arrêter de loin tout ce qui les amène; mais sitôt qu'on les souffre et qu'on les autorise, on est rarement maître de leurs effets, et l'on ne peut jamais se répondre de l'être. Comment donc préviendrons-nous ceux dont nous aurons volontairement introduit la cause? A l'imitation de l'établissement dont je viens de parler, nous proposerez-vous d'instituer des censeurs? Nous en avons déjà (1); et si toute la force de ce tribunal suffit à peine pour nous maintenir tels que nous sommes, quand nous aurons ajouté une nouvelle inclination à la pente des mœurs, que fera-t-il pour arrêter ce progrès? Il est clair qu'il n'y pourra plus suffire. La première marque de son impuissance à prévenir les abus de la comédie sera de la laisser établir. Car il est aisé de prévoir que ces deux établissements ne sauraient subsister longtemps ensemble, et que la comédie tournera les censeurs en ridicule, ou que les censeurs feront chasser les comédiens.

Mais il ne s'agit pas seulement ici de l'insuffisance des lois pour réprimer de mauvaises mœurs en laissant subsister leur cause. On trouvera, je le prévois, que, l'esprit rempli des abus qu'engendre nécessairement le théâtre, et de l'impossibilité générale de prévenir ces abus, je ne réponds pas assez pré-

---

(1) Le consistoire et la chambre de réforme (voyez le *Tableau de la Constitution de Genève*).

cisément à l'expédient proposé, qui est d'avoir des comédiens honnêtes gens, c'est-à-dire de les rendre tels. Au fond, cette discussion particulière n'est plus fort nécessaire : tout ce que j'ai dit jusqu'ici des effets de la comédie, étant indépendant des mœurs des comédiens, n'en aurait pas moins lieu quand ils auraient bien profité des leçons que vous nous exhortez à leur donner, et qu'ils deviendraient par nos soins autant de modèles de vertu. Cependant, par égard au sentiment de ceux de mes compatriotes qui ne voient d'autre danger dans la comédie que le mauvais exemple des comédiens, je veux bien rechercher encore si, même dans leur supposition, cet expédient est praticable avec quelque espoir de succès, et s'il doit suffire pour les tranquilliser.

En commençant par observer les faits avant de raisonner sur les causes, je vois en général que l'état de comédien est un état de licence et de mauvaises mœurs; que les hommes y sont livrés au désordre; que les femmes y mènent une vie scandaleuse; que les uns et les autres, avares et prodigues tout à la fois, toujours accablés de dettes et toujours versant l'argent à pleines mains, sont aussi peu retenus sur leurs dissipations, que peu scrupuleux sur les moyens d'y pourvoir. Je vois encore que par tout pays leur profession est déshonorante; que ceux qui l'exercent, excommuniés ou non, sont partout méprisés (1), et qu'à Paris même, où ils ont plus de considération et une meilleure conduite que partout ailleurs, un bourgeois craindrait de fréquenter ces mêmes comédiens qu'on voit tous les jours à la table des grands. Une troisième observation, non moins importante, est que ce dédain est plus fort partout où les mœurs sont plus pures, et qu'il y a des pays d'innocence et de simplicité où le métier de comédien est presque en horreur. Voilà des faits incontestables. Vous me direz qu'il n'en résulte que des préjugés. J'en conviens : mais ces préjugés étant universels, il faut leur chercher une cause universelle; et je ne vois pas qu'on la puisse trouver ailleurs que dans la profession même à laquelle ils se rapportent. A cela vous répondrez que les comédiens ne se rendent méprisables que parce qu'on les méprise. Mais pourquoi les eût-on méprisés, s'ils n'eussent été méprisables? Pourquoi penserait-on plus mal de leur état que des autres, s'il n'avait rien qui l'en distinguât? Voilà ce qu'il faudrait examiner, peut-être, avant de les justifier aux dépens du public.

Je pourrais imputer ces préjugés aux déclamations des prêtres, si je ne les trouvais établis chez les Romains avant la naissance du christianisme, et non-seulement courant vaguement dans l'esprit du peuple, mais autorisés par des lois expresses qui déclaraient les acteurs infâmes, leur ôtaient le titre et les droits de citoyens romains, et mettaient les actrices au rang des prostituées. Ici toute autre raison manque, hors celle qui se tire de la nature de la chose. Les prêtres païens et les dévots, plus favorables que contraires à des spectacles qui faisaient partie des jeux consacrés à la religion (2), n'avaient aucun

---

(1) Si les Anglais ont inhumé la célèbre Oldfield à côté de leurs rois, ce n'était pas son métier, mais son talent, qu'ils voulaient honorer. Chez eux les grands talents ennoblissent dans les moindres états; les petits avilissent dans les plus illustres. Et quant à la profession des comédiens, les mauvais et les médiocres sont méprisés à Londres autant ou plus que partout ailleurs.

(2) Tite-Live dit (lib. VII, cap. II) que les jeux scéniques furent introduits à Rome

intérêt à les décrier, et ne les décriaient pas en effet. Cependant on pouvait dès lors se recrier, comme vous faites, sur l'inconséquence de déshonorer des gens qu'on protége, qu'on paie, qu'on pensionne : ce qui, à vrai dire, ne me paraît pas si étrange qu'à vous ; car il est à propos quelquefois que l'état encourage et protége des professions déshonorantes mais inutiles, sans que ceux qui les exercent en doivent être plus considérés pour cela.

J'ai lu quelque part que ces flétrissures étaient moins imposées à de vrais comédiens qu'à des histrions et farceurs qui souillaient leurs jeux d'indécence et d'obscénités : mais cette distinction est insoutenable ; car les mots de comédien et d'histrion étaient parfaitement synonymes, et n'avaient d'autre différence, sinon que l'un était grec et l'autre étrusque. Cicéron, dans le livre de l'*Orateur*, appelle histrions les deux plus grands acteurs qu'ait jamais eus Rome, Ésope et Roscius : dans son plaidoyer pour ce dernier, il plaint un si honnête homme d'exercer un métier si peu honnête (1). Loin de distinguer entre les comédiens, histrions et farceurs, ni entre les acteurs des tragédies et ceux des comédies, la loi couvre indistinctement du même opprobre tous ceux qui montent sur le théâtre : *Quisquis in scenam prodierit, ait prætor, infamis est* (2). Il est vrai seulement que cet opprobre tombait moins sur la représentation même que sur l'état où l'on en faisait métier, puisque la jeunesse de Rome représentait publiquement, à la fin des grandes pièces, les Atellanes ou Exodes sans déshonneur. A cela près, on voit, dans mille endroits, que tous les comédiens indifféremment étaient esclaves, et traités comme tels quand le public n'était pas content d'eux.

Je ne sache qu'un seul peuple qui n'ait pas eu là-dessus les maximes de tous les autres, ce sont les Grecs. Il est certain que chez eux la profession du théâtre était si peu déshonnête, que la Grèce fournit des exemples d'acteurs chargés de certaines fonctions publiques, soit dans l'état, soit en ambassade. Mais on pourrait trouver aisément les raisons de cette exception. 1° La tragédie ayant été inventée chez les Grecs aussi bien que la comédie, ils ne pouvaient jeter d'avance une impression de mépris sur un état dont on ne connaissait pas encore les effets ; et, quand on commença de les connaître, l'opinion publique avait déjà pris son pli. 2° Comme la tragédie avait quelque chose de sacré dans son origine, d'abord ses acteurs furent plutôt regardés comme des prêtres que comme des baladins. 3° Tous les sujets des pièces n'étant tirés que des antiquités nationales dont les Grecs étaient idolâtres, ils voyaient dans ces mêmes acteurs moins des gens qui jouaient des fables, que des citoyens instruits qui représentaient aux yeux de leurs compatriotes l'histoire de leur pays. 4° Ce peuple, enthousiaste de sa liberté jusqu'à croire que les Grecs étaient les seuls hommes libres par nature (3), se rappelait avec un vif sentiment de plaisir ses anciens malheurs et les crimes de ses maîtres. Ces

---

l'an 390, à l'occasion d'une peste qu'il s'agissait d'y faire cesser. Aujourd'hui l'on fermerait les théâtres pour le même sujet, et sûrement cela serait plus raisonnable.

(1) Ces citations ne sont point exactes. Cicéron fait, à la vérité, un bel éloge des vertus et du mérite personnel du comédien Roscius ; mais on ne voit, dans cet endroit comme dans tout le reste du plaidoyer, rien de défavorable à la profession de comédien.

(2) Dig., lib. II, § *De his qui notantur infamia*.

(3) Iphigénie le dit en termes exprès dans la tragédie d'Euripide, qui porte le nom de cette princesse (acte V, scène v).

grands tableaux l'instruisaient sans cesse, et il ne pouvait se défendre d'un peu de respect pour les organes de cette instruction. 5° La tragédie n'étant d'abord jouée que par des hommes, on ne voyait point sur leur théâtre ce mélange scandaleux d'hommes et de femmes qui fait des nôtres autant d'écoles de mauvaises mœurs. 6° Enfin leurs spectacles n'avaient rien de la mesquinerie de ceux d'aujourd'hui. Leurs théâtres n'étaient point élevés par l'intérêt et par l'avarice; ils n'étaient point renfermés dans d'obscures prisons; leurs acteurs n'avaient pas besoin de mettre à contribution les spectateurs, ni de compter du coin de l'œil les gens qu'ils voyaient passer la porte, pour être sûrs de leur souper.

Ces grands et superbes spectacles donnés sous le ciel, à la face de toute une nation, n'offraient de toutes parts que des combats, des victoires, des prix, des objets capables d'inspirer aux Grecs une ardente émulation, et d'échauffer leurs cœurs de sentiments d'honneur et de gloire. C'est au milieu de cet imposant appareil, si propre à élever et remuer l'âme, que les acteurs, animés du même zèle, partageaient, selon leurs talents, les honneurs rendus aux vainqueurs des jeux, souvent aux premiers hommes de la nation. Je ne suis pas surpris que loin de les avilir, leur métier, exercé de cette manière, leur donnât cette fierté de courage et ce noble désintéressement qui semblait quelquefois élever l'acteur à son personnage. Avec tout cela, jamais la Grèce, excepté Sparte, ne fut citée en exemple de bonnes mœurs; et Sparte, qui ne souffrait point de théâtre (1), n'avait garde d'honorer ceux qui s'y montrent.

Revenons aux Romains, qui, loin de suivre à cet égard l'exemple des Grecs, en donnèrent un tout contraire. Quand leurs lois déclaraient les comédiens infâmes, était-ce dans le dessein d'en déshonorer la profession? Quelle eût été l'utilité d'une disposition si cruelle? Elles ne la déshonoraient point, elles rendaient seulement authentique le déshonneur qui en est inséparable; car jamais les bonnes lois ne changent la nature des choses, elles ne font que la suivre; et celles-là seules sont observées. Il ne s'agit donc pas de crier d'abord contre les préjugés, mais de savoir premièrement si ce ne sont que des préjugés; si la profession de comédien n'est point en effet déshonorante en elle-même; car si, par malheur, elle l'est, nous aurons beau statuer qu'elle ne l'est pas, au lieu de la réhabiliter, nous ne ferons que nous avilir nous-mêmes.

Qu'est-ce que le talent du comédien? L'art de se contrefaire, de revêtir un autre caractère que le sien, de paraître différent de ce qu'on est, de se passionner de sang-froid, de dire autre chose que ce qu'on pense aussi naturellement que si l'on le pensait réellement, et d'oublier enfin sa propre place à force de prendre celle d'autrui. Qu'est-ce que la profession du comédien? Un métier par lequel il se donne en représentation pour de l'argent, se soumet à l'ignominie et aux affronts qu'on achète le droit de lui faire, et met publiquement sa personne en vente. J'adjure tout homme sincère de dire s'il ne sent pas au fond de son âme qu'il y a dans ce trafic de soi-même quelque chose de servile et de bas. Vous autres philosophes, qui vous prétendez si fort au-dessus des préjugés, ne mourriez-vous pas tous de honte, si, lâche-

(1) Rousseau a reconnu plus tard la fausseté de cette assertion. Voyez sa lettre à M. Le Roy, du 4 novembre 1758.

ment travestis en rois, il vous fallait aller faire aux yeux du public un rôle différent du vôtre, et exposer vos majestés aux huées de la populace? Quel est donc, au fond, l'esprit que le comédien reçoit de son état? un mélange de bassesse, de fausseté, de ridicule orgueil, et d'indigne avilissement, qui le rend propre à toutes sortes de personnages, hors le plus noble de tous, celui d'homme, qu'il abandonne.

Je sais que le jeu du comédien n'est pas celui d'un fourbe qui veut en imposer, qu'il ne prétend pas qu'on le prenne en effet pour la personne qu'il représente, ni qu'on le croie affecté des passions qu'il imite, et qu'en donnant cette imitation pour ce qu'elle est, il la rend tout-à-fait innocente. Aussi ne l'accusé-je pas d'être précisément un trompeur, mais de cultiver, pour tout métier, le talent de tromper les hommes, et de s'exercer à des habitudes qui, ne pouvant être innocentes qu'au théâtre, ne servent partout ailleurs qu'à malfaire. Ces hommes si bien parés, si bien exercés au ton de la galanterie et aux accents de la passion, n'abuseront-ils jamais de cet art pour séduire de jeunes personnes? Ces valets filous, si subtils de la langue et de la main sur la scène, dans les besoins d'un métier plus dispendieux que lucratif n'auront-ils jamais de distractions utiles? Ne prendront-ils jamais la bourse d'un fils prodigue ou d'un père avare pour celle de Léandre ou d'Argan (1)? Partout la tentation de mal faire augmente avec la facilité; et il faut que les comédiens soient plus vertueux que les autres hommes, s'ils ne sont pas plus corrompus.

L'orateur, le prédicateur, pourra-t-on me dire encore, paient de leur personne ainsi que le comédien. La différence est très grande. Quand l'orateur se montre, c'est pour parler, et non pour se donner en spectacle : il ne représente que lui-même, il ne fait que son propre rôle, ne parle qu'en son propre nom, ne dit ou ne doit dire que ce qu'il pense : l'homme et le personnage étant le même être, il est à sa place; il est dans le cas de tout autre citoyen qui remplit les fonctions de son état. Mais un comédien sur la scène, étalant d'autres sentiments que les siens, ne disant que ce qu'on lui fait dire, représentant souvent un être chimérique, s'anéantit, pour ainsi dire, s'annule avec son héros; et, dans cet oubli de l'homme, s'il en reste quelque chose, c'est pour être le jouet des spectateurs. Que dirai-je de ceux qui semblent avoir peur de valoir trop par eux-mêmes, et se dégradent jusqu'à représenter des personnages auxquels ils seraient bien fâchés de ressembler? C'est un grand mal sans doute de voir tant de scélérats dans le monde faire des rôles d'honnêtes gens; mais y a-t-il rien de plus odieux, de plus choquant, de plus lâche, qu'un honnête homme à la comédie faisant le rôle de scélérat, et déployant tout son talent pour faire valoir de criminelles maximes dont lui-même est pénétré d'horreur?

Si l'on ne voit en tout ceci qu'une profession peu honnête, on doit voir encore une source de mauvaises mœurs dans le désordre des actrices, qui

---

(1) On a relevé ceci comme outré et comme ridicule. On a eu raison. Il n'y a point de vice dont les comédiens soient moins accusés que de la friponnerie; leur métier, qui les occupe beaucoup, et leur donne même des sentiments d'honneur à certains égards, les éloigne d'une telle bassesse. Je laisse ce passage, parce que je me suis fait une loi de ne rien ôter; mais je le désavoue hautement comme une très grande injustice.

force et entraîne celui des acteurs. Mais pourquoi ce désordre est-il inévitable? Ah! pourquoi? Dans tout autre temps on n'aurait pas besoin de le demander; mais dans ce siècle où règnent si fièrement les préjugés et l'erreur sous le nom de philosophie, les hommes, abrutis par leur vain savoir, ont fermé leur esprit à la voix de la raison, et leur cœur à celle de la nature.

Dans tout état, dans tout pays, dans toute condition, les deux sexes ont entre eux une liaison si forte et si naturelle, que les mœurs de l'un décident toujours celles de l'autre, non que ces mœurs soient toujours les mêmes, mais elles ont toujours le même degré de bonté, modifié dans chaque sexe par les penchants qui lui sont propres. Les Anglaises sont douces et timides; les Anglais sont durs et féroces. D'où vient cette apparente opposition? De ce que le caractère de chaque sexe est ainsi renforcé, et que c'est aussi le caractère national de porter tout à l'extrême. A cela près, tout est semblable. Les deux sexes aiment à vivre à part; tous deux font cas des plaisirs de la table; tous deux se rassemblent pour boire après le repas, les hommes le vin, les femmes du thé; tous deux se livrent au jeu sans fureur, et s'en font un métier plutôt qu'une passion; tous deux ont un grand respect pour les choses honnêtes; tous deux aiment la patrie et les lois; tous deux honorent la foi conjugale, et, s'ils la violent, ils ne se font point un honneur de la violer; la paix domestique plaît à tous deux; tous deux sont silencieux et taciturnes; tous deux difficiles à émouvoir; tous deux emportés dans leurs passions; pour tous deux l'amour est terrible et tragique, il décide du sort de leurs jours; il ne s'agit pas de moins, dit Muralt, que d'y laisser la raison ou la vie; enfin tous deux se plaisent à la campagne, et les dames anglaises errent aussi volontiers dans leurs parcs solitaires, qu'elles vont se montrer à Wauxhall. De ce goût commun pour la solitude naît aussi celui des lectures contemplatives et des romans dont l'Angleterre est inondée (1). Ainsi tous deux, plus recueillis avec eux-mêmes, se livrent moins à des imitations frivoles, prennent mieux le goût des vrais plaisirs de la vie, et songent moins à paraître heureux qu'à l'être.

J'ai cité les Anglais par préférence, parce qu'ils sont, de toutes les nations du monde, celle où les mœurs des deux sexes paraissent d'abord le plus contraires. De leur rapport dans ce pays-là nous pouvons conclure pour les autres : toute la différence consiste en ce que la vie des femmes est un développement continuel de leurs mœurs; au lieu que celles des hommes s'effaçant davantage dans l'uniformité des affaires, il faut attendre, pour en juger, de les voir dans les plaisirs. Voulez-vous donc connaître les hommes, étudiez les femmes. Cette maxime est générale, et jusque-là tout le monde sera d'accord avec moi. Mais si j'ajoute qu'il n'y a point de bonnes mœurs pour les femmes hors d'une vie retirée et domestique; si je dis que les paisibles soins de la famille et du ménage sont leur partage, que la dignité de leur sexe est dans la modestie, que la honte et la pudeur sont en elles inséparables de l'honnêteté, que rechercher les regards des hommes c'est déjà s'en laisser corrompre, et que toute femme qui se montre se déshonore; à l'instant va s'élever contre moi cette philosophie d'un jour, qui naît et meurt dans le coin d'une

(1) Ils y sont, comme les hommes, sublimes ou détestables. On n'a jamais fait encore, en quelque langue que ce soit, de roman égal à *Clarisse*, ni même approchant.

grande ville, et veut étouffer de là le cri de la nature et la voix unanime du genre humain.

Préjugés populaires! me crie-t-on; petites erreurs de l'enfance! tromperies des lois et de l'éducation! La pudeur n'est rien; elle n'est qu'une invention des lois sociales pour mettre à couvert les droits des pères et des époux, et maintenir quelque ordre dans les familles. Pourquoi rougirions-nous des besoins que nous donna la nature? Pourquoi trouverions-nous un motif de honte dans un acte aussi indifférent en soi et aussi utile dans ses effets que celui qui concourt à perpétuer l'epèce? Pourquoi, les désirs étant égaux des deux parts, les démonstrations en seraient-elles différentes? Pourquoi l'un des deux sexes se refuserait-il plus que l'autre aux penchants qui leur sont communs? Pourquoi l'homme aurait-il sur ce point d'autres lois que les animaux?

Tes pourquoi, dit le dieu, ne finiraient jamais.

Mais ce n'est pas à l'homme, c'est à son auteur qu'il les faut adresser. N'est-il pas plaisant qu'il faille dire pourquoi j'ai honte d'un sentiment naturel, si cette honte ne m'est pas moins naturelle que ce sentiment même? Autant vaudrait me demander aussi pourquoi j'ai ce sentiment. Est-ce à moi de rendre compte de ce qu'a fait la nature? Par cette manière de raisonner, ceux qui ne voient pas pourquoi l'homme est existant devraient nier qu'il existe.

J'ai peur que ces grands scrutateurs des conseils de Dieu n'aient un peu légèrement pesé ses raisons. Moi, qui ne me pique pas de les connaître, j'en crois voir qui leur ont échappé. Quoi qu'ils en disent, la honte qui voile aux yeux d'autrui les plaisirs de l'amour est quelque chose : elle est la sauvegarde commune que la nature a donnée aux deux sexes dans un état de faiblesse et d'oubli d'eux-mêmes qui les livre à la merci du premier venu : c'est ainsi qu'elle couvre leur sommeil des ombres de la nuit, afin que, durant ce temps de ténèbres, ils soient moins exposés aux attaques les uns des autres : c'est ainsi qu'elle fait chercher à tout animal souffrant la retraite et les lieux déserts, afin qu'il souffre et meure en paix hors des atteintes qu'il ne peut plus repousser.

A l'égard de la pudeur du sexe en particulier, quelle arme plus douce eût pu donner cette même nature à celui qu'elle destinait à se défendre? Les désirs sont égaux! Qu'est-ce à dire? Y a-t-il de part et d'autre mêmes facultés de les satisfaire? Que deviendrait l'espèce humaine si l'ordre de l'attaque et de la défense était changé? L'assaillant choisirait, au hasard, des temps où la victoire serait impossible; l'assailli serait laissé en paix quand il aurait besoin de se rendre, et poursuivi sans relâche quand il serait trop faible pour succomber; enfin le pouvoir et la volonté toujours en discorde, ne laissant jamais partager les désirs, l'amour ne serait plus le soutien de la nature, il en serait le destructeur et le fléau.

Si les deux sexes avaient également fait et reçu les avances, la vaine importunité n'eût point été sauvée, des feux toujours languissants dans une ennuyeuse liberté ne se fussent jamais irrités, le plus doux de tous les sentiments eût à peine effleuré le cœur humain, et son objet eût été mal rempli. L'obstacle apparent qui semble éloigner cet objet est au fond ce qui le rapproche. Les désirs voilés par la honte n'en deviennent que plus séduisants; en les gênant, la pudeur les enflamme : ses craintes, ses détours, ses réserves, ses timides aveux, sa tendre et naïve finesse, disent mieux ce qu'elle croit taire que la passion ne l'eût dit sans elle : c'est elle qui donne du prix aux faveurs, et de la douceur aux refus. Le véritable amour possède en effet ce que la seule pudeur lui dispute : ce mélange de faiblesse et de modestie le rend plus touchant et plus tendre; moins il obtient, plus la valeur de ce qu'il obtient en augmente; et c'est ainsi qu'il jouit à la fois de ses privations et de ses plaisirs.

Pourquoi, disent-ils, ce qui n'est pas honteux à l'homme le serait-il à la femme? pourquoi l'un des sexes se ferait-il un crime de ce que l'autre se croit permis? Comme si les conséquences étaient les mêmes des deux côtés! comme si tous les austères devoirs de la femme ne dérivaient pas de cela seul, qu'un enfant doit avoir un père! Quand ces importantes considérations nous manqueraient, nous aurions toujours la même réponse à faire, et toujours elle serait sans réplique : ainsi l'a voulu la nature, c'est un crime d'étouffer sa voix. L'homme peut être audacieux, telle est sa destination (1); il faut bien que quelqu'un se déclare; mais toute femme sans pudeur est coupable et dépravée, parce qu'elle foule aux pieds un sentiment naturel à son sexe.

Comment peut-on disputer la vérité de ce sentiment? toute la terre n'en rendît-elle pas l'éclatant témoignage, la seule comparaison des sexes suffirait pour la constater. N'est-ce pas la nature qui pare les jeunes personnes de ces traits si doux, qu'un peu de honte rend plus touchants encore? N'est-ce pas elle qui met dans leurs yeux ce regard timide et tendre auquel on résiste avec tant de peine? N'est-ce pas elle qui donne à leur teint plus d'éclat et à leur peau plus de finesse, afin qu'une modeste rougeur s'y laisse mieux apercevoir? N'est-ce pas elle qui les rend craintives afin qu'elles fuient, et faibles afin qu'elles cèdent? A quoi bon leur donner un cœur plus sensible à la pitié, moins de vitesse à la course, un corps moins robuste, une stature moins haute, des muscles plus délicats, si elle ne les eût destinées à se laisser vain-

(1) Distinguons cette audace de l'insolence et de la brutalité; car rien ne part de sentiments plus opposés et n'a d'effets plus contraires. Je suppose l'amour innocent et libre, ne recevant de loi que de lui-même; c'est à lui seul qu'il appartient de présider à ses mystères, et de former l'union des personnes ainsi que celle des cœurs. Qu'un homme insulte à la pudeur du sexe, et attente avec violence aux charmes d'un jeune objet qui ne sent rien pour lui; sa grossièreté n'est point passionnée, elle est outrageante; elle annonce une âme sans mœurs, sans délicatesse, incapable à la fois d'amour et d'honnêteté. Le plus grand prix des plaisirs est dans le cœur qui les donne : un véritable amant ne trouverait que douleur, rage et désespoir, dans la possession même de ce qu'il aime, s'il croyait n'en point être aimé.

Vouloir contenter insolemment ses désirs, sans l'aveu de celle qui les fait naître, est l'audace d'un satyre; celle d'un homme est de savoir les témoigner sans déplaire, de les rendre intéressants, de faire en sorte qu'on les partage, d'asservir les sentiments avant d'attaquer la personne. Ce n'est pas encore assez d'être aimé, les désirs partagés ne donnent pas seuls le droit de les satisfaire; il faut de plus le consentement de la volonté. Le cœur accorde en vain ce que la volonté refuse. L'honnête homme et l'amant s'en abstient, même quand il pourrait l'obtenir. Arracher ce consentement tacite, c'est user de toute la violence permise en amour. Le lire dans les yeux, le voir dans les manières, malgré le refus de la bouche, c'est l'art de celui qui sait aimer; s'il achève alors d'être heureux, il n'est point brutal, il est honnête : il n'outrage point la pudeur, il la respecte, il la sert; il lui laisse l'honneur de défendre encore ce qu'elle eût peut-être abandonné.

cre? Assujetties aux incommodités de la grossesse et aux douleurs de l'enfantement, ce surcroît de travail exigeait-il une diminution de forces? Mais, pour les réduire à cet état pénible, il les fallait assez fortes pour ne succomber qu'à leur volonté, et assez faibles pour avoir toujours un prétexte de se rendre. Voilà précisément le point où les a placées la nature.

Passons du raisonnement à l'expérience. Si la pudeur était un préjugé de la société et de l'éducation, ce sentiment devrait augmenter dans les lieux où l'éducation est plus soignée, et où l'on raffine incessamment sur les lois sociales; il devrait être plus faible partout où l'on est resté plus près de l'état primitif. C'est tout le contraire (1). Dans nos montagnes, les femmes sont timides et modestes; un mot les fait rougir, elles n'osent lever les yeux sur les hommes, et gardent le silence devant eux. Dans les grandes villes, la pudeur est ignoble et basse : c'est la seule chose dont une femme bien élevée aurait honte; et l'honneur d'avoir fait rougir un honnête homme n'appartient qu'aux femmes du meilleur air.

L'argument tiré de l'exemple des bêtes ne conclut point et n'est point vrai. L'homme n'est point un chien ni un loup. Il ne faut qu'établir dans son espèce les premiers rapports de la société pour donner à ses sentiments une moralité toujours inconnue aux bêtes. Les animaux ont un cœur et des passions, mais la sainte image de l'honnête et du beau n'entra jamais que dans le cœur de l'homme.

Malgré cela, où a-t-on pris que l'instinct ne produit jamais chez les animaux des effets semblables à ceux que la honte produit parmi les hommes? Je vois tous les jours des preuves du contraire. J'en vois se cacher dans certains besoins, pour dérober aux sens un objet de dégoût; je les vois ensuite, au lieu de fuir, s'empresser d'en couvrir les vestiges. Que manque-t-il à ces soins pour avoir un air de décence et d'honnêteté, sinon d'être pris par des hommes? Dans leurs amours, je vois des caprices, des choix, des refus concertés qui tiennent de bien près à la maxime d'irriter la passion par les obstacles. À l'instant même où j'écris ceci, j'ai sous les yeux un exemple qui le confirme. Deux jeunes pigeons, dans l'heureux temps de leurs premières amours, m'offrent un tableau bien différent de la sotte brutalité que leur prêtent nos prétendus sages. La blanche colombe va suivant pas à pas son bien-aimé, et prend chasse elle-même aussitôt qu'il se retourne. Reste-t-il dans l'inaction, de légers coups de bec le réveillent : s'il se retire on le poursuit; s'il se défend, un petit vol de six pas l'attire encore : l'innocence de la nature ménage les agaceries et la molle résistance avec un art qu'aurait à peine la plus habile coquette. Non, la folâtre Galatée ne faisait pas mieux, et Virgile eût pu tirer d'un colombier l'une de ses plus charmantes images.

Quand on pourrait nier qu'un sentiment particulier de pudeur fût naturel aux femmes, en serait-il moins vrai que, dans la société, leur partage doit être une vie domestique et retirée, et qu'on doit les élever dans des principes qui s'y rapportent? Si la timidité, la pudeur, la modestie, qui leur sont propres, sont des inventions sociales, il importe à la société que les femmes ac-

---

(1) Je m'attends à l'objection. Les femmes sauvages n'ont point de pudeur, car elles vont nues. Je réponds que les nôtres en ont encore moins, car elles s'habillent. Voyez la fin de cet Essai, au sujet des filles de Lacédémone.

quièrent ces qualités, il importe de les cultiver en elles ; et toute femme qui les dédaigne offense les bonnes mœurs. Y a-t-il au monde un spectacle aussi touchant, aussi respectable, que celui d'une mère de famille entourée de ses enfants, réglant les travaux de ses domestiques, procurant à son mari une vie heureuse, et gouvernant sagement la maison? C'est là qu'elle se montre dans toute la dignité d'une honnête femme; c'est là qu'elle impose vraiment du respect, et que la beauté partage avec honneur les hommages rendus à la vertu.

Une maison dont la maîtresse est absente est un corps sans âme, qui bientôt tombe en corruption; une femme hors de sa maison perd son plus grand lustre; et, dépouillée de ses vrais ornements, elle se montre avec indécence. Si elle a un mari, que cherche-t-elle parmi les hommes? Si elle n'en a pas, comment s'expose-t-elle à rebuter, par un maintien peu modeste, celui qui serait tenté de le devenir? Quoi qu'elle puisse faire, on sent qu'elle n'est pas à sa place en public; et sa beauté même, qui plaît sans intéresser, n'est qu'un tort de plus que le cœur lui reproche. Que cette impression nous vienne de la nature ou de l'éducation, elle est commune à tous les peuples du monde; partout on considère les femmes à proportion de leur modestie; partout on est convaincu qu'en négligeant les manières de leur sexe elles en négligent les devoirs; partout on voit qu'alors, tournant en effronterie la mâle et ferme assurance de l'homme, elles s'avilissent par cette odieuse imitation, et déshonorent à la fois leur sexe et le nôtre.

Je sais qu'il règne en quelques pays des coutumes contraires; mais voyez aussi quelles mœurs elles ont fait naître. Je ne voudrais pas d'autre exemple pour confirmer mes maximes. Appliquons aux mœurs des femmes ce que j'ai dit ci-devant de l'honneur qu'on leur porte. Chez tous les anciens peuples policés elles vivaient très renfermées; elles se montraient rarement en public, jamais avec des hommes; elles ne se promenaient point avec eux; elles n'avaient point la meilleure place au spectacle, elles ne s'y mettaient point en montre(1); il ne leur était pas même permis d'assister à tous, et l'on sait qu'il y avait peine de mort contre celles qui s'oseraient montrer aux jeux olympiques.

Dans la maison elles avaient un appartement particulier où les hommes n'entraient point. Quand leurs maris donnaient à manger, elles se présentaient rarement à table; les honnêtes femmes en sortaient avant la fin du repas, et les autres n'y paraissaient point au commencement. Il n'y avait aucune assemblée commune pour les deux sexes; ils ne passaient point la journée ensemble. Ce soin de ne pas se rassasier les uns des autres faisait qu'on s'en revoyait avec plus de plaisir; il est sûr qu'en général la paix domestique était mieux affermie, et qu'il régnait plus d'union entre les époux(2) qu'il n'en règne aujourd'hui.

---

(1) Au théâtre d'Athènes, les femmes occupaient une galerie haute appelée *cercis*, peu commode pour voir et pour être vues : mais il paraît, par l'aventure de Valérie et de Sylla (Plutarque, *Vie de Sylla*, § 72), qu'au cirque de Rome elles étaient mêlées avec les hommes.

(2) On en pourrait attribuer la cause à la facilité du divorce; mais les Grecs en faisaient peu d'usage, et Rome subsistait cinq cents ans avant que personne s'y prévalût de la loi qui le permettait.

Tels étaient les usages des Perses, des Grecs, des Romains, et même des Égyptiens, malgré les mauvaises plaisanteries d'Hérodote, qui se réfutent d'elles-mêmes. Si quelquefois les femmes sortaient des bornes de cette modestie, le cri public montrait que c'était une exception. Que n'a-t-on pas dit de la liberté du sexe à Sparte? On peut aussi comprendre par la *Lisistrata* d'Aristophane combien l'impudence des Athéniennes était choquante aux yeux des Grecs; et, dans Rome déjà corrompue, avec quel scandale ne vit-on point encore les dames romaines se présenter au tribunal des triumvirs!

Tout est changé. Depuis que des foules de barbares, traînant avec eux leurs femmes dans leurs armées, eurent inondé l'Europe, la licence des camps, jointe à la froideur naturelle des climats septentrionaux, qui rend la réserve moins nécessaire, introduisit une autre manière de vivre, que favorisèrent les livres de chevalerie, où les belles dames passaient leur vie à se faire enlever par des hommes, en tout bien et en tout honneur. Comme ces livres étaient les écoles de galanterie du temps, les idées de liberté qu'ils inspirent s'introduisirent surtout dans les cours et les grandes villes, où l'on se pique davantage de politesse; par le progrès même de cette politesse, elle dut enfin dégénérer en grossièreté. C'est ainsi que la modestie naturelle au sexe est peu à peu disparue, et que les mœurs des vivandières se sont transmises aux femmes de qualité.

Mais voulez-vous savoir combien ces usages, contraires aux idées naturelles, sont choquants pour qui n'en a pas l'habitude? jugez-en par la surprise et l'embarras des étrangers et provinciaux à l'aspect de ces manières si nouvelles pour eux. Cet embarras fait l'éloge des femmes de leur pays; et il est à croire que celles qui le causent en seraient moins fières, si la source leur en était mieux connue. Ce n'est point qu'elles en imposent; c'est plutôt qu'elles font rougir, et que la pudeur, chassée par la femme de ses discours et de son maintien, se réfugie dans le cœur de l'homme.

Revenant maintenant à nos comédiennes, je demande comment un état dont l'unique objet est de se montrer en public, et, qui pis est, de se montrer pour de l'argent, conviendrait à d'honnêtes femmes, et pourrait compatir en elles avec la modestie et les bonnes mœurs. A-t-on besoin même de disputer sur les différences morales des sexes pour sentir combien il est difficile que celle qui se met à prix en représentation ne s'y mette bientôt en personne, et ne se laisse jamais tenter de satisfaire des désirs qu'elle prend tant de soin d'exciter? Quoi! malgré mille timides précautions, une femme honnête et sage, exposée au moindre danger, a bien de la peine encore à se conserver un cœur à l'épreuve; et ces jeunes personnes audacieuses, sans autre éducation qu'un système de coquetterie et des rôles amoureux, dans une parure très peu modeste (1), sans cesse entourées d'une jeunesse ardente et téméraire, au milieu des douces voix de l'amour et du plaisir, résisteront, à leur âge, à leur cœur, aux objets qui les environnent, aux discours qu'on leur tient, aux occasions toujours renaissantes, et à l'or auquel elles sont d'avance à demi vendues! Il faudrait nous croire une simplicité d'enfant pour vouloir nous en imposer à ce point. Le vice a beau se cacher dans l'obscurité, son

---

(1) Que sera-ce en leur supposant la beauté qu'on a raison d'exiger d'elles? Voyez les *Entretiens sur le Fils naturel* (ouvrage de Diderot).

empreinte est sur les fronts des coupables : l'audace d'une femme est le signe assuré de sa honte; c'est pour avoir trop à rougir qu'elle ne rougit plus ; et si quelquefois la pudeur survit à la chasteté, que doit-on penser de la chasteté quand la pudeur même est éteinte?

Supposons, si l'on veut, qu'il y ait eu quelques exceptions ; supposons

> Qu'il en *soit* jusqu'à trois que *l'on* pourrait nommer.

Je veux bien croire là-dessus ce que je n'ai jamais ni vu ni ouï dire. Appellerons-nous un métier honnête celui qui fait d'une honnête femme un prodige, et qui nous porte à mépriser celles qui l'exercent, à moins de compter sur un miracle continuel? L'immodestie tient si bien à leur état, et elles le sentent si bien elles-mêmes, qu'il n'y en a pas une qui ne se crût ridicule de feindre au moins de prendre pour elle les discours de sagesse et d'honneur qu'elle débite au public. De peur que ces maximes sévères ne fissent un progrès nuisible à son intérêt, l'actrice est toujours la première à parodier son rôle et à détruire son propre ouvrage. Elle quitte, en atteignant la coulisse, la morale du théâtre aussi bien que sa dignité; et si l'on prend des leçons de vertu sur la scène, on les va bien vite oublier dans les foyers.

Après ce que j'ai dit ci-devant, je n'ai pas besoin, je crois, d'expliquer encore comment le désordre des actrices entraîne celui des acteurs, surtout dans un métier qui les force à vivre entre eux dans la plus grande familiarité. Je n'ai pas besoin de montrer comment d'un état déshonorant naissent des sentiments déshonnêtes, ni comment les vices divisent ceux que l'intérêt commun devrait réunir. Je ne m'étendrai pas sur mille sujets de discorde et de querelles, que la distribution des rôles, le partage de la recette, le choix des pièces, la jalousie des applaudissements, doivent exciter sans cesse, principalement entre les actrices, sans parler des intrigues de galanterie. Il est plus inutile encore que j'expose les effets que l'association du luxe et de la misère, inévitable entre ces gens-là, doit naturellement produire. J'en ai déjà trop dit pour vous et pour les hommes raisonnables ; je n'en dirais jamais assez pour les gens prévenus qui ne veulent pas voir ce que la raison leur montre, mais seulement ce qui convient à leurs passions ou à leurs préjugés.

Si tout cela tient à la profession du comédien, que ferons-nous, monsieur, pour prévenir des effets inévitables ? Pour moi, je ne vois qu'un seul moyen ; c'est d'ôter la cause. Quand les maux de l'homme lui viennent de sa nature ou d'une manière de vivre qu'il ne peut changer, les médecins les préviennent-ils? Défendre au comédien d'être vicieux, c'est défendre à l'homme d'être malade.

S'ensuit-il de là qu'il faille mépriser tous les comédiens? Il s'ensuit, au contraire, qu'un comédien qui a de la modestie, des mœurs, de l'honnêteté est, comme vous l'avez très bien dit, doublement estimable, puisqu'il montre par là que l'amour de la vertu l'emporte en lui sur les passions de l'homme et sur l'ascendant de sa profession. Le seul tort qu'on lui peut imputer est de l'avoir embrassée : mais trop souvent un écart de jeunesse décide du sort de la vie ; et, quand on se sent un vrai talent, qui peut résister à son attrait?

Les grands acteurs portent avec eux leur excuse; ce sont les mauvais qu'il faut mépriser.

Si j'ai resté si longtemps dans les termes de la proposition générale, ce n'est pas que je n'eusse eu plus d'avantage encore à l'appliquer précisément à la ville de Genève : mais la répugnance de mettre mes concitoyens sur la scène m'a fait différer autant que je l'ai pu de parler de nous. Il y faut pourtant venir à la fin; et je n'aurais rempli qu'imparfaitement ma tâche, si je ne cherchais, sur notre situation particulière, ce qui résultera de l'établissement d'un théâtre dans notre ville, au cas que votre avis et vos raisons déterminent le gouvernement à l'y souffrir. Je me bornerai à des effets si sensibles, qu'ils ne puissent être contestés de personne qui connaisse un peu notre constitution.

Genève est riche, il est vrai; mais, quoiqu'on n'y voie point ces énormes disproportions de fortune qui appauvrissent tout un pays pour enrichir quelques habitants et sèment la misère autour de l'opulence, il est certain que, si quelques Genevois possèdent d'assez grands biens, plusieurs vivent dans une disette assez dure, et que l'aisance du plus grand nombre vient d'un travail assidu, d'économie et de modération, plutôt que d'une richesse positive. Il y a bien des villes plus pauvres que la nôtre où le bourgeois peut donner beaucoup plus à ses plaisirs, parce que le territoire qui le nourrit ne s'épuise pas, et que son temps n'étant d'aucun prix, il peut le perdre sans préjudice. Il n'en va pas ainsi parmi nous, qui, sans terres pour subsister, n'avons tous que notre industrie. Le peuple genevois ne se soutient qu'à force de travail, et n'a le nécessaire qu'autant qu'il se refuse tout superflu : c'est une des raisons de nos lois somptuaires. Il me semble que ce qui doit d'abord frapper tout étranger entrant dans Genève, c'est l'air de vie et d'activité qu'il y voit régner. Tout s'occupe, tout est en mouvement, tout s'empresse à son travail et à ses affaires. Je ne crois pas que nulle autre aussi petite ville au monde offre un pareil spectacle. Visitez le quartier Saint-Gervais, toute l'horlogerie de l'Europe y paraît rassemblée. Parcourez le Molard et les rues basses, un appareil de commerce en grand, des monceaux de ballots, de tonneaux confusément jetés, une odeur d'Inde et de droguerie, vous font imaginer un port de mer. Aux Pâquis, aux Eaux-Vives, le bruit et l'aspect des fabriques d'indienne et de toile peinte semblent vous transporter à Zurich. La ville se multiplie en quelque sorte par les travaux qui s'y font; et j'ai vu des gens, sur ce premier coup d'œil, en estimer le peuple à cent mille âmes. Les bras, l'emploi du temps, la vigilance, l'austère parcimonie; voilà les trésors du Genevois; voilà avec quoi nous attendons un amusement de gens oisifs, qui, nous ôtant à la fois le temps et l'argent, doublera réellement notre perte.

Genève ne contient pas vingt-quatre mille âmes, vous en convenez. Je vois que Lyon, bien plus riche à proportion, et du moins cinq ou six fois plus peuplé, entretient exactement un théâtre, et que, quand ce théâtre est un opéra, la ville n'y saurait suffire. Je vois que Paris, la capitale de la France et le gouffre des richesses de ce grand royaume, en entretient trois assez médiocrement, et un quatrième en certains temps de l'année. Supposons ce quatrième (1) permanent. Je vois que, dans plus de six cent mille habitants, ce

(1) Si je ne compte point le concert spirituel, c'est qu'au lieu d'être un spectacle ajouté

rendez-vous de l'opulence et de l'oisiveté fournit à peine journellement au spectacle mille ou douze cents spectateurs, tout compensé. Dans le reste du royaume, je vois Bordeaux, Rouen, grands ports de mer ; je vois Lille, Strasbourg, grandes villes de guerre, pleines d'officiers oisifs qui passent leur vie à attendre qu'il soit midi et huit heures, avoir un théâtre de comédie : encore faut-il des taxes involontaires pour le soutenir. Mais combien d'autres villes incomparablement plus grandes que la nôtre, combien de siéges de parlements et de cours souveraines, ne peuvent entretenir une comédie à demeure !

Pour juger si nous sommes en état de mieux faire, prenons un terme de comparaison bien connu, tel, par exemple, que la ville de Paris. Je dis donc que si plus de six cent mille habitants ne fournissent journellement et l'un dans l'autre aux théâtres de Paris que douze cents spectateurs, moins de vingt-quatre mille habitants n'en fourniront certainement pas plus de quarante-huit à Genève : encore faut-il déduire les *gratis* de ce nombre, et supposer qu'il n'y a pas proportionnellement moins de désœuvrés à Genève qu'à Paris ; supposition qui me paraît insoutenable.

Or, si les comédiens français, pensionnés du roi, et propriétaires de leur théâtre, ont bien de la peine à se soutenir à Paris avec une assemblée de trois cents spectateurs par représentation (1), je demande comment les comédiens de Genève se soutiendront avec une assemblée de quarante-huit spectateurs pour toute ressource. Vous me direz qu'on vit à meilleur compte à Genève qu'à Paris. Oui ; mais les billets d'entrée coûteront aussi moins à proportion : et puis la dépense de la table n'est rien pour des comédiens ; ce sont les habits, c'est la parure qui leur coûte : il faudra faire venir tout cela de Paris, ou dresser des ouvriers maladroits. C'est dans les lieux où toutes les choses sont communes qu'on les fait à meilleur marché. Vous direz encore qu'on les assujettira à nos lois somptuaires. Mais c'est en vain qu'on voudrait porter la réforme sur le théâtre ; jamais Cléopâtre et Xerxès ne goûteront notre simplicité. L'état des comédiens étant de paraître, c'est leur ôter le goût de leur métier de les en empêcher, et je doute que jamais bon acteur consente à se faire quaker. Enfin l'on peut m'objecter que la troupe de Genève, étant bien moins nombreuse que celle de Paris, pourra subsister à bien moindres frais. D'accord : mais cette différence sera-t-elle en raison de celle de quarante-huit à trois cents ? Ajoutez qu'une troupe plus nombreuse a aussi l'avantage de pouvoir jouer plus souvent : au lieu que, dans une petite troupe où les doubles manquent, tous ne sauraient jouer tous les jours : la maladie, l'absence d'un seul comédien fait manquer une représentation, et c'est autant de perdu pour la recette.

Le Genevois aime excessivement la campagne ; on en peut juger par la

aux autres il n'est que le supplément. Je ne compte pas non plus les petits spectacles de la foire ; mais aussi je la compte toute l'année, au lieu qu'elle ne dure pas six mois. En recherchant, par comparaison, s'il est possible qu'une troupe subsiste à Genève, je suppose partout des rapports plus favorables à l'affirmative que ne les donnent les faits connus.

(1) Ceux qui ne vont au spectacle que les beaux jours, où l'assemblée est nombreuse, trouveront cette estimation trop faible ; mais ceux qui, pendant dix ans, les auront suivis, comme moi, bons et mauvais jours, la trouveront sûrement trop forte. S'il faut donc diminuer le nombre journalier de trois cents spectateurs à Paris, il faut diminuer proportionellement celui de quarante-huit à Genève, ce qui renforce mes objections.

quantité de maisons répandues autour de la ville. L'attrait de la chasse et la beauté des environs entretiennent ce goût salutaire. Les portes, fermées avant la nuit, ôtent la liberté de la promenade au dehors, et les maisons de campagne étant si près, fort peu de gens aisés couchent en ville durant l'été. Chacun, ayant passé la journée à ses affaires, part le soir à portes fermantes, et va dans sa petite retraite respirer l'air le plus pur et jouir du plus charmant paysage qui soit sous le ciel. Il y a même beaucoup de citoyens et bourgeois qui y résident toute l'année, et n'ont point d'habitation dans Genève. Tout cela est autant de perdu pour la comédie ; et, pendant toute la belle saison, il ne restera presque, pour l'entretenir, que des gens qui n'y vont jamais. A Paris, c'est tout autre chose : on allie fort bien la comédie avec la campagne, et tout l'été l'on ne voit, à l'heure où finissent les spectacles, que carrosses sortir des portes. Quant aux gens qui couchent en ville, la liberté d'en sortir à toute heure les tente moins que les incommodités qui l'accompagnent ne les rebutent. On s'ennuie sitôt des promenades publiques, il faut aller chercher si loin la campagne, l'air en est si empesté d'immondices et la vue si peu attrayante, qu'on aime mieux aller s'enfermer au spectacle. Voilà donc encore une différence au désavantage de nos comédiens, une moitié de l'année perdue pour eux. Pensez-vous, monsieur, qu'ils trouveront aisément sur le reste à remplir un si grand vide? Pour moi, je ne vois aucun autre remède à cela que de changer l'heure où l'on ferme les portes, d'immoler notre sûreté à nos plaisirs, et de laisser une place forte ouverte pendant la nuit (1), au milieu de trois puissances dont la plus éloignée n'a pas demi-lieue à faire pour arriver à nos glacis.

Ce n'est pas tout : il est impossible qu'un établissement si contraire à nos anciennes maximes soit généralement applaudi. Combien de généreux citoyens verront avec indignation ce monument du luxe et de la mollesse s'élever sur les ruines de notre antique simplicité, et menacer de loin la liberté publique ! Pensez-vous qu'ils iront autoriser cette innovation de leur présence, après l'avoir hautement improuvée? Soyez sûr que plusieurs vont sans scrupule au spectacle à Paris, qui n'y mettront jamais les pieds à Genève, parce que le bien de leur patrie leur est plus cher que leur amusement. Où sera l'imprudente mère qui osera mener sa fille à cette dangereuse école? et combien de femmes respectables croiraient se déshonorer en y allant elles-mêmes! Si quelques personnes s'abstiennent à Paris d'aller au spectacle, c'est uniquement par un principe de religion, qui sûrement ne sera pas moins fort parmi nous ; et nous aurons de plus les motifs de mœurs, de vertu, de patriotisme, qui retiendront encore ceux que la religion ne retiendrait pas (2).

(1) Je sais que toutes nos grandes fortifications sont la chose du monde la plus inutile, et que, quand nous aurions assez de troupes pour les défendre, cela serait fort inutile encore : car sûrement on ne viendra pas nous assiéger. Mais, pour n'avoir point de siége à craindre, nous n'en devons pas moins veiller à nous garantir de toute surprise : rien n'est si facile que d'assembler des gens de guerre à notre voisinage. Nous avons trop appris l'usage qu'on en peut faire, et nous devons songer que les plus mauvais droits, hors d'une place, se trouvent excellents quand on est dedans.

(2) Je n'entends point par là qu'on puisse être vertueux sans religion : j'eus longtemps cette opinion trompeuse, dont je suis trop désabusé. Mais j'entends qu'un croyant peut s'abstenir quelquefois, par des motifs de vertus purement sociales, de certaines actions indifférentes par elles-mêmes et qui n'intéressent point immédiatement la con-

J'ai fait voir qu'il est absolument impossible qu'un théâtre de comédie se soutienne à Genève par le seul concours des spectateurs. Il faudra donc de deux choses l'une : ou que les riches se cotisent pour le soutenir, charge onéreuse qu'assurément ils ne seront pas d'humeur à supporter longtemps; ou que l'état s'en mêle et le soutienne à ses propres frais. Mais comment le soutiendra-t-il? Sera-ce en retranchant sur les dépenses nécessaires, auxquelles suffit à peine son modique revenu, de quoi pourvoir à celle-là? ou bien destinera-t-il à cet usage important les sommes que l'économie et l'intégrité de l'administration permet quelquefois de mettre en réserve pour les plus pressants besoins? Faudra-t-il réformer notre petite garnison, et garder nous-mêmes nos portes? faudra-t-il réduire les faibles honoraires de nos magistrats? ou nous ôterons-nous pour cela toute ressource au moindre accident imprévu? Au défaut de ces expédients, je n'en vois plus qu'un qui soit praticable : c'est la voie des taxes et impositions, c'est d'assembler nos concitoyens et bourgeois en conseil général dans le temple de Saint-Pierre, et là de leur proposer gravement d'accorder un impôt pour l'établissement de la comédie. A Dieu ne plaise que je croie nos sages et dignes magistrats capables de faire jamais une proposition semblable! et, sur votre propre article, on peut juger assez comment elle serait reçue.

Si nous avions le malheur de trouver quelque expédient propre à lever ces difficultés, ce serait tant pis pour nous; car cela ne pourrait se faire qu'à la faveur de quelque vice secret qui, nous affaiblissant encore dans notre petitesse, nous perdrait enfin tôt ou tard. Supposons pourtant qu'un beau zèle du théâtre nous fît faire un pareil miracle; supposons les comédiens bien établis dans Genève, bien contenus par nos lois, la comédie florissante et fréquentée; supposons enfin notre ville dans l'état où vous dites qu'ayant des mœurs et des spectacles elle réunirait les avantages des uns et des autres : avantages au reste qui me semblent peu compatibles; car celui des spectacles, n'étant que de suppléer aux mœurs, est nul partout où les mœurs existent.

Le premier effet sensible de cet établissement sera, comme je l'ai déjà dit, une révolution dans nos usages, qui en produira nécessairement une dans nos mœurs. Cette révolution sera-t-elle bonne ou mauvaise? c'est ce qu'il est temps d'examiner.

Il n'y a point d'état bien constitué où l'on ne trouve des usages qui tiennent à la forme du gouvernement et servent à la maintenir. Tel était, par exemple, autrefois à Londres celui des coteries, si mal à propos tournées en dérision par les auteurs du *Spectateur*. A ces coteries, ainsi devenues ridicules, ont succédé les cafés et les mauvais lieux. Je doute que le peuple anglais ait beaucoup gagné au change. Des coteries semblables sont maintenant établies à Genève sous le nom de *cercles;* et j'ai lieu, monsieur, de juger, par votre article, que vous n'avez point observé sans estime le ton de sens et de raison qu'elles y font régner. Cet usage est ancien parmi nous, quoique son nom ne le soit pas. Les coteries existaient dans mon enfance sous le nom de *sociétés;* mais la forme en était moins bonne et moins régulière. L'exercice des armes qui nous rassemble tous les printemps, les divers prix qu'on tire une partie de l'année,

science, comme est celle d'aller aux spectacles dans un lieu où il n'est pas bon qu'on es souffre.

les fêtes militaires que ces prix occasionnent, le goût de la chasse, commun à tous les Genevois, réunissant fréquemment les hommes, leur donnaient occasion de former entre eux des sociétés de table, des parties de campagne, et enfin des liaisons d'amitié : mais ces assemblées, n'ayant pour objet que le plaisir et la joie, ne se formaient guère qu'au cabaret. Nos discordes civiles, où la nécessité des affaires obligeait de s'assembler plus souvent et de délibérer de sang-froid, firent changer ces sociétés tumultueuses en des rendez-vous plus honnêtes. Ces rendez-vous prirent le nom de cercles; et d'une fort triste cause sont sortis de très bons effets (1).

Ces cercles sont des sociétés de douze ou quinze personnes qui louent un appartement commode qu'on pourvoit à frais communs de meubles et de provisions nécessaires. C'est dans cet appartement que se rendent tous les après-midi ceux des associés que leurs affaires ou leurs plaisirs ne retiennent point ailleurs. On s'y rassemble; et là, chacun se livrant sans gêne aux amusements de son goût, on joue, on cause, on lit, on boit, on fume. Quelquefois on y soupe, mais rarement, parce que le Genevois est rangé, et se plaît à vivre avec sa famille. Souvent aussi l'on va se promener ensemble, et les amusements qu'on se donne sont des exercices propres à rendre et maintenir le corps robuste. Les femmes et les filles, de leur côté, se rassemblent par sociétés, tantôt chez l'une, tantôt chez l'autre. L'objet de cette réunion est un petit jeu de commerce, un goûter, et, comme on peut bien bien croire, un intarissable babil. Les hommes, sans être fort sévèrement exclus de ces sociétés, s'y mêlent assez rarement; et je penserais plus mal encore de ceux qu'on y voit toujours que de ceux qu'on y voit jamais.

Tels sont les amusements journaliers de la bourgeoisie de Genève. Sans être dépourvus de plaisir et de gaîté, ces amusements ont quelque chose de simple et d'innocent qui convient à des mœurs républicaines; mais, dès l'instant qu'il y aura comédie, adieu les cercles, adieu les sociétés ! Voilà la révolution que j'ai prédite, tout cela tombe nécessairement. Et si vous m'objectez l'exemple de Londres, cité par moi-même, où les spectacles établis n'empêchaient point les coteries, je répondrai qu'il y a, par rapport à nous, une différence extrême; c'est qu'un théâtre, qui n'est qu'un point dans cette ville immense, sera dans la nôtre un grand objet qui absorbera tout.

Si vous me demandez ensuite où est le mal que les cercles soient abolis... Non, monsieur, cette question ne viendra pas d'un philosophe : c'est un discours de femme ou de jeune homme qui traitera nos cercles de corps-de-garde, et croira sentir l'odeur du tabac. Il faut pourtant répondre; car, pour cette fois, quoique je m'adresse à vous, j'écris pour le peuple, et sans doute il y paraît; mais vous m'y avez forcé.

Je dis premièrement qui si c'est une mauvaise chose que l'odeur du tabac, c'en est une fort bonne de rester maître de son bien, et d'être sûr de coucher chez soi. Mais j'oublie déjà que je n'écris pas pour des d'Alembert. Il faut m'expliquer d'une autre manière.

Suivons les indications de la nature, consultons le bien de la société : nous trouverons que les deux sexes doivent se rassembler quelquefois, et vivre or-

(1) Je parlerai ci-après des inconvénients.

dinairement séparés. Je l'ai dit tantôt par rapport aux femmes, je le dis maintenant par rapport aux hommes. Ils se sentent autant et plus qu'elles de leur trop intime commerce : elles n'y perdent que leurs mœurs, et nous y perdons à la fois nos mœurs et notre constitution ; car ce sexe plus faible, hors d'état de prendre notre manière de vivre, trop pénible pour lui, nous force de prendre la sienne, trop molle pour nous ; et ne voulant plus souffrir de séparation, faute de pouvoir se rendre hommes, les femmes nous rendent femmes.

Cet inconvénient, qui dégrade l'homme, est très grand partout ; mais c'est surtout dans les états comme le nôtre qu'il importe de le prévenir. Qu'un monarque gouverne des hommes ou des femmes, cela lui doit être assez indifférent, pourvu qu'il soit obéi ; mais dans une république il faut des hommes (1).

Les anciens passaient presque leur vie en plein air, ou vaquant à leurs affaires, ou réglant celles de l'état sur la place publique, ou se promenant à la campagne, dans les jardins, au bord de la mer, à la pluie, au soleil, et presque toujours tête nue (2). A tout cela point de femmes ; mais on savait bien les trouver au besoin ; et nous ne voyons point, par leurs écrits et par les échantillons de leurs conversations qui nous restent, que l'esprit, ni le goût, ni l'amour même, perdissent rien à cette réserve. Pour nous, nous avons pris des manières toutes contraires : lâchement dévoués aux volontés du sexe que nous devrions protéger et non servir, nous avons appris à le mépriser en lui obéissant, à l'outrager par nos soins railleurs ; et chaque femme de Paris rassemble dans son appartement un sérail d'hommes plus femmes qu'elle, qui savent rendre à la beauté toutes sortes d'hommages, hors celui du cœur dont elle est digne. Mais voyez ces mêmes hommes, toujours contraints dans ces prisons volontaires, se lever, se rasseoir, aller et venir sans cesse à la cheminée, à la fenêtre, prendre et poser cent fois un écran, feuilleter des livres, parcourir des tableaux, tourner, pirouetter par la chambre, tandis que l'idole, étendue sans mouvement dans sa chaise longue, n'a d'actif que la langue et les yeux. D'où vient cette différence, si ce n'est que la nature, qui impose aux femmes cette vie sédentaire et casanière, en prescrit aux hommes une tout opposée, et que cette inquiétude indique en eux un vrai besoin ? Si les Orientaux, que la chaleur du climat fait assez transpirer, font peu d'exercice et ne se promènent point, au moins ils vont s'asseoir en plein

---

(1) On me dira qu'il en faut aux rois pour la guerre. Point du tout. Au lieu de trente mille hommes, ils n'ont, par exemple, qu'à lever cent mille femmes. Les femmes ne manquent pas de courage : elles préfèrent l'honneur à la vie : quand elles se battent, elles se battent bien. L'inconvénient de leur sexe est de ne pouvoir supporter les fatigues de la guerre et l'intempérie des saisons. Le secret est donc d'en avoir toujours le triple de ce qu'il en faut pour se battre, afin de sacrifier les deux autres tiers aux maladies et à la mortalité.

Qui croirait que cette plaisanterie, dont on voit assez l'application, ait été prise en France au pied de la lettre par des gens d'esprit ?

(2) Après la bataille gagnée par Cambyse sur Psammenite, on distinguait parmi les morts les Egyptiens, qui avaient toujours la tête nue, à l'extrême dureté de leurs crânes ; au lieu que les Perses, toujours coiffés de leurs grosses tiares, avaient les crânes si tendres, qu'on les brisait sans effort. Hérodote lui-même fut, longtemps après, témoin de cette différence (Hérodote, livre III, ch. XII).

air et respirer à leur aise; au lieu qu'ici les femmes ont grand soin d'étouffer leurs amis dans de bonnes chambres bien fermées.

Si l'on compare la force des hommes anciens à celle des hommes d'aujourd'hui, on n'y trouve aucune espèce d'égalité. Nos exercices de l'Académie sont des jeux d'enfants auprès de ceux de l'ancienne gymnastique : on a quitté la paume comme trop fatigante; on ne peut plus voyager à cheval. Je ne dis rien de nos troupes. On ne conçoit plus les marches des armées grecques et romaines. Le chemin, le travail, le fardeau du soldat romain fatigue seulement à le lire, et accable l'imagination. Le cheval n'était pas permis aux officiers d'infanterie. Souvent les généraux faisaient à pied les mêmes journées que leurs troupes. Jamais les deux Caton n'ont autrement voyagé, ni seuls, ni avec leurs armées. Othon lui-même, l'efféminé Othon, marchait, armé de fer, à la tête de la sienne, allant au-devant de Vitellius. Qu'on trouve à présent un seul homme de guerre capable d'en faire autant. Nous sommes déchus en tout. Nos peintres et nos sculpteurs se plaignent de ne plus trouver de modèles comparables à ceux de l'antique. Pourquoi cela? L'homme a-t-il dégénéré? L'espèce a-t-elle une décrépitude physique ainsi que l'individu? Au contraire; les Barbares du Nord, qui ont, pour ainsi dire, peuplé l'Europe d'une nouvelle race, étaient plus grands et plus forts que les Romains, qu'ils ont vaincus et subjugués. Nous devrions donc être plus forts nous-mêmes, qui, pour la plupart, descendons de ces nouveau-venus. Mais les premiers Romains vivaient en hommes (1), et trouvaient dans leurs continuels exercices la vigueur que la nature leur avait refusée; au lieu que nous perdons la nôtre dans la vie indolente et lâche où nous réduit la dépendance du sexe. Si les Barbares dont je viens de parler vivaient avec les femmes, ils ne vivaient pas pour cela comme elles; c'étaient elles qui avaient le courage de vivre comme eux, ainsi que faisaient aussi celles de Sparte. La femme se rendait robuste, et l'homme ne s'énervait pas.

Si ce soin de contrarier la nature est nuisible au corps, il l'est encore plus à l'esprit. Imaginez quelle peut être la trempe de l'âme d'un homme uniquement occupé de l'importante affaire d'amuser les femmes, et qui passse sa vie entière à faire pour elles ce qu'elles devraient faire pour nous quand, épuisés de travaux dont elles sont incapables, nos esprits ont besoin de délassement. Livrés à ces puériles habitudes, à quoi pourrions-nous jamais nous élever de grand? Nos talents, nos écrits se sentent de nos frivoles occupations (2);

(1) Les Romains étaient les hommes les plus petits et les plus faibles de tous les peuples de l'Italie, et cette différence était si grande, dit Tite-Live, qu'elle s'apercevait au premier coup d'œil dans les troupes des uns et des autres. Cependant l'exercice et la discipline prévalurent tellement sur la nature, que les faibles firent ce que ne pouvaient faire les forts, et les vainquirent.

(2) Les femmes, en général, n'aiment aucun art, ne se connaissent à aucun, et n'ont aucun génie. Elles peuvent réussir aux petits ouvrages qui ne demandent que de la légèreté d'esprit, du goût, de la grâce, quelquefois même de la philosophie et du raisonnement. Elles peuvent acquérir de la science, de l'érudition, des talents, et tout ce qui s'acquiert à force de travail. Mais ce feu céleste, qui échauffe et embrase l'âme, ce génie qui consume et dévore, cette brûlante éloquence, ces transports sublimes qui portent leurs ravissements jusqu'au fond des cœurs, manqueront toujours aux écrits des femmes: ils sont tous froids et jolis comme elles : ils auront tant d'esprit que vous voudrez, jamais d'âme; ils seraient cent fois plutôt sensés que passionnés. Elles ne savent ni décrire ni sentir l'amour même. La seule Sapho, que je sache, et une autre, méritèrent d'être exceptées. Je parierais tout au monde que les *Lettres portugaises* ont été écrites

agréables, si l'on veut, mais petits et froids comme nos sentiments, ils ont pour tout mérite ce tour facile qu'on n'a pas grande peine à donner à des riens. Ces foules d'ouvrages éphémères qui naissent journellement, n'étant faits que pour amuser des femmes, et n'ayant ni force ni profondeur, volent tous de la toilette au comptoir. C'est le moyen de récrire incessamment les mêmes, et de les rendre toujours nouveaux. On m'en citera deux ou trois qui serviront d'exceptions; mais moi, j'en citerai cent mille qui confirmeront la règle. C'est pour cela que la plupart des productions de notre âge passeront avec lui : et la postérité croira qu'on fit bien peu de livres dans ce même siècle où l'on en fait tant.

Il ne serait pas difficile de montrer qu'au lieu de gagner à ces usages, les femmes y perdent. On les flatte sans les aimer; on les sert sans les honorer : elles sont entourées d'agréables, mais elles n'ont plus d'amants; et le pis est que les premiers, sans avoir les sentiments des autres, n'en usurpent pas moins tous les droits. La société des deux sexes, devenue trop commune et trop facile, a produit ces deux effets, et c'est ainsi que l'esprit général de la galanterie étouffe à la fois le génie et l'amour.

Pour moi, j'ai peine à concevoir comment on rend assez peu d'honneur aux femmes pour leur oser adresser sans cesse ces fades propos galants, ces compliments insultants et moqueurs, auxquels on ne daigne pas même donner un air de bonne foi : les outrager par ces évidents mensonges, n'est-ce pas leur déclarer assez nettement qu'on ne trouve aucune vérité obligeante à leur dire? Que l'amour se fasse illusion sur les qualités de ce qu'on aime, cela n'arrive que trop souvent; mais est-il question d'amour dans tout ce maussade jargon? ceux mêmes qui s'en servent ne s'en servent-ils pas également pour toutes les femmes? et ne seraient-ils pas au désespoir qu'on les crût sérieusement amoureux d'une seule? Qu'ils ne s'en inquiètent pas. Il faudrait avoir d'étranges idées de l'amour pour les en croire capables, et rien n'est plus éloigné de son ton que celui de la galanterie. De la manière que je conçois cette passion terrible, son trouble, ses égarements, ses palpitations, ses transports, ses brûlantes expressions, son silence plus énergique, ses inexprimables regards, que leur timidité rend téméraires, et qui montrent les désirs par la crainte; il me semble qu'après un langage aussi véhément, si l'amant venait à dire une fois : *je vous aime*, l'amante indignée lui dirait : *vous ne m'aimez plus*, et ne le reverrait de sa vie.

Nos cercles conservent encore parmi nous quelque image des mœurs antiques. Les hommes entre eux, dispensés de rabaisser leurs idées à la portée des femmes et d'habiller galamment la raison, peuvent se livrer à des discours graves et sérieux sans crainte du ridicule. On ose parler de patrie et de vertu sans passer pour rabâcheur; on ose être soi-même sans s'asservir aux maximes d'une caillette. Si le tour de la conversation devient moins poli, les raisons prennent plus de poids; on ne se paye point de plaisanterie ni de

---

par un homme. Or, partout où dominent les femmes, leur goût doit aussi dominer : et voilà ce qui détermine celui de notre siècle.

— On sait aujourd'hui que ces lettres sont réellement d'une religieuse portugaise qui s'appelait *Marianne Alcoforada*, et qu'elles furent adressées au comte de Chamilly, dit alors *comte de Saint-Léger*.

gentillesse; on ne se tire point d'affaire par de bons mots; on ne se ménage point dans la dispute; chacun, se sentant attaqué de toutes les forces de son adversaire, est obligé d'employer toutes les siennes pour se défendre. C'est ainsi que l'esprit acquiert de la justesse et de la vigueur. S'il se mêle à tout cela quelques propos licencieux, il ne faut point trop s'en effaroucher; les moins grossiers ne sont pas toujours les plus honnêtes, et ce langage un peu rustaud est préférable encore à ce style plus recherché, dans lequel les deux sexes se séduisent mutuellement et se familiarisent décemment avec le vice. La manière de vivre, plus conforme aux inclinations de l'homme, est aussi mieux assortie à son tempérament : on ne reste point toute la journée établi sur une chaise; on se livre à des jeux d'exercice, on va, on vient; plusieurs cercles se tiennent à la campagne, d'autres s'y rendent. On a des jardins pour la promenade, des cours spacieuses pour s'exercer, un grand lac pour nager, tout le pays ouvert pour la chasse; et il ne faut pas croire que cette chasse se fasse aussi commodément qu'aux environs de Paris, où l'on trouve le gibier sous ses pieds et où l'on tire à cheval. Enfin ces honnêtes et innocentes institutions rassemblent tout ce qui peut contribuer à former dans les mêmes hommes des amis, des citoyens, des soldats, et par conséquent tout ce qui convient le mieux à un peuple libre.

On accuse d'un défaut les sociétés des femmes, c'est de les rendre médisantes et satiriques; et l'on peut bien comprendre en effet que les anecdotes d'une petite ville n'échappent pas à ces comités féminins; on pense bien aussi que les maris absents y sont peu ménagés; et que toute femme jolie et fêtée n'a pas beau jeu dans le cercle de sa voisine. Mais peut-être y a-t-il dans cet inconvénient plus de bien que de mal, et toujours est-il incontestablement moindre que ceux dont il tient la place : car lequel vaut le mieux qu'une femme dise avec ses amies du mal de son mari, ou que, tête à tête avec un homme, elle lui en fasse; qu'elle critique le désordre de sa voisine, ou qu'elle l'imite? Quoique les Genevoises disent assez librement ce qu'elles savent, et quelquefois ce qu'elles conjecturent, elles ont une véritable horreur de la calomnie, et l'on ne leur entendra jamais intenter contre autrui des accusations qu'elles croient fausses; tandis qu'en d'autres pays les femmes, également coupables par leur silence et par leurs discours, cachent, de peur de représailles, le mal qu'elles savent, et publient par vengeance celui qu'elles ont inventé.

Combien de scandales publics ne retiennent pas la crainte de ces sévères observatrices! Elles font presque dans notre ville la fonction de censeurs. C'est ainsi que, dans les beaux temps de Rome, les citoyens, surveillants les uns des autres, s'accusaient publiquement par zèle pour la justice; mais quand Rome fut corrompue, et qu'il ne resta plus rien à faire pour les bonnes mœurs que de cacher les mauvaises, la haine des vices qui les démasque en devint un. Aux citoyens zélés succédèrent des délateurs infâmes; et au lieu qu'autrefois les bons accusaient les méchants, ils en furent accusés à leur tour. Grâce au ciel, nous sommes loin d'un terme si funeste. Nous ne sommes point réduits à nous cacher à nos propres yeux de peur de nous faire horreur. Pour moi, je n'en aurai pas meilleure opinion des femmes, quand elles seront plus circonspectes : on se ménagera davantage quand on aura plus de raisons de se ménager, et quand chacune aura besoin pour elle-même de la discrétion dont elle donnera l'exemple aux autres.

Qu'on ne s'alarme donc point tant du caquet des sociétés de femmes. Qu'elles médisent tant qu'elles voudront, pourvu qu'elles médisent entre elles. Des femmes véritablement corrompues ne sauraient supporter longtemps cette manière de vivre; et, quelque chère que leur pût être la médisance, elles voudraient médire avec des hommes. Quoi qu'on m'ait pu dire à cet égard, je n'ai jamais vu aucune de ces sociétés sans un secret mouvement d'estime et de respect pour celles qui la composaient. Telle est, me disais-je, la destination de la nature, qui donne différents goûts aux deux sexes, afin qu'ils vivent séparés et chacun à sa manière (1). Ces aimables personnes passent ainsi leurs jours, livrées aux occupations qui leur conviennent, ou à des amusements innocents et simples, très propres à toucher un cœur honnête et à donner bonne opinion d'elles. Je ne sais ce qu'elles ont dit, mais elles ont vécu ensemble; elles ont pu parler des hommes, mais elles se sont passées d'eux; et tandis qu'elles critiquaient si sévèrement la conduite des autres, au moins la leur était irréprochable.

Les cercles d'hommes ont aussi leurs inconvénients, sans doute : quoi d'humain n'a pas les siens? On joue, on boit, on s'enivre, on passe les nuits : tout cela peut être vrai, tout cela peut être exagéré. Il y a partout mélange de bien et de mal, mais à diverses mesures. On abuse de tout : axiome trivial, sur lequel on ne doit ni tout rejeter ni tout admettre. La règle pour choisir est simple. Quand le bien surpasse le mal, la chose doit être admise malgré ses inconvénients; quand le mal surpasse le bien, il la faut rejeter même avec ses avantages. Quand la chose est bonne en elle-même et n'est mauvaise que dans ses abus, quand les abus peuvent être prévenus sans beaucoup de peine, ou tolérés sans grand préjudice, ils peuvent servir de prétexte et non de raison pour abolir un usage utile : mais ce qui est mauvais en soi sera toujours mauvais (2), quoi qu'on fasse pour en tirer un bon usage. Telle est la différence essentielle des cercles aux spectacles.

Les citoyens d'un même état, les habitants d'une même ville ne sont point des anachorètes, ils ne sauraient vivre toujours seuls et séparés; quand ils le pourraient, il ne faudrait pas les y contraindre. Il n'y a que le plus farouche despotisme qui s'alarme à la vue de sept ou huit hommes assemblés, craignant toujours que leurs entretiens ne roulent sur leurs misères.

Or, de toutes les sortes de liaisons qui peuvent rassembler les particuliers dans une ville comme la nôtre, les cercles forment, sans contredit, la plus raisonnable, la plus honnête, et la moins dangereuse, parce qu'elle ne veut ni ne peut se cacher, qu'elle est publique, permise, et que l'ordre et la règle y règnent. Il est même facile à démontrer que les abus qui peuvent en ré-

---

(1) Ce principe, auquel tiennent toutes les bonnes mœurs, est développé d'une manière plus claire et plus étendue dans un manuscrit dont je suis dépositaire, et que je me propose de publier, s'il me reste assez de temps pour cela, quoique cette annonce ne soit guère propre à lui concilier d'avance la faveur des dames.

On comprendra facilement que le manuscrit dont je parlais dans cette note était celui de la *Nouvelle Héloïse*, qui parut deux ans après cet ouvrage.

(2) Je parle dans l'ordre moral : car dans l'ordre physique il n'y a rien d'absolument mauvais. Le tout est bien.

sulter naîtraient également de toutes les autres, ou qu'elles en produiraient de plus grands encore. Avant de songer à détruire un usage établi, on doit avoir bien pesé ceux qui s'introduiront à sa place. Quiconque en pourra proposer un qui soit praticable et duquel ne résulte aucun abus, qu'il le propose, et qu'ensuite les cercles soient abolis ; à la bonne heure. En attendant, laissons, s'il le faut, passer la nuit à boire à ceux qui, sans cela, la passeraient peut-être à faire pis.

Toute intempérance est vicieuse, et surtout celle qui nous ôte la plus noble de nos facultés. L'excès du vin dégrade l'homme, aliène au moins sa raison pour un temps, et l'abrutit à la longue. Mais enfin le goût du vin n'est pas un crime ; il en fait rarement commettre ; il rend l'homme stupide et non pas méchant (1). Pour une querelle passagère qu'il cause, il forme cent attachements durables. Généralement parlant, les buveurs ont de la cordialité, de la franchise ; ils sont presque tous bons, droits, justes, fidèles, braves et honnêtes gens, à leur défaut près. En ose-t-on dire autant des vices qu'on substitue à celui-là ? ou bien prétend-on faire de toute une ville un peuple d'hommes sans défauts et retenus en toute chose ? Combien de vertus apparentes cachent souvent des vices réels ! le sage est sobre par tempérance, le fourbe l'est par fausseté. Dans les pays de mauvaises mœurs, d'intrigues, de trahisons, d'adultères, on redoute un état d'indiscrétion où le cœur se montre sans qu'on y songe. Partout les gens qui abhorrent le plus l'ivresse sont ceux qui ont le plus d'intérêt à s'en garantir. En Suisse, elle est presque en estime ; à Naples, elle est en horreur : mais au fond laquelle est le plus à craindre, de l'intempérance du Suisse ou de la réserve de l'Italien ?

Je le répète, il vaudrait mieux être sobre et vrai, non-seulement pour soi, même pour la société ; car tout ce qui est mal en morale est mal encore en politique. Mais le prédicateur s'arrête au mal personnel, le magistrat ne voit que les conséquences publiques ; l'un n'a pour objet que la perfection de l'homme où l'homme n'atteint point ; l'autre, que le bien de l'état autant qu'il y peut atteindre : ainsi tout ce qu'on a raison de blâmer en chaire ne doit pas être puni par les lois. Jamais peuple n'a péri par l'excès du vin, tous périssent par le désordre des femmes. La raison de cette différence est claire : le premier de ces deux vices détourne des autres, le second les engendre tous. La diversité des âges y fait encore. Le vin tente moins la jeunesse et l'abat moins aisément ; un sang ardent lui donne d'autres désirs ; dans l'âge des passions toutes s'enflamment au feu d'une seule ; la raison s'altère en naissant ; et l'homme, encore indompté, devient indisciplinable avant que d'avoir porté le joug des lois. Mais qu'un sang à demi glacé cherche un secours qui le ranime, qu'une liqueur bienfaisante supplée aux esprits qu'il n'a plus (2) : quand un vieillard abuse de ce doux remède, il a déjà rempli ses

---

(1) Ne calomnions point le vice même ; n'a-t-il pas assez de sa laideur ? Le vin ne donne pas de la méchanceté, il la décèle. Celui qui tua Clitus dans l'ivresse fit mourir Philotas de sangfroid. Si l'ivresse a ses fureurs, quelle passion n'a pas les siennes ? La différence est que les autres restent au fond de l'âme, et que celle-là s'allume et s'éteint à l'instant. A cet emportement près, qui passe et qu'on évite aisément, soyons sûrs que quiconque fait dans le vin de méchantes actions, couve à jeun de méchants desseins.

(2) Platon, dans ses lois, permet aux seuls vieillards l'usage du vin ; et même il leur en permet quelquefois l'excès.

devoirs envers sa patrie, il ne la prive que du rebut de ses ans. Il a tort, sans doute : il cesse avant la mort d'être citoyen. Mais l'autre ne commence pas même à l'être : il se rend plutôt l'ennemi public, par la séduction de ses complices, par l'exemple et l'effet de ses mœurs corrompues, surtout par la morale pernicieuse qu'il ne manque pas de répandre pour les autoriser. Il vaudrait mieux qu'il n'eût point existé.

De la passion du jeu naît un plus dangereux abus, mais qu'on prévient ou réprime aisément. C'est une affaire de police, dont l'inspection devient plus facile et mieux séante dans les cercles que dans les maisons particulières. L'opinion peut beaucoup encore en ce point; et sitôt qu'on voudra mettre en honneur les jeux d'exercice et d'adresse, les cartes, les dés, les jeux de hasard, tomberont infailliblement. Je ne crois pas même, quoi qu'on en dise, que ces moyens oisifs et trompeurs de remplir sa bourse prennent jamais grand crédit chez un peuple raisonneur et laborieux, qui connaît trop le prix du temps et de l'argent pour aimer à les perdre ensemble.

Conservons donc les cercles, même avec leurs défauts; car ces défauts ne sont pas dans les cercles, mais dans les hommes qui les composent; et il n'y a point dans la vie sociale de forme imaginable sous laquelle ces mêmes défauts ne produisent de plus nuisibles effets. Encore un coup, ne cherchons point la chimère de la perfection, mais le mieux possible selon la nature de l'homme et la constitution de la société. Il y a tel peuple à qui je dirais : Détruisez cercles et coteries, ôtez toute barrière de bienséance entre les sexes; remontez, s'il est possible, jusqu'à n'être que corrompus. Mais vous, Genevois, évitez de le devenir, s'il est temps encore : craignez le premier pas, qu'on ne fait jamais seul, et songez qu'il est plus aisé de garder de bonnes mœurs que de mettre un terme aux mauvaises.

Deux ans seulement de comédie, et tout est bouleversé. L'on ne saurait se partager entre tant d'amusements : l'heure des spectacles étant celle des cercles les fera dissoudre; il s'en détachera trop de membres : ceux qui resteront seront trop peu assidus pour être d'une grande ressource les uns aux autres, et laisser subsister longtemps les associations. Les deux sexes réunis journellement dans un même lieu; les parties qui se lieront pour s'y rendre; les manières de vivre qu'on y verra dépeintes et qu'on s'empressera d'imiter; l'exposition des dames et demoiselles parées tout de leur mieux et mises en étalage dans des loges comme sur le devant d'une boutique, en attendant les acheteurs; l'affluence de la belle jeunesse, qui viendra de son côté s'offrir en montre, et trouvera bien plus beau de faire des entrechats au théâtre que l'exercice à Plain-Palais; les petits soupers de femmes qui s'arrangeront en sortant, ne fût-ce qu'avec les actrices; enfin le mépris des anciens usages qui résultera de l'adoption des nouveaux; tout cela substituera bientôt l'agréable vie de Paris et les bons airs de France à notre ancienne simplicité; et je doute un peu que des Parisiens à Genève y conservent longtemps le goût de notre gouvernement.

Il ne faut point le dissimuler, les intentions sont droites encore; mais les mœurs inclinent déjà visiblement vers la décadence, et nous suivons de loin les traces des mêmes peuples dont nous ne laissons pas de craindre le sort. Par exemple, on m'assure que l'éducation de la jeunesse est généralement beaucoup meilleure qu'elle n'était autrefois ; ce qui pourtant ne peut guère se prouver qu'en montrant qu'elle fait de meilleurs citoyens. Il est certain que les enfants font mieux la révérence ; qu'ils savent plus galamment donner la main aux dames, et leur dire une infinité de gentillesses pour lesquelles je leur ferais, moi, donner le fouet ; qu'ils savent décider, trancher, interroger, couper la parole aux hommes, importuner tout le monde, sans modestie et sans discrétion. On me dit que cela les forme : je conviens que cela les forme à être impertinents ; et c'est, de toutes les choses qu'ils apprennent par cette méthode, la seule qu'ils n'oublient point. Ce n'est pas tout. Pour les retenir auprès des femmes, qu'ils sont destinés à désennuyer, on a soin de les élever précisément comme elles : on les garantit du soleil, du vent, de la pluie, de la poussière, afin qu'ils ne puissent jamais rien supporter de tout cela. Ne pouvant les préserver entièrement du contact de l'air, on fait du moins qu'il ne leur arrive qu'après avoir perdu la moitié de son ressort. On les prive de tout exercice ; on leur ôte toutes leurs facultés ; on les rend ineptes à tout autre usage qu'aux soins auxquels ils sont destinés, et la seule chose que les femmes n'exigent pas de ces vils esclaves est de se consacrer à leur service à la façon des Orientaux. A cela près, tout ce qui les distingue d'elles, c'est que, la nature leur en ayant refusé les grâces, ils y substituent des ridicules. A mon dernier voyage à Genève, j'ai déjà vu plusieurs de ces jeunes demoiselles en justaucorps, les dents blanches, la main potelée, la voix flûtée, un joli parasol vert à la main, contrefaire assez maladroitement les hommes.

On était plus grossier de mon temps. Les enfants, rustiquement élevés, n'avaient point de teint à conserver, et ne craignaient point les injures de l'air, auxquelles ils s'étaient aguerris de bonne heure. Les pères les menaient avec eux à la chasse, en campagne, à tous leurs exercices, dans toutes les sociétés. Timides et modestes devant les gens âgés, ils étaient hardis, fiers, querelleurs entre eux ; ils n'avaient point de frisure à conserver ; ils se défiaient à la lutte, à la course, aux coups ; ils se battaient à bon escient, se blessaient quelquefois, et puis s'embrassaient en pleurant. Ils revenaient au logis suant, essoufflés, déchirés : c'étaient de vrais polissons ; mais ces polissons ont fait des hommes qui ont dans le cœur du zèle pour servir la patrie et du sang à verser pour elle. Plaise à Dieu qu'on en puisse dire autant un jour de nos beaux petits messieurs requinqués, et que ces hommes de quinze ans ne soient pas des enfants à trente !

Heureusement ils ne sont point tous ainsi. Le plus grand nombre encore a gardé cette antique rudesse, conservatrice de la bonne constitution ainsi que des bonnes mœurs. Ceux même qu'une éducation trop délicate amollit pour un temps seront contraints, étant grands, de se plier aux habitudes de leurs compatriotes. Les uns perdront leur âpreté dans le commerce du monde ; les autres gagneront des forces en les exerçant ; tous deviendront, je l'espère, ce que furent leurs ancêtres, ou du moins ce que leurs pères sont aujourd'hui. Mais ne nous flattons pas de conserver notre liberté en renonçant aux mœurs qui nous l'ont acquise.

Je reviens à nos comédiens ; et toujours, en leur supposant un succès qui me paraît impossible, je trouve que ce succès attaquera notre constitution, non-seulement d'une manière indirecte en attaquant nos mœurs, mais immédiatement en rompant l'équilibre qui doit régner entre les diverses parties de l'état pour conserver le corps entier dans son assiette.

Parmi plusieurs raisons que j'en pourrais donner, je me contenterai d'en choisir une qui convient mieux au plus grand nombre, parce qu'elle se borne à des considérations d'intérêt et d'argent, toujours plus sensibles au vulgaire que des effets moraux, dont il n'est pas en état de voir les liaisons avec leurs causes ni l'influence sur le destin de l'état.

On peut considérer les spectacles, quand ils réussissent, comme une espèce de taxe qui, bien que volontaire, n'en est pas moins onéreuse au peuple, en ce qu'elle lui fournit une continuelle occasion de dépense à laquelle il ne résiste pas. Cette taxe est mauvaise, non-seulement parce qu'il n'en revient rien au souverain, mais surtout parce que la répartition, loin d'être proportionnelle, charge le pauvre au-delà de ses forces, et soulage le riche en suppléant aux amusements plus coûteux qu'il se donnerait au défaut de celui-là. Il suffit, pour en convenir, de faire attention que la différence du prix des places n'est ni ne peut être en proportion de celle des fortunes des gens qui les remplissent. A la Comédie-Française, les premières loges et le théâtre sont à quatre francs pour l'ordinaire, et à six quand on tierce, le parterre est à vingt sous; on a même tenté plusieurs fois de l'augmenter. Or, on ne dira pas que le bien des plus riches qui vont au théâtre n'est que le quadruple du bien des plus pauvres qui vont au parterre. Généralement parlant, les premiers sont d'une opulence excessive, et la plupart des autres n'ont rien (1). Il en est de ceci comme des impôts sur le blé, sur le vin, sur le sel, sur toute chose nécessaire à la vie, qui ont un air de justice au premier coup d'œil, et sont au fond très iniques; car le pauvre, qui ne peut dépenser que pour son nécessaire, est forcé de jeter les trois quarts de ce qu'il dépense en impôts, tandis que, ce même nécessaire n'étant que la moindre partie de la dépense du riche, l'impôt lui est presque insensible (2). De cette manière, celui qui a peu paye beaucoup, et celui qui a beaucoup paye peu : je ne vois pas quelle grande justice on trouve à cela.

On me demandera qui force le pauvre d'aller aux spectacles. Je répondrai, premièrement, ceux qui les établissent et lui en donnent la tentation; en second lieu, sa pauvreté même, qui, le condamnant à des travaux continuels, sans espoir de les voir finir, lui rend quelque délassement plus nécessaire pour les supporter. Il ne se tient point malheureux de travailler sans relâche

---

(1) Quand on augmenterait la différence du prix des places, en proportion de celle des fortunes, on ne rétablirait point pour cela l'équilibre. Ces places inférieures, mises à trop bas prix, seraient abandonnées à la populace; et chacun, pour en occuper de plus honorables, dépenserait toujours au-delà de ses moyens. C'est une observation que l'on peut faire aux spectacles de la Foire. La raison de ce désordre est que les premiers rangs sont alors un terme fixe dont les autres se rapprochent toujours sans qu'on le puisse éloigner. Le pauvre tend sans cesse à s'élever au-dessus de ses vingt sous : mais le riche, pour le fuir, n'a plus d'asile au-delà de ses quatre francs; il faut, malgré lui, qu'il se laisse accoster : et, si son orgueil en souffre, sa bourse en profite.

(2) Voilà pourquoi les *imposteurs* de Bodin et autres fripons publics établissent toujours leurs monopoles sur les choses nécessaires à la vie, afin d'affamer doucement le peuple sans que le riche en murmure. Si le moindre objet de luxe ou de faste était attaqué, tout serait perdu; mais, pourvu que les grands soient contents, qu'importe que le peuple vive?

quand tout le monde en fait de même : mais n'est-il pas cruel à celui qui travaille de se priver des récréations des gens oisifs ? Il les partage donc ; et ce même amusement, qui fournit un moyen d'économie au riche, affaiblit doublement le pauvre, soit par un surcroît réel de dépenses, soit par moins de zèle au travail, comme je l'ai ci-devant expliqué.

De ces nouvelles réflexions il suit évidemment, ce me semble, que les spectacles modernes, où l'on n'assiste qu'à prix d'argent, tendent partout à favoriser et augmenter l'inégalité des fortunes, moins sensiblement, il est vrai, dans les capitales que dans une petite ville comme la nôtre. Si j'accorde que cette inégalité, portée jusqu'à certain point, peut avoir ses avantages, certainement vous m'accorderez aussi qu'elle doit avoir des bornes, surtout dans un petit état, et surtout dans une république. Dans une monarchie, où tous les ordres sont intermédiaires entre le prince et le peuple, il peut être assez indifférent que quelques hommes passent de l'un à l'autre; car, comme d'autres les remplacent, ce changement n'interrompt point la progression. Mais dans une démocratie, où les sujets et le souverain ne sont que les mêmes hommes considérés sous différents rapports, sitôt que le plus petit nombre l'emporte en richesses sur le plus grand, il faut que l'état périsse ou change de forme. Soit que le riche devienne plus riche où le pauvre plus indigent, la différence des fortunes n'en augmente pas moins d'une manière que de l'autre; et cette différence, portée au-delà de sa mesure, est ce qui détruit l'équilibre dont j'ai parlé.

Jamais, dans une monarchie, l'opulence d'un particulier ne peut le mettre au-dessus du prince; mais, dans une république, elle peut aisément le mettre au-dessus des lois. Alors le gouvernement n'a plus de force, et le riche est toujours le vrai souverain. Sur ces maximes incontestables il reste à considérer si l'inégalité n'a pas atteint parmi nous le dernier terme où elle peut parvenir sans ébranler la république. Je m'en rapporte là-dessus à ceux qui connaissent mieux que moi notre constitution et la répartition de nos richesses. Ce que je sais, c'est que, le temps seul donnant à l'ordre des choses une pente naturelle vers cette inégalité et un progrès successif jusqu'à son dernier terme, c'est une grande imprudence de l'accélérer encore par des établissements qui la favorisent. Le grand Sully, qui nous aimait, nous l'eût bien su dire : Spectacles et comédies dans toute petite république, et surtout dans Genève, affaiblissement d'état.

Si le seul établissement du théâtre nous est si nuisible, quel fruit tirerons-nous des pièces qu'on y représente? Les avantages mêmes qu'elles peuvent procurer aux peuples pour lesquels elles ont été composées nous tourneront à préjudice, en nous donnant pour instruction ce qu'on leur a donné pour censure, ou du moins en dirigeant nos goûts et nos inclinations sur les choses du monde qui nous conviennent le moins. La tragédie nous représentera des tyrans et des héros. Qu'en avons-nous à faire? Sommes-nous faits pour en avoir ou le devenir? Elle nous donnera une vaine admiration de la puissance et de la grandeur. De quoi nous servira-t-elle? Serons-nous plus grands ou plus puissants pour cela? Que nous importe d'aller étudier sur la scène les devoirs des rois, en négligeant de remplir les nôtres? La stérile admiration des vertus de théâtre nous dédommagera-t-elle des vertus simples et modestes qui nt le bon citoyen? Au lieu de nous guérir de nos ridicules, la comédie nous [p]ortera ceux d'autrui; elle nous persuadera que nous avons tort de mépriser [l]es vices qu'on estime si fort ailleurs. Quelque extravagant que soit un mar[q]uis, c'est un marquis enfin. Concevez combien ce titre sonne dans un pays [a]ssez heureux pour n'en point avoir, et qui sait combien de courtauds croi[r]ont se mettre à la mode en imitant les marquis du siècle dernier? Je ne [r]épéterai point ce que j'ai déjà dit de la bonne foi toujours raillée, du vice [a]droit toujours triomphant, et de l'exemple continuel des forfaits mis en [p]laisanterie. Quelles leçons pour un peuple dont tous les sentiments ont en[c]ore leur droiture naturelle, qui croit qu'un scélérat est toujours méprisable, [e]t qu'un homme de bien ne peut être ridicule! Quoi! Platon bannissait Ho[m]ère de sa république, et nous souffrirons Molière dans la nôtre! que pour[r]ait-il nous arriver de pis que de ressembler aux gens qu'il nous peint, même ceux qu'il nous fait aimer?

J'en ai dit assez, je crois, sur leur chapitre; et je ne pense guère mieux [d]es héros de Racine, de ces héros si parés, si doucereux, si tendres, qui, sous [u]n air de courage et de vertu, ne nous montrent que les modèles des jeunes [g]ens dont j'ai déjà parlé, livrés à la galanterie, à la mollesse, à l'amour, à tout [c]e qui peut efféminer l'homme et l'attiédir sur le goût de ses véritables devoirs. [T]out le théâtre français ne respire que la tendresse; c'est la grande vertu à [l]aquelle on y sacrifie toutes les autres, ou du moins qu'on y rend la plus chère [a]ux spectateurs. Je ne dis pas qu'on ait tort en cela, quant à l'objet du poète : [j]e sais que l'homme sans passions est une chimère; que l'intérêt du théâtre n'est fondé que sur les passions; que le cœur ne s'intéresse point à celles qui [l]ui sont étrangères, ni à celles qu'on n'aime pas à voir en autrui, quoiqu'on y [s]oit sujet soi-même. L'amour de l'humanité, celui de la patrie, sont les sen[t]iments dont les peintures touchent le plus ceux qui en sont pénétrés : mais [q]uand ces deux passions sont éteintes, il ne reste que l'amour proprement dit [p]our leur suppléer, parce que son charme est plus naturel et s'efface plus dif[f]icilement du cœur que celui de toutes les autres. Cependant il n'est pas égale[m]ent convenable à tous les hommes : c'est plutôt comme supplément des bons [s]entiments que comme bon sentiment lui-même qu'on peut l'admettre; non qu'il ne soit louable en soi, comme toute passion bien réglée, mais parce que [l]es excès en sont dangereux et inévitables.

Le plus méchant des hommes est celui qui s'isole le plus, qui concentre le plus son cœur en lui-même; le meilleur est celui qui partage également ses affections à tous ses semblables. Il vaut beaucoup mieux aimer une maîtresse que de s'aimer seul au monde. Mais quiconque aime tendrement ses parents, ses amis, sa patrie, et le genre humain, se dégrade par un attachement désordonné qui nuit bientôt à tous les autres, et leur est infailliblement préféré. Sur ce principe, je dis qu'il y a des pays où les mœurs sont si mauvaises, qu'on serait trop heureux d'y pouvoir remonter à l'amour; d'autres où elles sont assez bonnes pour qu'il soit fâcheux d'y descendre, et j'ose croire le mien de ce dernier cas. J'ajouterai que les objets trop passionnés sont plus dange[r]eux à nous montrer qu'à personne, parce que nous n'avons naturellement que trop de penchant à les aimer. Sous un air flegmatique et froid, le Genevois cache une âme ardente et sensible, plus facile à émouvoir qu'à retenir.

Dans ce séjour de la raison, la beauté n'est pas étrangère ni sans empire; le levain de la mélancolie y fait souvent fermenter l'amour; les hommes n'y sont que trop capables de sentir les passions violentes, les femmes de les inspirer; et les tristes effets qu'elles y ont quelquefois produits ne montrent que trop le danger de les exciter par des spectacles touchants et tendres. Si les héros de quelques pièces soumettent l'amour au devoir, en admirant leur force le cœur se prête à leur faiblesse; on apprend moins à se donner leur courage qu'à se mettre dans le cas d'en avoir besoin. C'est plus d'exercice pour la vertu; mais qui l'ose exposer à ces combats mérite d'y succomber. L'amour, l'amour même, prend son masque pour la surprendre; il se pare de son enthousiasme, il usurpe sa force, il affecte son langage; et quand on s'aperçoit de l'erreur, qu'il est tard pour en revenir! Que d'hommes bien nés, séduits par ces apparences, d'amants tendres et généreux qu'ils étaient d'abord, sont devenus par degrés de vils corrupteurs, sans mœurs, sans respect pour la foi conjugale, sans égards pour les droits de la confiance et de l'amitié? Heureux qui sait se reconnaître au bord du précipice et s'empêcher d'y tomber! Est-ce au milieu d'une course rapide qu'on doit espérer de s'arrêter? est-ce en s'attendrissant tous les jours qu'on apprend à surmonter la tendresse? On triomphe aisément d'un faible penchant; mais celui qui connut le véritable amour et l'a su vaincre, ah! pardonnons à ce mortel, s'il existe, d'oser prétendre à la vertu!

Ainsi, de quelque manière qu'on envisage les choses, la même vérité nous frappe toujours. Tout ce que les pièces de théâtre peuvent avoir d'utile à ceux pour qui elles ont été faites, nous deviendra préjudiciable, jusqu'au goût que nous croirons avoir acquis par elles, et qui ne sera qu'un faux goût, sans tact, sans délicatesse, substitué mal à propos parmi nous à la solidité de la raison. Le goût tient à plusieurs choses : les recherches d'imitation qu'on voit au théâtre, les comparaisons qu'on a lieu d'y faire, les réflexions sur l'art de plaire aux spectateurs, peuvent le faire germer, mais non suffire à son développement. Il faut de grandes villes, il faut des beaux-arts et du luxe, il faut un commerce intime entre les citoyens, il faut une étroite dépendance les uns des autres, il faut de la galanterie et même de la débauche, il faut des vices qu'on soit forcé d'embellir, pour faire chercher à tout des formes agréables, et réussir à les trouver. Une partie de ces choses nous manquera toujours, et nous devons trembler d'acquérir l'autre.

Nous aurons des comédiens, mais quels? Une bonne troupe viendra-t-elle de but en blanc s'établir dans une ville de vingt-quatre mille âmes? Nous en aurons donc d'abord de mauvais, et nous serons d'abord de mauvais juges. Les formerons-nous, ou s'ils nous formeront? Nous aurons de bonnes pièces; mais, les recevant pour telles sur la parole d'autrui, nous serons dispensés de les examiner, et ne gagnerons pas plus à les voir jouer qu'à les lire. Nous n'en ferons pas moins les connaisseurs, les arbitres du théâtre; nous n'en voudrons pas moins décider pour notre argent, et n'en serons que plus ridicules. On ne l'est point pour manquer de goût, quand on le méprise; mais c'est l'être que s'en piquer et n'en avoir qu'un mauvais. Et qu'est-ce au fond que ce goût si vanté? l'art de se connaître en petites choses. En vérité, quand on en a une aussi grande à conserver que la liberté, tout le reste est bien puéril.

Je ne vois qu'un remède à tant d'inconvénients; c'est que, pour nous approprier les drames de notre théâtre, nous les composions nous-mêmes, et que nous ayons des auteurs avant des comédiens. Car il n'est pas bon qu'on nous montre toutes sortes d'imitations, mais seulement celles des choses honnêtes et qui conviennent à des hommes libres (1). Il est sûr que des pièces tirées, comme celles des Grecs, des malheurs passés de la patrie ou des défauts présents du peuple, pourraient offrir aux spectateurs des leçons utiles. Alors quels seront les héros de nos tragédies? des Berthelier? des Lévrery? Ah! dignes citoyens! vous fûtes des héros, sans doute; mais votre obscurité vous avilit, vos noms communs déshonorent vos grandes âmes (2), et nous ne sommes plus assez grands nous-mêmes pour vous savoir admirer. Quels seront nos tyrans? Des gentilhommes de la Cuiller (3), des évêques de Genève, des comtes de Savoie, des ancêtres d'une maison avec laquelle nous venons de traiter, et à qui nous devons du respect. Cinquante ans plus tôt, je ne répondrais pas que le diable (4) et l'antechrist n'y eussent aussi fait leur rôle. Chez les Grecs, peuple d'ailleurs assez badin, tout était grave et sérieux sitôt qu'il s'agissait de la patrie; mais, dans ce siècle plaisant où rien n'é-

(1) Si quis ergo in nostram urbem venerit, qui animi sapientia in omnes possit sese vertere formas, et omnia imitari, voluerique poemata sua ostentare, venerabimur quidem ipsum, ut sacrum, admirabilem, et jucundum : dicemus autem non esse ejusmodi hominem in republica nostra, neque fas esse ut insit; mittemusque in aliam urbem, unguento caput ejus perungentes, lanaque coronantes. Nos autem austeriori minusque jucundo utemur poëta, fabularumque fictore, utilitatis gratia, qui decori nobis rationem exprimat, et quæ dici debent dicat in his formulis quas a principio pro legibus tulimus, quando cives erudire aggressi sumus (Plat., *De Republ.*, lib. III).

(2) Philibert Berthelier fut le Caton de notre patrie; avec cette différence, que la liberté publique finit par l'un et commença par l'autre. Il tenait une belette privée quand il fut arrêté : il rendit son épée avec cette fierté qui sied si bien à la vertu malheureuse; puis il continua de jouer avec sa belette, sans daigner répondre aux outrages de ses gardes. Il mourut comme doit mourir un martyr de la liberté.

Jean Lévrery fut le Favonius de Berthelier, non pas en imitant puérilement ses discours et ses manières, mais en mourant volontairement comme lui, sachant bien que l'exemple de sa mort serait plus utile à son pays que sa vie. Avant d'aller à l'échafaud, il écrivit sur le mur de sa prison cette épitaphe qu'on avait faite à son prédécesseur :

> Quid mihi mors nocuit? Virtus post fata virescit :
> Nec cruce, nec sævi gladio perit illa tyranni.

« Quel mal la mort me fait-elle? La vertu s'accroît dans le danger; elle n'est point soumise à la croix, ni au glaive d'un tyran cruel. »

(3) C'était une confrérie de gentilshommes savoyards qui avaient fait vœu de brigandage contre la ville de Genève, et qui, pour marque de leur association, portaient une cuiller pendue au cou.

— Il en est parlé au livre II des *Confessions*.

(4) J'ai lu, dans ma jeunesse, une tragédie de l'*Escalade*, où le diable était en effet un des acteurs. On me disait que cette pièce ayant une fois été représentée, ce personnage, en entrant sur la scène, se trouva double, comme si l'original eût été jaloux qu'on eût l'audace de le contrefaire, et qu'à l'instant l'effroi fit fuir tout le monde et finir la représentation. Ce conte est burlesque, et le paraîtra bien plus à Paris qu'à Genève; cependant, qu'on se prête aux suppositions, on trouvera dans cette double apparition un effet théâtral et vraiment effrayant. Je n'imagine qu'un spectacle plus simple et plus terrible encore, c'est celui de la main sortant du mur et traçant des mots inconnus au festin de Balthazar. Cette seule idée fait frissonner. Il me semble que nos poëtes lyriques sont loin de ces inventions sublimes; ils font, pour épouvanter, un fracas de décorations sans effet. Sur la scène même il ne faut pas tout dire à la vue, mais ébranler l'imagination.

chappe au ridicule, hormis la puissance, on n'ose parler d'héroïsme que dans les grands états, quoiqu'on n'en trouve que dans les petits.

Quant à la comédie, il n'y faut pas songer : elle causerait chez nous les plus affreux désordres; elles servirait d'instrument aux factions, aux partis, aux vengeances particulières. Notre ville est si petite, que les peintures de mœurs les plus générales y dégénéreraient bientôt en satires et en personnalités. L'exemple de l'ancienne Athènes, ville incomparablement plus peuplée que Genève, nous offre une leçon frappante : c'est au théâtre qu'on y prépara l'exil de plusieurs grands hommes et la mort de Socrate; c'est par la fureur du théâtre qu'Athènes périt; et ses désastres ne justifièrent que trop le chagrin qu'avait témoigné Solon aux premières représentations de Thespis (1). Ce qu'il y a de bien sûr pour nous, c'est qu'il faudra mal augurer de la république, quand on verra les citoyens, travestis en beaux esprits, s'occuper à faire des vers français et des pièces de théâtre; talents qui ne sont point les nôtres et que nous ne posséderons jamais. Mais que M. de Voltaire daigne nous composer des tragédies sur le modèle de *la Mort de César*, du premier acte de *Brutus*; et, s'il nous faut absolument un théâtre, qu'il s'engage à le remplir toujours de son génie, et à vivre autant que ses pièces!

Je serais d'avis qu'on pesât mûrement toutes ces réflexions avant de mettre en ligne de compte le goût de parure et de dissipation que doit produire parmi notre jeunesse l'exemple des comédiens. Mais enfin cet exemple aura son effet encore; et si généralement partout les lois sont insuffisantes pour réprimer des vices qui naissent de la nature des choses, comme je crois l'avoir montré, combien plus le seront-elles parmi nous, où le premier signe de leur faiblesse sera l'établissement des comédiens! car ce ne seront point eux proprement qui auront introduit ce goût de dissipation; au contraire, ce même goût les aura prévenus, les aura introduits eux-mêmes, et ils ne feront que fortifier un penchant déjà tout formé, qui, les ayant fait admettre, à plus forte raison les fera maintenir avec leurs défauts.

Je m'appuie toujours sur la supposition qu'ils subsisteront commodément dans une aussi petite ville; et je dis que, si nous les honorons, comme vous le prétendez, dans un pays où tous sont à peu près égaux, ils seront les égaux de tout le monde, et auront de plus la faveur publique qui leur est naturellement acquise. Ils ne seront point, comme ailleurs, tenus en respect par les grands dont ils recherchent la bienveillance et dont ils craignent la disgrâce. Les magistrats leur en imposeront : soit. Mais ces magistrats auront été particuliers; ils auront pu être familiers avec eux; ils auront des enfants qui le seront encore, des femmes qui aimeront le plaisir. Toutes ces liaisons seront des moyens d'indulgence et de protection auxquels il sera impossible de résister toujours. Bientôt les comédiens, sûrs de l'impunité, la procureront encore à leurs imitateurs : c'est par eux qu'aura commencé le désordre; mais on ne voit plus où il pourra s'arrêter. Les femmes, la jeunesse, les riches, les gens oisifs, tout sera pour eux, tout éludera des lois qui les gênent, tout favorisera leur licence : chacun, cherchant à les satisfaire, croira travailler pour ses plaisirs. Quel homme osera s'opposer à ce torrent, si ce n'est peut-

---

(1) Plutarque, *Vie de Solon*, § 62.

être quelque ancien pasteur rigide qu'on n'écoutera point, et dont le sens et la gravité passeront pour pédanterie chez une jeunesse inconsidérée? Enfin, pour peu qu'ils joignent d'art et de manége à leur succès, je ne leur donne pas trente ans pour être arbitres de l'état (1). On verra les aspirants aux charges briguer leur faveur pour obtenir les suffrages : les élections se feront dans les loges des actrices, et les chefs d'un peuple libre seront les créatures d'une bande d'histrions. La plume tombe des mains à cette idée. Qu'on l'écarte tant qu'on voudra, qu'on m'accuse d'outrer la prévoyance; je n'ai plus qu'un mot à dire. Quoi qu'il arrive, il faudra que ces gens-là réforment leurs mœurs parmi nous, ou qu'ils corrompent les nôtres. Quand cette alternative aura cessé de nous effrayer, les comédiens pourront venir, ils n'auront plus de mal à nous faire.

Voilà, monsieur, les considérations que j'avais à proposer au public et à vous sur la question qu'il vous a plu d'agiter dans un article où elle était, à mon avis, tout-à-fait étrangère. Quand mes raisons, moins fortes qu'elles ne me paraissent, n'auraient pas un poids suffisant pour contrebalancer les vôtres, vous conviendrez au moins que, dans un aussi petit état que la république de Genève, toutes innovations sont dangereuses, et qu'il n'en faut jamais faire sans des motifs urgents et graves. Qu'on nous montre donc la pressante nécessité de celle-ci. Où sont les désordres qui nous forcent de recourir à un expédient si suspect? Tout est-il perdu sans cela! Notre ville est-elle si grande, le vice et l'oisiveté y ont-ils déjà fait un tel progrès, qu'elle ne puisse plus désormais subsister sans spectacles? Vous nous dites qu'elle en souffre de plus mauvais qui choquent également le goût et les mœurs : mais il y a bien de la différence entre montrer de mauvaises mœurs et attaquer les bonnes; car ce dernier effet dépend moins des qualités du spectacle que de l'impression qu'il cause. En ce sens, quel rapport entre quelques farces passagères et une comédie à demeure, entre les polissonneries d'un charlatan et les représentations régulières des ouvrages dramatiques, entre des tréteaux de foire élevés pour réjouir la populace et un théâtre estimé où les honnêtes gens penseront s'instruire? L'un de ces amusements est sans conséquence et reste oublié dès le lendemain; mais l'autre est une affaire importante qui mérite toute l'attention du gouvernement. Par tout pays il est permis d'amuser les enfants; et peut être enfant qui veut sans beaucoup d'inconvénients. Si ces fades spectacles manquent de goût, tant mieux; on s'en rebutera plus vite : s'ils sont grossiers, ils seront moins séduisants. Le vice ne s'insinue guère en choquant l'honnêteté, mais en prenant son image; et les mots sales sont plus contraires à la politesse qu'aux bonnes mœurs. Voilà pourquoi les expressions sont toujours plus recherchées et les oreilles plus scrupuleuses dans les pays plus corrompus. S'aperçoit-on que les entretiens de la halle échauffent beaucoup la jeunesse qui les écoute? Si font bien les discrets propos du théâtre, et il vaudrait mieux qu'une jeune fille vît cent parades qu'une seule représentation de l'*Oracle*.

(1) On doit toujours se souvenir que, pour que la comédie se soutienne à Genève, il faut que ce goût y devienne une fureur; s'il n'est que modéré, il faut qu'elle tombe. La raison veut donc qu'en examinant les effets du théâtre on les mesure sur une cause capable de le soutenir.

Au reste, j'avoue que j'aimerais mieux, quant à moi, que nous puissions nous passer entièrement de tous ces tréteaux, et que, petits et grands, nous sussions tirer nos plaisirs et nos devoirs de notre état et de nous-mêmes; mais, de ce qu'on devrait peut-être chasser les bateleurs, il ne s'ensuit pas qu'il faille appeler les comédiens. Vous avez vu dans votre propre pays la ville de Marseille se défendre longtemps d'une pareille innovation, résister même aux ordres réitérés du ministre, et garder encore, dans ce mépris d'un amusement frivole, une image honorable de son ancienne liberté. Quel exemple pour une ville qui n'a point encore perdu la sienne!

Qu'on ne pense pas surtout faire un pareil établissement par manière d'essai, sauf à l'abolir quand on en sentira les inconvénients : car ces inconvénients ne se détruisent pas avec le théâtre qui les produit, ils restent quand leur cause est ôtée; et, dès qu'on commence à les sentir, ils sont irrémédiables. Nos mœurs altérées, nos goûts changés, ne se rétabliront pas comme ils se seront corrompus; nos plaisirs mêmes, nos innocents plaisirs, auront perdu leurs charmes, le spectacle nous en aura dégoûtés pour toujours. L'oisiveté devenue nécessaire, les vides du temps que nous ne saurons plus remplir nous rendront à charge à nous-mêmes; les comédiens, en partant, nous laisseront l'ennui pour arrhes de leur retour ; il nous forcera bientôt à les rappeler ou à faire pis. Nous aurons mal fait d'établir la comédie, nous ferons mal de la laisser subsister, nous ferons mal de la détruire : après la première faute, nous n'aurons plus que le choix de nos maux.

Quoi! ne faut-il donc aucun spectacle dans une république? Au contraire, il en faut beaucoup. C'est dans les républiques qu'ils sont nés, c'est dans leur sein qu'on les voit briller avec un véritable air de fête. A quels peuples convient-il mieux de s'assembler souvent et de former entre eux les doux liens du plaisir et de la joie, qu'à ceux qui ont tant de raisons de s'aimer et de rester à jamais unis? Nous avons déjà plusieurs de ces fêtes publiques; ayons-en davantage encore, je n'en serai que plus charmé. Mais n'adoptons point ces spectacles exclusifs qui renferment tristement un petit nombre de gens dans un antre obscur ; qui les tiennent craintifs et immobiles dans le silence et l'inaction ; qui n'offrent aux yeux que cloisons, que pointes de fer, que soldats, qu'affligeantes images de la servitude et de l'inégalité. Non, peuples heureux, ce ne sont pas là vos fêtes. C'est en plein air, c'est sous le ciel qu'il faut vous rassembler et vous livrer aux doux sentiments de votre bonheur. Que vos plaisirs ne soient efféminés ni mercenaires, que rien de ce qui sent la contrainte et l'intérêt ne les empoisonne, qu'ils soient libres et généreux comme vous, que le soleil éclaire vos innocents spectacles ; vous en formerez un vous-mêmes, le plus digne qu'il puisse éclairer.

Mais quels seront enfin les objets de ces spectacles? qu'y montrera-t-on? Rien, si l'on veut. Avec la liberté, partout où règne l'affluence le bien-être y règne aussi. Plantez au milieu d'une place un piquet couronné de fleurs, rassemblez-y le peuple, et vous aurez une fête. Faites mieux encore : donnez les spectateurs en spectacles; rendez-les acteurs eux-mêmes; faites que chacun se voie et s'aime dans les autres, afin que tous en soient mieux unis. Je n'ai pas besoin de renvoyer aux jeux des anciens Grecs : il en est de plus modernes, il en est d'existants encore, et je les trouve précisément parmi nous.

Nous avons tous les ans des revues, des prix publics, des rois de l'arquebuse, du canon, de la navigation. On ne peut trop multiplier des établissements si utiles (1) et si agréables ; on ne peut trop avoir de semblables rois. Pourquoi ne ferions-nous pas, pour nous rendre dispos et robustes, ce que nous faisons pour nous exercer aux armes? La république a-t-elle moins besoin d'ouvriers que de soldats? Pourquoi, sur le modèle des prix militaires, ne fonderions-nous pas d'autres prix de gymnastique, pour la lutte, pour la course, pour le disque, pour divers exercices du corps? Pourquoi n'animerions-nous pas nos bateliers par des joutes sur le lac? Y aurait-il au monde un plus brillant spectacle que de voir sur ce vaste et superbe bassin des centaines de bateaux, élégamment équipés, partir à la fois, au signal donné, pour aller enlever un drapeau arboré au but, puis servir de cortége au vainqueur revenant en triomphe recevoir le prix mérité? Toutes ces sortes de fêtes ne sont dispendieuses qu'autant qu'on le veut bien, et le seul concours les rend assez magnifiques. Cependant il faut y avoir assisté chez le Genevois pour comprendre avec quelle ardeur il s'y livre. On ne le reconnaît plus : ce n'est plus ce peuple si rangé qui ne se départ point de ses règles économiques; ce n'est plus ce long raisonneur qui pèse tout, jusqu'à la plaisanterie, à la balance du jugement. Il est vif, gai, caressant ; son cœur est alors dans ses yeux comme il est toujours sur ses lèvres ; il cherche à communiquer sa joie et ses plaisirs; il invite, il presse, il force, il se dispute les survenants. Toutes les sociétés n'en font qu'une, tout devient commun à tous. Il est presque indifférent à quelle table on se mette : ce serait l'image de celles de Lacédémone, s'il n'y régnait un peu plus de profusion ; mais cette profusion même est alors bien placée, et l'aspect de l'abondance rend plus touchant celui de la liberté qui la produit.

L'hiver, temps consacré au commerce privé des amis, convient moins aux fêtes publiques. Il en est pourtant une espèce dont je voudrais bien qu'on se fît moins de scrupule ; savoir, les bals entre de jeunes personnes à marier. Je n'ai jamais conçu pourquoi l'on s'effarouche si fort de la danse et des assemblées qu'elle occasionne : comme s'il y avait plus de mal à danser qu'à chanter ; que l'un et l'autre de ces amusements ne fût pas également une inspiration de la nature ; et que ce fût un crime à ceux qui sont destinés à

(1) Il ne suffit pas que le peuple ait du pain et vive dans sa condition ; il faut qu'il y vive agréablement, afin qu'il en remplisse mieux les devoirs, qu'il se tourmente moins pour en sortir, et que l'ordre public soit mieux établi. Les bonnes mœurs tiennent plus qu'on ne pense à ce que chacun se plaise dans son état. Le manége et l'esprit d'intrigue viennent d'inquiétude et de mécontentement ; tout va mal quand l'un aspire à l'emploi d'un autre. Il faut aimer son métier pour le bien faire. L'assiette de l'état n'est bonne et solide que quand, tous se sentant à leur place, les forces particulières se réunissent et concourent au bien public, au lieu de s'user l'une contre l'autre comme elles font dans tout état mal constitué. Cela posé, que doit-on penser de ceux qui voudraient ôter au peuple les fêtes, les plaisirs, et toute espèce d'amusement, comme autant de distractions qui le détournent de son travail? Cette maxime est barbare et fausse. Tant pis, si le peuple n'a de temps que pour gagner son pain ; il lui en faut encore pour le manger avec joie, autrement il ne le gagnera pas longtemps. Ce Dieu juste et bienfaisant qui veut qu'il s'occupe, veut aussi qu'il se délasse : la nature lui impose également l'exercice et le repos, le plaisir et la peine. Le dégoût du travail accable plus les malheureux que le travail même. Voulez-vous donc rendre un peuple actif et laborieux, donnez-lui des fêtes, offrez-lui des amusements qui lui fassent aimer son état, et l'empêchent d'en envier un plus doux. Des jours ainsi perdus feront mieux valoir tous les autres. Présidez à ses plaisirs pour les rendre honnêtes ; c'est le vrai moyen d'animer ses travaux.

s'unir de s'égayer en commun par une honnête récréation! L'homme et la femme ont été formés l'un pour l'autre : Dieu veut qu'ils suivent leur destination; et certainement le premier et le plus saint de tous les liens de la société est le mariage. Toutes les fausses religions combattent la nature; la nôtre seule, qui la suit et la règle, annonce une institution divine et convenable à l'homme. Elle ne doit point ajouter sur le mariage, aux embarras de l'ordre civil, des difficultés que l'Évangile ne prescrit pas, et que tout bon gouvernement condamne. Mais qu'on me dise où de jeunes personnes à marier auront occasion de prendre du goût l'une pour l'autre, et de se voir avec plus de décence et de circonspection que dans une assemblée où les yeux du public, incessamment ouverts sur elles, les forcent à la réserve, à la modestie, à s'observer avec le plus grand soin. En quoi Dieu est-il offensé par un exercice agréable, salutaire, propre à la vivacité des jeunes gens, qui consiste à se présenter l'un à l'autre avec grâce et bienséance, et auquel le spectateur impose une gravité dont on n'oserait sortir un instant? Peut-on imaginer un moyen plus honnête de ne point tromper autrui, du moins quant à la figure, et de se montrer avec les agréments et les défauts qu'on peut avoir aux gens qui ont intérêt de nous bien connaître avant de s'obliger à nous aimer? Le devoir de se chérir réciproquement n'emporte-t-il pas celui de se plaire? et n'est-ce pas un soin digne de deux personnes vertueuses et chrétiennes qui cherchent à s'unir, de préparer ainsi leur cœur à l'amour que Dieu leur impose.

Qu'arrive-t-il dans ces lieux où règne une contrainte éternelle, où l'on punit comme un crime la plus innocente gaîté, où les jeunes gens des deux sexes n'osent jamais s'assembler en public, et où l'indiscrète sévérité d'un pasteur ne sait prêcher au nom de Dieu qu'une gêne servile, et la tristesse et l'ennui? On élude une tyrannie insupportable que la nature et la raison désavouent. Aux plaisirs permis dont on prive une jeunesse enjouée et folâtre, elle en substitue de plus dangereux : les tête-à-tête adroitement concertés prennent la place des assemblées publiques. A force de se cacher comme si l'on était coupable, on est tenté de le devenir. L'innocente joie aime à s'évaporer au grand jour, mais le vice est ami des ténèbres, et jamais l'innocence et le mystère n'habitèrent longtemps ensemble.

Pour moi, loin de blâmer de si simples amusements, je voudrais au contraire qu'ils fussent publiquement autorisés, et qu'on y prévînt tout désordre particulier en les convertissant en bals solennels et périodiques, ouverts indistinctement à toute la jeunesse à marier; je voudrais qu'un magistrat (1), nommé par le conseil, ne dédaignât pas de présider à ces bals. Je voudrais que les pères et mères y assistassent, pour veiller sur leurs enfants, pour être témoins de leurs grâces et de leur adresse, des applaudissements qu'ils auraient mérités, et jouir ainsi du plus doux spectacle qui puisse toucher un

---

(1) A chaque corps de métier, à chacune des sociétés publiques dont est composé notre état, préside un de ces magistrats, sous le nom de *seigneur-commis*. Ils assistent à toutes les assemblées, et même aux festins. Leur présence n'empêche point une honnête familiarité entre les membres de l'association; mais elle maintient tout le monde dans le respect qu'on doit porter aux lois, aux mœurs, à la décence, même au sein de la joie et du plaisir. Cette institution est très belle, et forme un des grands liens qui unissent le peuple à ses chefs.

cœur paternel. Je voudrais qu'en général toute personne mariée y fût admise au nombre des spectateurs et des juges, sans qu'il fût permis à aucune de profaner la dignité conjugale en dansant elle-même ; car à quelle fin honnête pourrait-elle se donner ainsi en montre au public? Je voudrais qu'on formât dans la salle une enceinte commode et honorable, destinée aux gens âgés de l'un et de l'autre sexe, qui, ayant déjà donné des citoyens à la patrie, verraient encore leurs petits-enfants se préparer à le devenir. Je voudrais que nul n'entrât ni ne sortît sans saluer ce parquet, et que tous les couples de jeunes gens vinssent, avant de commencer leur danse et après l'avoir finie, y faire une profonde révérence, pour s'accoutumer de bonne heure à respecter la vieillesse. Je ne doute pas que cette agréable réunion des deux termes de la vie humaine ne donnât à cette assemblée un certain coup d'œil attendrissant, et qu'on ne vît quelquefois couler dans le parquet des larmes de joie et de souvenir, capables peut-être d'en arracher à un spectateur sensible. Je voudrais que tous les ans, au dernier bal, la jeune personne qui, durant les précédents, se serait comportée le plus honnêtement, le plus modestement, et aurait plu davantage à tout de monde, au jugement du parquet, fût honorée d'une couronne par la main du *seigneur-commis* (1), et du titre de reine du bal, qu'elle porterait toute l'année. Je voudrais qu'à la clôture de la même assemblée on la reconduisît en cortége ; que le père et la mère fussent félicités et remerciés d'avoir une fille si bien née, et de l'élever si bien. Enfin, je voudrais que, si elle venait à se marier dans le cours de l'an, la seigneurie lui fît un présent ou lui accordât quelque distinction publique, afin que cet honneur fût une chose assez sérieuse pour ne pouvoir jamais devenir un sujet de plaisanterie.

Il est vrai qu'on aurait souvent à craindre un peu de partialité, si l'âge des juges ne laissait toute la préférence au mérite. Et quand la beauté modeste serait quelquefois favorisée, quel en serait le grand inconvénient? Ayant plus d'assauts à soutenir, n'a-t-elle pas besoin d'être plus encouragée? N'est-elle pas un don de la nature, ainsi que les talents? Où est le mal qu'elle obtienne quelques honneurs qui l'excitent à s'en rendre digne, et puissent contenter l'amour-propre sans offenser la vertu?

En perfectionnant ce projet dans les mêmes vues, sous un air de galanterie et d'amusement on donnerait à ces fêtes plusieurs fins utiles qui en feraient un objet important de police et de bonnes mœurs. La jeunesse, ayant des rendez-vous sûrs et honnêtes, serait moins tentée d'en chercher de plus dangereux. Chaque sexe se livrerait plus patiemment, dans les intervalles, aux occupations et aux plaisirs qui lui sont propres, et s'en consolerait plus aisément d'être privé du commerce continuel de l'autre. Les particuliers de tout état auraient la ressource d'un spectacle agréable, surtout aux pères et mères. Les soins pour la parure de leurs filles seraient pour les femmes un objet d'amusement qui ferait diversion à beaucoup d'autres : et cette parure, ayant un objet innocent et louable, serait là tout-à-fait à sa place. Ces occasions de s'assembler pour s'unir, et d'arranger des établissements, seraient des moyens fréquents de rapprocher des familles divisées, et d'affermir la

(1) Voyez la note précédente.

paix si nécessaire dans notre état. Sans altérer l'autorité des pères, les inclinations des enfants seraient un peu plus en liberté ; le premier choix dépendrait un peu plus de leur cœur ; les convenances d'âge, d'humeur, de goût, de caractère, seraient un peu plus consultées ; on donnerait moins à celles d'état et de biens, qui font des nœuds mal assortis quand on les suit aux dépens des autres. Les liaisons devenant plus faciles, les mariages seraient plus fréquents ; ces mariages, moins circonscrits par les mêmes conditions, préviendraient les partis, tempéreraient l'excessive inégalité, maintiendraient mieux le corps du peuple dans l'esprit de sa constitution. Ces bals, ainsi dirigés, ressembleraient moins à un spectacle public qu'à l'assemblée d'une grande famille ; et du sein de la joie et des plaisirs naîtraient la conservation, la concorde et la prospérité de la république (1).

Sur ces idées, il serait aisé d'établir à peu de frais, et sans danger, plus de spectacles qu'il n'en faudrait pour rendre le séjour de notre ville agréable et riant, même aux étrangers, qui, ne trouvant rien de pareil ailleurs, y viendraient au moins pour voir une chose unique ; quoiqu'à dire le vrai, sur beaucoup de fortes raisons, je regarde ce concours comme un inconvénient bien plus que comme un avantage ; et je suis persuadé, quant à moi, que jamais étranger n'entra dans Genève qu'il n'y ait fait plus de mal que de bien.

Mais savez-vous, monsieur, qui l'on devrait s'efforcer d'attirer et de retenir dans nos murs ? Les Genevois mêmes, qui, avec un sincère amour pour leur pays, ont tous une si grande inclination pour les voyages, qu'il n'y a point de contrée où l'on n'en trouve de répandus. La moitié de nos conci-

---

(1) Il me paraît plaisant d'imaginer quelquefois les jugements que plusieurs porteront de mes goûts, sur mes écrits. Sur celui-ci, l'on ne manquera pas de dire : « Cet homme est fou de la danse. » Je m'ennuie à voir danser. « Il ne peut souffrir la comédie. » J'aime la comédie à la passion. « Il a de l'aversion pour les femmes. » Je ne serai que très bien justifié là-dessus. « Il est mécontent des comédiens. » J'ai tout sujet de m'en louer, et l'amitié du seul d'entre eux que j'ai connu particulièrement (Jelyote, acteur de l'Opéra) ne peut qu'honorer un honnête homme. Même jugement sur les poètes dont je suis forcé de censurer les pièces : ceux qui sont morts ne seront pas de mon goût, et je serai piqué contre les vivants. La vérité est que Racine me charme ; et que je n'ai jamais manqué volontairement une représentation de Molière. Si j'ai moins parlé de Corneille, c'est qu'ayant peu fréquenté ses pièces, et, manquant de livres, il ne m'est pas assez resté dans la mémoire pour le citer. Quant à l'auteur d'*Atrée* et de *Catilina*, je ne l'ai jamais vu qu'une fois, et ce fut pour en recevoir un service. J'estime son génie et respecte sa vieillesse ; mais, quelque honneur que je porte à sa personne, je ne dois que justice à ses pièces, et je ne sais point acquitter mes dettes aux dépens du bien public et de la vérité. Si mes écrits m'inspirent quelque fierté, c'est par la pureté d'intention qui les dicte, c'est par un désintéressement dont peu d'auteurs m'ont donné l'exemple, et que fort peu voudront imiter. Jamais vue particulière ne souilla le désir d'être utile aux autres qui m'a mis la plume à la main, et j'ai presque toujours écrit contre mon propre intérêt. *Vitam impendere vero*; voilà la devise que j'ai choisie et dont je me sens digne. Lecteurs, je puis me tromper moi-même, mais non pas vous tromper volontairement ; craignez mes erreurs et non ma mauvaise foi. L'amour du bien public est la seule passion qui me fait parler au public ; je sais alors m'oublier moi-même ; et si quelqu'un m'offense, je me tais sur son compte de peur que la colère ne me rende injuste. Cette maxime est bonne à mes ennemis, en ce qu'ils me nuisent à leur aise et sans crainte de représailles ; aux lecteurs, qui ne craignent pas que ma haine leur en impose, et surtout à moi, qui, restant en paix tandis qu'on m'outrage, n'ai du moins que le mal qu'on me fait, et non celui que j'éprouverais encore à le rendre. Sainte et pure vérité, à qui j'ai consacré ma vie, non, jamais mes passions ne souilleront le sincère amour que j'ai pour toi ; l'intérêt ni la crainte ne sauraient altérer l'hommage que j'aime à t'offrir, et ma plume ne te refusera jamais rien que ce qu'elle craint d'accorder à la vengeance !

toyens, épars dans le reste de l'Europe et du monde, vivent et meurent loin de la patrie ; et je me citerais moi-même avec plus de douleur si j'y étais moins inutile. Je sais que nous sommes forcés d'aller chercher au loin les ressources que notre terrain nous refuse, et que nous pourrions difficilement subsister si nous nous y tenions renfermés. Mais au moins que ce bannissement ne soit pas éternel pour tous : que ceux dont le ciel a béni les travaux viennent, comme l'abeille, en rapporter le fruit dans la ruche ; réjouir leurs concitoyens du spectacle de leur fortune ; animer l'émulation des jeunes gens ; enrichir leur pays de leur richesse, et jouir modestement chez eux des biens honnêtement acquis chez les autres. Sera-ce avec des théâtres, toujours moins parfaits chez nous qu'ailleurs, qu'on les y fera revenir? Quitteront-ils la comédie de Paris ou de Londres pour aller revoir celle de Genève? Non, non, monsieur, ce n'est pas ainsi qu'on les peut ramener. Il faut que chacun sente qu'il ne saurait trouver ailleurs ce qu'il a laissé dans son pays ; il faut qu'un charme invincible le rappelle au séjour qu'il n'aurait point dû quitter ; il faut que le souvenir de leurs premiers exercices, de leurs premiers spectacles, de leurs premiers plaisirs, reste profondément gravé dans leurs cœurs ; il faut que les douces impressions faites durant la jeunesse demeurent et se renforcent dans un âge avancé, tandis que mille autres s'effacent ; il faut qu'au milieu de la pompe des grands états et de leur triste magnificence une voix secrète leur crie incessamment au fond de l'âme : Ah! où sont les jeux et les fêtes de ma jeunesse? où est la concorde des citoyens? où est la fraternité publique? où est la pure joie de la véritable allégresse? où sont la paix, la liberté, l'équité, l'innocence? Allons rechercher tout cela. Mon Dieu! avec le cœur du Genevois, avec une ville aussi riante, un pays aussi charmant, un gouvernement aussi juste, des plaisirs si vrais et si purs, et tout ce qu'il faut pour savoir le goûter, à quoi tient-il que nous n'adorions tous la patrie?

Ainsi rappelait ses citoyens, par des fêtes modestes et des jeux sans éclat, cette Sparte que je n'aurai jamais assez citée pour l'exemple que nous devrions en tirer ; ainsi dans Athènes, parmi les beaux-arts, ainsi dans Suse, au sein du luxe et de la mollesse, le Spartiate ennuyé soupirait après ses grossiers festins et ses fatigants exercices. C'est à Sparte que, dans une laborieuse oisiveté, tout était plaisir et spectacle ; c'est là que les plus rudes travaux passaient pour des récréations, et que les moindres délassements formaient une instruction publique ; c'est là que les citoyens, continuellement assemblés, consacraient la vie entière à des amusements qui faisaient la grande affaire de l'état, et à des jeux dont on ne se délassait qu'à la guerre.

J'entends déjà les plaisants me demander si, parmi tant de merveilleuses instructions, je ne veux point aussi, dans nos fêtes genevoises, introduire les danses des jeunes Lacédémoniennes. Je réponds que je voudrais bien nous croire les yeux et les cœurs assez chastes pour supporter un tel spectacle, et que de jeunes personnes, dans cet état, fussent à Genève, comme à Sparte, couvertes de l'honnêteté publique ; mais, quelque estime que je fasse de mes compatriotes, je sais trop combien il y a loin d'eux aux Lacédémoniens, et je ne leur propose des institutions de ceux-ci que celles dont ils ne sont pas encore incapables. Si le sage Plutarque s'est chargé de justifier l'usage en question, pourquoi faut-il que je m'en charge après lui? Tout est dit en avouant que cet usage ne convenait qu'aux élèves de Lycurgue; que leur vie frugale et laborieuse, leurs mœurs pures et sévères, la force d'âme qui leur était propre, pouvaient seules rendre innocent, sous leurs yeux, un spectacle si choquant pour tout peuple qui n'est qu'honnête.

Mais pense-t-on qu'au fond l'adroite parure de nos femmes ait moins son danger qu'une nudité absolue, dont l'habitude tournerait bientôt les premiers effets en indifférence, et peut-être en dégoût? Ne sait-on pas que les statues et les tableaux n'offensent les yeux que quand un mélange de vêtements rend les nudités obscènes? Le pouvoir immédiat des sens est faible et borné : c'est par l'entremise de l'imagination qu'ils font leurs plus grands ravages : c'est elle qui prend soin d'irriter les désirs, en prêtant à leurs objets encore plus d'attraits que ne leur en donna la nature; c'est elle qui découvre à l'œil avec scandale ce qu'il ne voit pas seulement comme nu, mais comme devant être habillé. Il n'y a point de vêtement si modeste au travers duquel un regard enflammé par l'imagination n'aille porter les désirs. Une jeune Chinoise, avançant un bout de pied couvert et chaussé, fera plus de ravage à Pékin que n'eût fait la plus belle fille du monde dansant toute nue au bas du Taygète. Mais quand on s'habille avec autant d'art et si peu d'exactitude que les femmes le font aujourd'hui, quand on ne montre moins que pour faire désirer davantage, quand l'obstacle qu'on oppose aux yeux ne sert qu'à mieux irriter l'imagination, quand on ne cache une partie de l'objet que pour parer celle qu'on expose,

Heu! male tum mites defendit pampinus uvas (1).

Terminons ces nombreuses digressions. Grâce au ciel, voici la dernière: je suis à la fin de cet écrit. Je donnais les fêtes de Lacédémone pour modèle de celles que je voudrais voir parmi nous. Ce n'est pas seulement par leur objet, mais aussi par leur simplicité, que je les trouve recommandables : sans pompe, sans luxe, sans appareil, tout y respirait, avec un charme secret de patriotisme qui les rendait intéressantes, un certain esprit martial convenable à des hommes libres (2) : sans affaires et sans plaisirs, au moins de ce qui

---

(1) Virg., *Georg.*, I, v. 448.

(2) Je me souviens d'avoir été frappé dans mon enfance d'un spectacle assez simple, et dont pourtant l'impression m'est toujours restée, malgré le temps et la diversité des objets. Le régiment de Saint-Gervais avait fait l'exercice, et, selon la coutume, on avait soupé par compagnies : la plupart de ceux qui les composaient se rassemblèrent, après le souper, dans la place de Saint-Gervais, et se mirent à danser tous ensemble, officiers et soldats, autour de la fontaine, sur le bassin de laquelle étaient montés les tambours, les fifres et ceux qui portaient les flambeaux. Une danse de gens égayés par un long repas semblerait n'offrir rien de fort intéressant à voir; cependant l'accord de cinq ou six cents hommes en uniforme, se tenant tous par la main, et formant une longue bande qui serpentait en cadence et sans confusion, avec mille tours et retours; mille espèces d'évolutions figurées, le choix des airs qui les animaient; le bruit des tambours, l'éclat des flambeaux, un certain appareil militaire au sein du plaisir, tout cela formait une sensation très vive qu'on ne pouvait supporter de sangfroid. Il était tard, les femmes étaient couchées; toutes se relevèrent. Bientôt les fenêtres furent pleines de spectatrices qui donnaient un nouveau zèle aux acteurs : elles ne purent tenir longtemps à leurs fenêtres, elles descendirent; les maîtresses venaient voir leurs maris, les servantes apportaient du vin; les enfants même, éveillés par le bruit, accoururent demi-vêtus entre les pères et les mères. La danse fut suspendue : ce ne furent qu'embrassements, ris, santés,

porte ces noms parmi nous, ils passaient, dans cette douce uniformité, la journée sans la trouver trop longue, et la vie sans la trouver trop courte. Ils s'en retournaient chaque soir, gais et dispos, prendre leur frugal repas, contents de leur patrie, de leurs concitoyens et d'eux-mêmes. Si l'on demande quelque exemple de ces divertissements publics, en voici un rapporté par Plutarque (1). Il y avait, dit-il, toujours trois danses en autant de bandes, selon la différence des âges ; et ces danses se faisaient au chant de chaque bande. Celle des vieillards commençait la première, en chantant le couplet suivant :

> Nous avons été jadis
> Jeunes, vaillants et hardis.

Suivait celle des hommes, qui chantaient à leur tour, en frappant de leurs armes en cadence :

> Nous le sommes maintenant,
> A l'épreuve à tout venant.

Ensuite venaient les enfants, qui leur répondaient en chantant de toute leur force :

> Et nous bientôt le serons,
> Qui tous vous surpasserons.

Voilà, monsieur, le spectacle qu'il faut à des républiques. Quant à celui dont votre article *Genève* m'a forcé de traiter dans cet essai, si jamais l'intérêt particulier vient à bout de l'établir dans nos murs, j'en prévois les tristes effets ; j'en ai montré quelques-uns, j'en pourrais montrer davantage. Mais c'est trop craindre un malheur imaginaire que la vigilance de nos magistrats saura prévenir. Je ne prétends point instruire des hommes plus sages que moi : il me suffit d'en avoir dit assez pour consoler la jeunesse de mon pays d'être privée d'un amusement qui coûterait si cher à la patrie. J'exhorte cette heureuse jeunesse à profiter de l'avis qui termine votre article. Puisse-t-elle connaître et mériter son sort ! puisse-t-elle sentir toujours combien le solide bonheur est préférable aux vains plaisirs qui le détruisent ! puisse-t-elle transmettre à ses descendants les vertus, la liberté, la paix qu'elle tient

---

caresses. Il résulta de tout cela un attendrissement général que je ne saurais peindre, mais que, dans l'allégresse universelle, on éprouve assez naturellement au milieu de tout ce qui nous est cher. Mon père, en m'embrassant, fut saisi d'un tressaillement que je crois sentir et partager encore. « Jean-Jacques, me disait-il, aime ton pays. Vois-tu ces bons Genevois ? ils sont tous amis, ils sont tous frères, la joie et la concorde règnent au milieu d'eux. Tu es Genevois ; tu verras un jour d'autres peuples ; mais, quand tu voyagerais autant que ton père, tu ne trouveras jamais leurs pareils. »
On voulut recommencer la danse, il n'y eut plus moyen, on ne savait plus ce qu'on faisait, toutes les têtes étaient tournées d'une ivresse plus douce que celle du vin. Après avoir resté quelque temps encore à rire et à causer sur la place, il fallut se séparer : chacun se retira paisiblement avec sa famille ; et voilà comment ces aimables et prudentes femmes ramenèrent leurs maris, non pas en troublant leurs plaisirs, mais en allant les partager. Je sens bien que ce spectacle dont je fus si touché serait sans attrait pour mille autres : il faut des yeux faits pour le voir, et un cœur fait pour le sentir. Non, il n'y a de pure joie que la joie publique, et les vrais sentiments de la nature ne règnent que sur le peuple. Ah ! dignité, fille de l'orgueil et mère de l'ennui, jamais tes tristes esclaves eurent-ils un pareil moment en leur vie ?
(1) *Dicts notables des Lacédémoniens*, § 69.

de ses pères ! c'est le dernier vœu par lequel je finis mes écrits, c'est celui par lequel finira ma vie (1).

(1) D'Alembert ne laissa pas cette lettre sans réponse. Elle se trouve dans l'édition de Poinçot, t. XVI, et dans celle de Genève, t. II du *Supplément*. Rousseau n'en dit qu'un mot dans une lettre particulière, mais un mot qui la caractérise fortement. « M. d'Alembert m'a envoyé son recueil où j'ai vu la réponse. Je m'étais tenu à l'examen de la question, j'avais oublié l'adversaire. Il n'a pas fait de même : il a plus parlé de moi que je n'avais parlé de lui ; il a donc tort. » (Lettre au chevalier de Lorenzy, 21 mai 1759.)

RÉPONSE A UNE LETTRE ANONYME

DONT LE CONTENU SE TROUVE ENTRE GUILLEMETS DANS CETTE RÉPONSE.

Je suis sensible aux attentions dont m'honorent ces messieurs que je ne connais point, mais il faut que je réponde à ma manière, car je n'en ai qu'une.

« Des gens de loi, qui estiment, etc., M. Rousseau, ont été surpris et affligés de son opinion, dans sa lettre à M. d'Alembert, sur le tribunal des maréchaux de France. »

J'ai cru dire des vérités utiles. Il est triste que de telles vérités surprennent, plus triste qu'elles affligent, et bien plus triste encore qu'elles affligent des gens de loi.

« Un citoyen aussi éclairé que M. Rousseau... »

Je ne suis point un citoyen éclairé, mais seulement un citoyen zélé.

« N'ignore pas qu'on ne peut justement dévoiler aux yeux de la nation les fautes de la législation. »

Je l'ignorais, je l'apprends. Mais qu'on me permette à mon tour une petite question. Bodin, Loisel, Fénelon, Boulainvilliers, l'abbé de Saint-Pierre, le président de Montesquieu, le marquis de Mirabeau, l'abbé de Mably, tous bons Français et gens éclairés, ont-ils ignoré qu'on ne peut justement dévoiler aux yeux de la nation les fautes de la législation? On a tort d'exiger qu'un étranger soit plus savant qu'eux sur ce qui est juste ou injuste dans leur pays.

« On ne peut justement dévoiler aux yeux de la nation les fautes de la législation. »

Cette maxime peut avoir une application particulière et circonscrite selon les lieux et les personnes. Voici la première fois, peut-être, que la justice est opposée à la vérité.

« On ne peut justement dévoiler aux yeux de la nation les fautes de la législation. »

Si quelqu'un de nos citoyens m'osait tenir un pareil discours à Genève, je le poursuivrais criminellement, comme traître à la patrie.

« On ne peut justement dévoiler aux yeux de la nation les fautes de la législation. »

Il y a dans l'application de cette maxime quelque chose que je n'entends point. J.-J. Rousseau, citoyen de Genève, imprime un livre en Hollande, et voilà qu'on lui dit en France qu'on ne peut justement dévoiler aux yeux de la nation les fautes de la législation! Ceci me paraît bizarre. Messieurs, je n'ai point l'honneur d'être votre compatriote; ce n'est point pour vous que j'écris; je n'imprime point dans votre pays; je ne me soucie point que mon livre y vienne ; si vous me lisez, ce n'est pas ma faute.

« On ne peut justement dévoiler aux yeux de la nation les fautes de la législation. »

Quoi donc! sitôt qu'on aura fait une mauvaise institution dans quelque coin du monde, à l'instant il faudra que tout l'univers la respecte en silence? il ne sera plus permis à personne de dire aux autres peuples qu'ils feraient mal de l'imiter? Voilà des prétentions assez nouvelles, et un fort singulier droit des gens.

« Les philosophes sont faits pour éclairer le ministère, le détromper de ses erreurs, et respecter ses fautes. »

Je ne sais pourquoi sont faits les philosophes, ni ne me soucie de le savoir.

« Pour éclairer le ministère.... »

J'ignore si on peut éclairer le ministère.

« Le détromper de ses erreurs.... »

J'ignore si l'on peut détromper le ministère de ses erreurs.

« Et respecter ses fautes.... »

J'ignore si l'on peut respecter les fautes du ministère.

Je ne sais rien de ce qui regarde le ministère, parce que ce mot n'est pas connu dans mon pays, et qu'il peut avoir des sens que je n'entends pas.

« De plus, M. Rousseau ne nous paraît pas raisonner en politique.... »

Ce mot sonne trop haut pour moi. Je tâche de raisonner en bon citoyen de Genève. Voilà tout.

« Lorsqu'il admet dans un état une autorité supérieure à l'autorité souveraine.... »

J'en admets trois seulement : premièrement, l'autorité de Dieu, et puis celle de la loi naturelle, qui dérive de la constitution de l'homme; et puis celle de l'honneur, plus forte sur un cœur honnête que tous les rois de la terre.

« Ou du moins indépendante d'elle. »

Non pas seulement indépendante, mais supérieure. Si jamais l'autorité souveraine (1) pouvait être en conflit avec une des trois précédentes, il faudrait que la première cédât en cela. Le blasphémateur Hobbes est en horreur pour avoir soutenu le contraire.

« Il ne se rappelait pas dans ce moment le sentiment de Grotius.... »

Je ne saurais me rappeler ce que je n'ai jamais su ; et probablement je ne saurai jamais ce que je ne me soucie point d'apprendre.

« Adopté par les encyclopédistes....»

Le sentiment d'aucun des encyclopédistes n'est une règle pour ses collègues. L'autorité commune est celle de la raison : je n'en reconnais point d'autre.

« Les encyclopédistes ses confrères. »

---

(1) Nous pourrions bien ne pas nous entendre les uns les autres sur le sens que nous donnons à ce mot; et, comme il n'est pas bon que nous nous entendions mieux, nous ferons bien de n'en pas disputer.

Les amis de la vérité sont tous mes confrères.

« Le temps nous empêche d'exposer plusieurs autres objections.... »

Le devoir m'empêcherait peut-être de les résoudre. Je sais l'obéissance et le respect que je dois, dans mes actions et dans mes discours, aux lois et aux maximes du pays dans lequel j'ai le bonheur de vivre; mais il ne s'ensuit pas de là que je ne doive écrire aux Genevois que ce qui convient aux Parisiens.

« Qui exigeraient une conversation.... »

Je n'en dirai pas plus en conversation que par écrit; il n'y a que Dieu et le conseil de Genève à qui je doive compte de mes maximes.

« Qui priverait M. Rousseau d'un temps précieux pour lui et pour le public. »

Mon temps est inutile au public, et n'est plus d'un grand prix pour moi-même: mais j'en ai besoin pour gagner mon pain; c'est pour cela que je cherche la solitude.

A Montmorency, le 15 octobre 1758.

THÉATRE.

DE L'IMITATION THÉÂTRALE

ESSAI TIRÉ DES DIALOGUES DE PLATON.

AVERTISSEMENT.

Ce petit écrit n'est qu'une espèce d'extrait de divers endroits où Platon traite de l'imitation théâtrale. Je n'y ai guère d'autre part que de les avoir assemblés et liés dans la forme d'un discours suivi, au lieu de celle du dialogue qu'ils ont dans l'original. L'occasion de ce travail fut la *Lettre à M. d'Alembert sur les Spectacles*; mais, n'ayant pu commodément l'y faire entrer, je le mis à part pour être employé ailleurs, ou tout-à-fait supprimé. Depuis lors cet écrit, étant sorti de mes mains, se trouva compris, je ne sais comment, dans un marché qui ne me regardait pas. Le manuscrit m'est revenu : mais le libraire l'a réclamé comme acquis par lui de bonne foi, et je n'en veux pas dédire celui qui le lui a cédé. Voilà comment cette bagatelle passe aujourd'hui à l'impression.

DE L'IMITATION THEATRALE.

Plus je songe à l'établissement de notre république imaginaire, plus il me semble que nous lui avons prescrit des lois utiles et appropriées à la nature de l'homme. Je trouve, surtout, qu'il importait de donner, comme nous avons fait, des bornes à la licence des poètes, et de leur interdire toutes les parties de leur art qui se rapporte à l'imitation. Nous reprendrons même, si vous voulez, ce sujet, à présent que les choses plus importantes sont examinées; et, dans l'espoir que vous ne me dénoncerez pas à ces dangereux ennemis, je vous avouerai que je regarde tous les auteurs dramatiques comme les corrupteurs du peuple, ou de quiconque, se laissant amuser par leurs images, n'est pas capable de les considérer sous leur vrai point de vue, ni de donner à ces fables le correctif dont elles ont besoin. Quelque respect que j'aie pour Homère, leur modèle et leur premier maître, je ne crois pas lui devoir plus qu'à la vérité; et pour commencer par m'assurer d'elle, je vais d'abord rechercher ce que c'est qu'imitation.

Pour imiter une chose il faut en avoir l'idée. Cette idée est abstraite, absolue, unique, et indépendante du nombre d'exemplaires de cette chose qui peuvent exister dans la nature. Cette idée est toujours antérieure à son exécution : car l'architecte qui construit un palais a l'idée d'un palais avant que de commencer le sien. Il n'en fabrique pas le modèle, il le suit; et ce modèle est d'avance dans son esprit.

Borné par son art à ce seul objet, cet artiste ne sait faire que son palais ou d'autres palais semblables; mais il y en a de bien plus universels, qui font tout ce que peut exécuter au monde quelque ouvrier que ce soit, tout ce que produit la nature, tout ce que peuvent faire de visible au ciel, sur la terre, aux enfers, les dieux mêmes. Vous comprenez bien que ces artistes si merveilleux sont des peintres! et même le plus ignorant des hommes en peut faire autant avec un miroir. Vous me direz que le peintre ne fait pas ces choses, mais leurs images : autant en fait l'ouvrier qui les fabrique réellement, puisqu'il copie un modèle qui existait avant elles.

Je vois là trois palais bien distincts : premièrement, le modèle ou l'idée originale qui existe dans l'entendement de l'architecte, dans la nature, ou tout au moins dans son auteur, avec toutes les idées possibles dont il est la source; en second lieu, le palais de l'architecte, qui est l'image de ce modèle, et, enfin, le palais du peintre, qui est l'image de celui de l'architecte. Ainsi, Dieu, l'architecte, et le peintre, sont les auteurs de ces trois palais. Le premier palais est l'idée originale, existante par elle-même; le second en est l'image, le troisième est l'image de l'image, ou ce que nous appelons proprement imitation. D'où il suit que l'imitation ne tient pas, comme on croit, le second rang, mais le troisième dans l'ordre des êtres, et que, nulle image n'étant exacte et parfaite, l'imitation est toujours d'un degré plus loin de la vérité qu'on ne pense.

L'architecte peut faire plusieurs palais sur le même modèle, le peintre plusieurs tableaux du même palais : mais quant au type ou modèle original, il est unique; car si l'on supposait qu'il y en eût deux semblables, ils ne seraient plus originaux; ils auraient un modèle original commun à l'un et à l'autre, et c'est celui-là seul qui serait le vrai. Tout ce que je dis ici de la peinture est applicable à l'imitation théâtrale : mais, avant d'en venir là, examinons plus en détail les imitations du peintre.

Non-seulement il n'imite dans ses tableaux que les images des choses, savoir : les productions sensibles de la nature, et les ouvrages des artistes : il ne cherche pas même à rendre exactement la vérité de l'objet, mais l'apparence; il le peint tel qu'il paraît être, et non pas tel qu'il est. Il le peint sous un seul point de vue; et, choisissant ce point de vue à sa volonté, il rend, selon qu'il lui convient, le même objet agréable ou difforme aux yeux des spectateurs. Ainsi jamais il ne dépend d'eux de juger de la chose imitée en elle-même; mais ils sont forcés d'en juger sur une certaine apparence, et comme il plaît à l'imitateur : souvent même ils n'en jugent que par l'habitude, et il entre de l'arbitraire jusque dans l'imitation (1).

(1) L'expérience nous apprend que la belle harmonie ne flatte point une oreille non prévenue, qu'il n'y a que la seule habitude qui nous rende agréables les consonnances, et nous les fasse distinguer des intervalles les plus discordants. Quant à la simplicité des

L'art de représenter les objets est fort différent de celui de les faire connaître. Le premier plaît sans instruire; le second instruit sans plaire. L'artiste qui lève un plan et prend des dimensions exactes ne fait rien de fort agréable à la vue; aussi son ouvrage n'est-il recherché que par les gens de l'art. Mais celui qui trace une perspective flatte le peuple et les ignorants, parce qu'il ne leur fait rien connaître, et leur offre seulement l'apparence de ce qu'ils connaissent déjà. Ajoutez que la mesure, nous donnant successivement une dimension et puis l'autre, nous instruit lentement de la vérité des choses; au lieu que l'apparence nous offre le tout à la fois, et, sous l'opinion d'une plus grande capacité d'esprit, flatte le sens en séduisant l'amour-propre.

Les représentations du peintre, dépourvues de toute réalité, ne produisent même cette apparence qu'à l'aide de quelques vaines ombres et de quelques légers simulacres qu'il fait prendre pour la chose même. S'il y avait quelque mélange de vérité dans ses imitations, il faudrait qu'il connût les objets qu'il imite; il serait naturaliste, ouvrier, physicien, avant d'être peintre. Mais au contraire, l'étendue de son art n'est fondée que sur son ignorance; et il ne peint tout que parce qu'il n'a besoin de rien connaître. Quand il nous offre un philosophe en méditation, un astronome observant les astres, un géomètre traçant des figures, un tourneur dans son atelier, sait-il pour cela tourner, calculer, méditer, observer les astres? Point du tout; il ne sait que peindre. Hors d'état de rendre raison d'aucune des choses qui sont dans son tableau, il nous abuse doublement par ses imitations, soit en nous offrant une apparence vague et trompeuse, dont ni lui ni nous ne saurions distinguer l'erreur, soit en employant des mesures fausses pour produire cette apparence, c'est-à-dire en altérant toutes les véritables dimensions selon les lois de la

---

rapports sur laquelle on a voulu fonder le plaisir de l'harmonie, j'ai fait voir dans l'Encyclopédie, au mot *Consonnance*, que ce principe est insoutenable; et je crois facile à prouver que toute notre harmonie est une invention barbare et gothique qui n'est devenue que par trait de temps un art d'imitation. Un magistrat studieux (M. de Boisgelou, conseiller au Grand Conseil) qui, dans ses moments de loisir, au lieu d'aller entendre de la musique, s'amuse à en approfondir les systèmes, a trouvé que le rapport de la quinte n'est de deux à trois que par approximation, et que ce rapport est rigoureusement incommensurable. Personne au moins ne saurait nier qu'il ne soit tel sur nos clavecins en vertu du tempérament; ce qui n'empêche pas ces quintes ainsi tempérées de nous paraître agréables. Or, où est, en pareil cas, la simplicité du rapport qui devrait nous les rendre telles? Nous ne savons point encore si notre système de musique n'est pas fondé sur de pures conventions; nous ne savons point si les principes n'en sont pas tout-à-fait arbitraires, et si tout autre système substitué à celui-ci ne parviendrait pas par l'habitude à nous plaire également. C'est une question discutée ailleurs. Par une analogie assez naturelle, ces réflexions pourraient en exciter d'autres, au sujet de la peinture, sur le ton d'un tableau, sur l'accord des couleurs, sur certaines parties du dessin où il entre peut-être plus d'arbitraire qu'on ne pense, et où l'imitation même peut avoir des règles de convention. Pourquoi les peintres n'osent-ils entreprendre des imitations nouvelles, qui n'ont contre elles que leur nouveauté, et paraissent d'ailleurs tout-à-fait du ressort de l'art? Par exemple, c'est un jeu pour eux de faire paraître en relief une surface plane: pourquoi donc nul d'entre eux n'a-t-il tenté de donner l'apparence d'une surface plane à un relief? S'ils font qu'un plafond paraisse une voûte, pourquoi ne font-ils pas qu'une voûte paraisse un plafond? Les ombres, diront-ils, changent d'apparence à divers points de vue; ce qui n'arrive pas de même aux surfaces planes. Levons cette difficulté, et prions un peintre de peindre et colorier une statue de manière qu'elle paraisse plate, rase, et de la même couleur, sans aucun dessin, dans un seul jour et sous un seul point de vue. Ces nouvelles considérations ne seraient peut-être pas indignes d'être examinées par l'amateur éclairé qui a si bien philosophé sur cet art.

perspective : de sorte que, si le sens du spectateur ne prend pas le change et se borne à voir le tableau tel qu'il est, il se trompera sur tous les rapports des choses qu'on lui présente, ou les trouvera tous faux. Cependant l'illusion sera telle, que les simples et les enfants s'y méprendront, qu'ils croiront voir des objets que le peintre lui-même ne connaît pas, et des ouvriers à l'art desquels il n'entend rien.

Apprenons, par cet exemple, à nous défier de ces gens universels, habiles dans tous les arts, versés dans toutes les sciences, qui savent tout, qui raisonnent de tout, et semblent réunir à eux seuls les talents de tous les mortels. Si quelqu'un nous dit connaître un de ces hommes merveilleux, assurons-le, sans hésiter, qu'il est la dupe des prestiges d'un charlatan, et que tout le savoir de ce grand philosophe n'est fondé que sur l'ignorance de ses admirateurs, qui ne savent point distinguer l'erreur d'avec la vérité, ni l'imitation d'avec la chose imitée.

Ceci nous mène à l'examen des auteurs tragiques et d'Homère, leur chef (1); car plusieurs assurent qu'il faut qu'un poète tragique sache tout ; qu'il connaisse à fond les vertus et les vices, la politique et la morale, les lois divines et humaines, et qu'il doit avoir la science de toutes les choses qu'il traite, ou qu'il ne fera jamais rien de bon. Cherchons donc si ceux qui relèvent la poésie à ce point de sublimité ne s'en laissent point imposer aussi par l'art imitateur des poètes ; si leur admiration pour ces immortels ouvrages ne les empêche point de voir combien ils sont loin du vrai, de sentir que ce sont des couleurs sans consistance, de vains fantômes, des ombres ; et que, pour tracer de pareilles images, il n'y a rien de moins nécessaire que la connaissance de la vérité : ou bien s'il y a dans tout cela quelque utilité réelle, et si les poètes savent en effet cette multitude de choses dont le vulgaire trouve qu'ils parlent si bien.

Dites-moi, mes amis : si quelqu'un pouvait avoir à son choix le portrait de sa maîtresse ou l'original, lequel penseriez-vous qu'il choisît? Si quelque artiste pouvait faire également la chose imitée ou son simulacre, donnerait-il la préférence au dernier, en objets de quelque prix, et se contenterait-il d'une maison en peinture quand il pourrait s'en faire une en effet? Si donc l'auteur tragique savait réellement les choses qu'il prétend peindre, qu'il eût les qualités qu'il décrit, qu'il sût faire lui-même tout ce qu'il fait faire à ses personnages, n'exercerait-il pas leurs talents? ne pratiquerait-il pas leurs vertus? n'élèverait-il pas des monuments à sa gloire plutôt qu'à la leur? et n'aimerait-il pas mieux faire lui-même des actions louables, que se borner à louer celles d'autrui? Certainement le mérite en serait tout autre; et il n'y a pas de raison pourquoi, pouvant le plus, il se bornerait au moins. Mais que penser de celui qui nous veut enseigner ce qu'il n'a pas pu apprendre? Et qui ne rirait de voir une troupe imbécile aller admirer tous les ressorts de la politique et du cœur humain mis en jeu par un étourdi de vingt ans, à qui le moins sensé de l'assemblée ne voudrait pas confier la moindre de ses affaires?

(1) C'était le sentiment commun des anciens, que tous leurs auteurs tragiques n'étaient que les copistes et les imitateurs d'Homère. Quelqu'un disait des tragédies d'Euripide : « Ce sont les restes des festins d'Homère qu'un convive emporte chez lui. »

Laissons ce qui regarde les talents et les arts. Quand Homère parle si bien du savoir de Machaon, ne lui demandons point compte du sien sur la même matière. Ne nous informons point des malades qu'il a guéris, des élèves qu'il a faits en médecine, des chefs-d'œuvre de gravure et d'orfévrerie qu'il a finis, des ouvriers qu'il a formés, des monuments de son industrie. Souffrons qu'il nous enseigne tout cela, sans savoir s'il en est instruit. Mais quand il nous entretient de la guerre, du gouvernement, des lois, des sciences qui demandent la plus longue étude et qui importent le plus au bonheur des hommes, osons l'interrompre un moment et l'interroger ainsi : O divin Homère! nous admirons vos leçons, et nous n'attendons pour les suivre que de voir comment vous les pratiquez vous-même; si vous êtes réellement ce que vous vous efforcez de paraître; si vos imitateurs n'ont pas le troisième rang, mais le second après la vérité, voyons en vous le modèle que vous nous peignez dans vos ouvrages; montrez-nous le capitaine, le législateur, et le sage, dont vous nous offrez si hardiment le portrait. La Grèce et le monde entier célèbrent les bienfaits des grands hommes qui possédèrent ces arts sublimes dont les préceptes vous coûtent si peu. Lycurgue donna des lois à Sparte, Charondas à la Sicile et à l'Italie, Minos aux Crétois, Solon à nous. S'agit-il des devoirs de la vie, du sage gouvernement de la maison, de la conduite d'un citoyen dans tous les états? Thalès de Milet et le Scythe Anacharsis donnèrent à la fois l'exemple et les préceptes. Faut-il apprendre à d'autres ces mêmes devoirs, et instituer des philosophes et des sages qui pratiquent ce qu'on leur a enseigné? ainsi fit Zoroastre aux mages, Pythagore à ses disciples, Lycurgue à ses concitoyens. Mais vous, Homère, s'il est vrai que vous avez excellé en tant de parties; s'il est vrai que vous puissiez instruire les hommes et les rendre meilleurs; s'il est vrai qu'à l'imitation vous ayez joint l'intelligence, et le savoir aux discours; voyons les travaux qui prouvent votre habileté, les états que vous avez institués, les vertus qui vous honorent, les disciples que vous avez faits, les batailles que vous avez gagnées, les richesses que vous avez acquises. Que ne vous êtes-vous concilié des foules d'amis? que ne vous êtes-vous fait aimer et honorer de tout le monde? Comment se peut-il que vous n'ayez attiré près de vous que le seul Cléophile? encore n'en fîtes-vous qu'un ingrat. Quoi! un Protagore d'Abdère, un Prodicus de Chio, sans sortir d'une vie simple et privée, ont attroupé leurs contemporains autour d'eux, leur ont persuadé d'apprendre d'eux seuls l'art de gouverner son pays, sa famille et soi-même; et ces hommes si merveilleux, un Hésiode, un Homère, qui savaient tout, qui pouvaient tout apprendre aux hommes de leur temps, en ont été négligés au point d'aller errant, mendiant par tout l'univers, et chantant leurs vers de ville en ville comme de vils baladins! Dans ces siècles grossiers, où le poids de l'ignorance commençait à se faire sentir, où le besoin et l'avidité de savoir concouraient à rendre utile et respectable tout homme un peu plus instruit que les autres, si ceux-ci eussent été aussi savants qu'ils semblaient l'être, s'ils avaient eu toutes les qualités qu'ils faisaient briller avec tant de pompe, ils eussent passé pour des prodiges; ils auraient été recherchés de tous; chacun se serait empressé pour les avoir, les posséder, les retenir chez soi; et ceux qui n'auraient pu les fixer avec eux les auraient plutôt suivis par toute la terre que de perdre une occasion si rare de s'instruire et de devenir des héros pareils à ceux qu'on leur faisait admirer (1).

Convenons donc que tous les poètes, à commencer par Homère, nous représentent dans leurs tableaux, non le modèle des vertus, des talents, des qualités de l'âme, ni les autres objets de l'entendement et des sens qu'ils n'ont pas en eux-mêmes, mais les images de tous ces objets tirées d'objets étrangers; et qu'ils ne sont pas plus près en cela de la vérité quand ils nous offrent les traits d'un héros ou d'un capitaine, qu'un peintre qui, nous peignant un géomètre ou un ouvrier, ne regarde point à l'art, où il n'entend rien, mais seulement aux couleurs et à la figure. Ainsi font illusion les noms et les mots à ceux qui, sensibles au rhythme et à l'harmonie, se laissent charmer à l'art enchanteur du poète, et se livrent à la séduction par l'attrait du plaisir; en sorte qu'ils prennent les images d'objets qui ne sont connus ni d'eux ni des auteurs pour les objets mêmes, et craignent d'être détrompés d'une erreur qui les flatte, soit en donnant le change à leur ignorance, soit par les sensations agréables dont cette erreur est accompagnée.

En effet, ôtez au plus brillant de ces tableaux le charme des vers et des ornements étrangers qui l'embellissent; dépouillez-le du coloris de la poésie ou du style, et n'y laissez que le dessin, vous aurez peine à le reconnaître; ou, s'il est reconnaissable, il ne plaira plus; semblable à ces enfants plutôt jolis que beaux, qui, parés de leur seule fleur de jeunesse, perdent avec elle toutes leurs grâces, sans avoir rien perdu de leurs traits.

Non seulement l'imitateur ou l'auteur du simulacre ne connaît que l'apparence de la chose imitée, mais la véritable intelligence de cette chose n'appartient pas même à celui qui l'a faite. Je vois dans ce tableau de chevaux attelés au char d'Hector; ces chevaux ont des harnais, des mors, des rênes; l'orfèvre, le forgeron, le sellier, ont fait ces diverses choses, le peintre les a représentées; mais ni l'ouvrier qui les fait, ni le peintre qui les dessine, ne savent ce qu'elles doivent être : c'est à l'écuyer ou au conducteur qui s'en sert à déterminer leur forme sur leur usage; c'est à lui seul de juger si elles sont bien ou mal, et d'en corriger les défauts. Ainsi, dans tout instrument possible, il y a trois objets de pratique à considérer; savoir, l'usage, la fabrique, et l'imitation. Ces deux derniers arts dépendent manifestement du premier, et il n'y a rien d'imitable dans la nature à quoi l'on ne puisse appliquer les mêmes distinctions.

Si l'utilité, la bonté, la beauté d'un instrument, d'un animal, d'une action, se rapportent à l'usage qu'on en tire; s'il n'appartient qu'à celui qui les met en œuvre d'en donner le modèle et de juger si ce modèle est fidèlement exécuté : loin que l'imitateur soit en état de prononcer sur les qualités des choses qu'il imite, cette décision n'appartient pas même à celui qui les a faites. L'imitateur suit l'ouvrier dont il copie l'ouvrage, l'ouvrier suit l'artiste qui sait s'en servir, et ce dernier seul apprécie également la chose et son

---

(1) Platon ne veut pas dire qu'un homme entendu pour ses intérêts et versé dans les affaires lucratives ne puisse, en trafiquant de la poésie, ou par d'autres moyens, parvenir à une grande fortune. Mais il est fort différent de s'enrichir et de s'illustrer par le métier de poète, ou de s'enrichir et s'illustrer par les talents que le poete prétend enseigner. Il est vrai qu'on pouvait alléguer à Platon l'exemple de Tyrtée; mais il se fût tiré d'affaire avec une distinction, en le considérant plutôt comme orateur que comme poète.

imitation; ce qui confirme que les tableaux du poète et du peintre n'occupent que la troisième place après le premier modèle ou la vérité.

Mais le poète, qui n'a pour juge qu'un peuple ignorant auquel il cherche à plaire, comment ne défigurera-t-il pas, pour le flatter, les objets qu'il lui présente? Il imitera ce qui paraît beau à la multitude, sans se soucier s'il l'est en effet. S'il peint la valeur, aura-t-il Achille pour juge? S'il peint la ruse, Ulysse le reprendra-t-il? Tout au contraire, Achille et Ulysse seront ses personnages; Thersite et Dolon, ses spectateurs.

Vous m'objecterez que le philosophe ne sait pas non plus lui-même tous les arts dont il parle, et qu'il étend souvent ses idées aussi loin que le poète étend ses images. J'en conviens : mais le philosophe ne se donne pas pour savoir la vérité, il la cherche; il examine, il discute, il étend nos vues, il nous instruit même en se trompant; il propose ses doutes pour des doutes, ses conjectures pour des conjectures, et n'affirme que ce qu'il sait. Le philosophe qui raisonne soumet ses raisons à notre jugement; le poète et l'imitateur se fait juge lui-même. En nous offrant ses images, il les affirme conformes à la vérité : il est donc obligé de la connaître si son art a quelque réalité; en peignant tout il se donne pour tout savoir. Le poète est le peintre qui fait l'image; le philosophe est l'architecte qui lève le plan : l'un ne daigne pas même approcher de l'objet pour le peindre; l'autre mesure avant de tracer.

Mais, de peur de nous abuser par de fausses analogies, tâchons de voir plus distinctement à quelle partie, à quelle faculté de notre âme se rapportent les imitations du poète, et considérons d'abord d'où vient l'illusion de celles du peintre. Les mêmes corps vus à diverses distances ne paraissent pas de même grandeur, ni leurs figures également sensibles, ni leurs couleurs de la même vivacité. Vus dans l'eau, ils changent d'apparence; ce qui était droit paraît brisé; l'objet paraît flotter avec l'onde. A travers un verre sphérique ou creux, tous les rapports des traits sont changés; à l'aide du clair et des ombres, une surface plane se relève ou se creuse au gré du peintre; son pinceau grave des traits aussi profonds que le ciseau du sculpteur; et, dans les reliefs qu'il sait tracer sur la toile, le toucher, démenti par la vue, laisse à douter auquel des deux on doit se fier. Toutes ces erreurs sont évidemment dans les jugements précités de l'esprit. C'est cette faiblesse de l'entendement humain, toujours pressé de juger sans connaître, qui donne prise à tous ces prestiges par lesquels l'optique et la mécanique abusent nos sens. Nous concluons, sur la seule apparence, de ce que nous connaissons à ce que nous ne connaissons pas; et nos inductions fausses sont la source de mille illusions.

Quelles ressources nous sont offertes contre ces erreurs? Celles de l'examen et de l'analyse. La suspension de l'esprit, l'art de mesurer, de peser, de compter, sont les secours que l'homme a pour vérifier les rapports des sens, afin qu'il ne juge pas de ce qui est grand ou petit, rond ou carré, rare ou compacte, éloigné ou proche, par ce qui paraît l'être, mais par ce que le nombre, la mesure et le poids lui donnent pour tel. La comparaison, le jugement des rapports trouvés par ces diverses opérations, appartiennent incontestablement à la faculté raisonnante; et ce jugement est souvent en contradiction avec celui que l'apparence des choses nous fait porter. Or, nous avons vu ci-devant que ce ne saurait être par la même faculté de l'âme qu'elle porte des jugements contraires des mêmes choses considérées sous les mêmes relations. D'où il suit que ce n'est point la plus noble de nos facultés, savoir, la raison, mais une faculté différente et inférieure, qui juge sur l'apparence, et se livre au charme de l'imitation. C'est ce que je voulais exprimer ci-devant en disant que la peinture, et généralement l'art d'imiter, exerce ses opérations loin de la vérité des choses, en s'unissant à une partie de notre âme dépourvue de prudence et de raison, et incapable de rien connaître par elle-même de réel et de vrai (1). Ainsi l'art d'imiter, vil par sa nature et par la faculté de l'âme sur laquelle il agit, ne peut que l'être encore par ses productions, du moins quant au sens matériel qui nous fait juger des tableaux du peintre. Considérons maintenant le même art appliqué par les imitations du poëte immédiatement au sens interne, c'est-à-dire à l'entendement.

La scène représente les hommes agissant volontairement ou par force, estimant leurs actions bonnes ou mauvaises selon le bien ou le mal qu'ils pensent leur en revenir, et diversement affectés, à cause d'elles, de douleur ou de volupté. Or, par les raisons que nous avons déjà discutées, il est impossible que l'homme ainsi présenté soit jamais d'accord avec lui-même; et comme l'apparence et la réalité des objets sensibles lui en donnent des opinions contraires, de même il apprécie différemment les objets de ses actions, selon qu'ils sont éloignés ou proches, conformes ou opposés à ses passions; et ses jugements, mobiles comme elles, mettent sans cesse en contradiction ses désirs, sa raison, sa volonté, et toutes les puissances de son âme.

La scène représente donc tous les hommes, et même ceux qu'on nous donne pour modèles, comme affectés autrement qu'ils ne doivent l'être pour se maintenir dans l'état de modération qui leur convient. Qu'un homme sage et courageux perde son fils, son ami, sa maîtresse, enfin l'objet le plus cher à son cœur, on ne le verra point s'abandonner à une douleur excessive et déraisonnable; et si la faiblesse humaine ne lui permet pas de surmonter tout-à-fait son affliction, il la tempérera par la constance; une juste honte lui fera renfermer en lui-même une partie de ses peines; et, contraint de paraître aux yeux des hommes, il rougirait de dire et faire en leur présence plusieurs choses qu'il dit et fait étant seul. Ne pouvant être en lui tel qu'il veut, il tâche au moins de s'offrir aux autres tel qu'il doit être. Ce qui le trouble et l'agite, c'est la douleur et la passion; ce qui l'arrête et le contient, c'est la raison et la loi; et dans ces mouvements opposés, sa volonté se déclare toujours pour la dernière.

En effet, la raison veut qu'on supporte patiemment l'adversité, qu'on n'en aggrave pas le poids par des plaintes inutiles, qu'on n'estime pas les choses humaines au-delà de leur prix, qu'on n'épuise pas à pleurer ses maux les forces qu'on a pour les adoucir, et qu'enfin l'on songe quelquefois qu'il est impossible à l'homme de prévoir l'avenir, et de se connaître assez lui-même pour savoir si ce qui lui arrive est un bien ou un mal pour lui.

(1) Il ne faut pas prendre ici ce mot de *partie* dans un sens exact, comme si Platon supposait l'âme réellement divisible ou composée. La division qu'il suppose, et qui lui fait employer le mot de *parties*, ne tombe que sur les divers genres d'opérations par lesquelles l'âme se modifie, et qu'on appelle autrement *facultés*.

Ainsi se comportera l'homme judicieux et tempérant, en proie à la mauvaise fortune. Il tâchera de mettre à profit ses revers mêmes, comme un joueur prudent cherche à tirer parti d'un mauvais point que le hasard lui amène ; et, sans se lamenter comme un enfant qui tombe et pleure auprès de la pierre qui l'a frappé, il saura porter, s'il le faut, un fer salutaire à sa blessure, et la faire saigner pour la guérir. Nous dirons donc que la constance et la fermeté dans les disgrâces sont l'ouvrage de la raison, et que le deuil, les larmes, le désespoir, les gémissements, appartiennent à une partie de l'âme opposée à l'autre, plus débile, plus lâche, et beaucoup inférieure en dignité.

Or, c'est de cette partie sensible et faible que se tirent les imitations touchantes et variées qu'on voit sur la scène. L'homme ferme, prudent, toujours semblable à lui-même, n'est pas si facile à imiter ; et, quand il le serait, l'imitation, moins variée, n'en serait pas si agréable au vulgaire ; il s'intéresserait difficilement à une image qui n'est pas la sienne, et dans laquelle il ne reconnaîtrait ni ses mœurs, ni ses passions : jamais le cœur humain ne s'identifie avec des objets qu'il sent lui être absolument étrangers. Aussi l'habile poëte, le poëte qui sait l'art de réussir, cherchant à plaire au peuple et aux hommes vulgaires, se garde bien de leur offrir la sublime image d'un cœur maître de lui, qui n'écoute que la voix de la sagesse ; mais il charme les spectateurs par des caractères toujours en contradiction, qui veulent et ne veulent pas, qui font retentir le théâtre de cris et de gémissements, qui nous forcent à les plaindre, lors même qu'ils font leur devoir, et à penser c'est une triste chose que la vertu, puisqu'elle rend ses amis si misérables. C'est par ce moyen qu'avec des imitations plus faciles et plus diverses poète émeut et flatte davantage les spectateurs.

Cette habitude de soumettre à leurs passions les gens qu'on nous fait aimer re et change tellement nos jugements sur les choses louables, que nous nous accoutumons à honorer la faiblesse d'âme sous le nom de sensibilité, et à traiter d'hommes durs et sans sentiment ceux en qui la sévérité du devoir emporte, en toute occasion, sur les affections naturelles. Au contraire, nous estimons comme gens d'un bon naturel ceux qui, vivement affectés de tout, sont l'éternel jouet des événements ; ceux qui pleurent comme des femmes la perte de ce qui leur fut cher ; ceux qu'une amitié désordonnée rend injustes pour servir leurs amis ; ceux qui ne connaissent d'autre règle que l'aveugle penchant de leur cœur ; ceux qui, toujours loués du sexe qui les subjugue et qu'ils imitent, n'ont d'autres vertus que leurs passions, ni d'autre mérite que leur faiblesse. Ainsi l'égalité, la force, la constance, l'amour de la justice, l'empire de la raison, deviennent insensiblement des qualités haïssables, des vices que l'on décrie ; les hommes se font honorer par tout ce qui les rend dignes de mépris ; et ce renversement des saines opinions est l'infaillible effet des leçons qu'on va prendre au théâtre.

C'est donc avec raison que nous blâmons les imitations du poète, et que nous les mettions au même rang que celles du peintre, soit pour être également éloignées de la vérité, soit parce que l'un et l'autre, flattant également la partie sensible de l'âme, et négligeant la rationnelle, renversent l'ordre de nos facultés, et nous font subordonner le meilleur au pire. Comme celui qui s'occuperait dans la république à soumettre les bons aux méchants, et les vrais chefs aux rebelles, serait ennemi de la patrie et traître à l'état; ainsi le poète imitateur porte les dissensions et la mort dans la république de l'âme, en élevant et nourrissant les plus viles facultés aux dépens des plus nobles, en épuisant et usant ses forces sur les moins dignes de l'occuper, en confondant par de vains simulacres le vrai beau avec l'attrait mensonger qui plaît à la multitude, et la grandeur apparente avec la véritable grandeur.

Quelles âmes fortes oseront se croire à l'épreuve du soin que prend le poète de les corrompre ou de les décourager? Quand Homère ou quelque auteur tragique nous montre un héros surchargé d'affliction, criant, lamentant, se frappant la poitrine; un Achille, fils d'une déesse, tantôt étendu par terre et répandant des deux mains du sable ardent sur sa tête, tantôt errant comme un forcené sur le rivage, et mêlant au bruit des vagues ses hurlements effrayants; un Priam, vénérable par sa dignité, par son grand âge, par tant d'illustres enfants, se roulant dans la fange, souillant ses cheveux blancs, faisant retentir l'air de ses imprécations, et apostrophant les dieux et les hommes; qui de nous, insensible à ces plaintes, ne s'y livre pas avec une sorte de plaisir? qui ne sent pas naître en soi-même le sentiment qu'on nous représente? qui ne loue pas sérieusement l'art de l'auteur, et ne le regarde pas comme un grand poète, à cause de l'expression qu'il donne à ses tableaux, et des affections qu'il nous communique? Et cependant, lorsqu'une affliction domestique et réelle nous atteint nous-mêmes, nous nous glorifions de la supporter modérément, de ne nous en point laisser accabler jusqu'aux larmes; nous regardons alors le courage que nous nous efforçons d'avoir comme une vertu d'homme, et nous nous croirions aussi lâches que des femmes de pleurer et gémir comme ces héros qui nous ont touchés sur la scène. Ne sont-ce pas de fort utiles spectacles que ceux qui nous font admirer des exemples que nous rougirions d'imiter, et où l'on nous intéresse à des faiblesses dont nous avons tant de peine à nous garantir dans nos propres calamités? La plus noble faculté de l'âme, perdant ainsi l'usage et l'empire d'elle-même, s'accoutume à fléchir sous la loi des passions; elle ne réprime plus nos pleurs et nos cris; elle nous livre à notre attendrissement pour des objets qui nous sont étrangers; et sous prétexte de commisération pour des malheurs chimériques, loin de s'indigner qu'un homme vertueux s'abandonne à des douleurs excessives, loin de nous empêcher de l'applaudir dans son avilissement, elle nous laisse applaudir nous-mêmes de la pitié qu'il nous inspire; c'est un plaisir que nous croyons avoir gagné sans faiblesse, et que nous goûtons sans remords.

Mais en nous laissant ainsi subjuguer aux douleurs d'autrui, comment résisterons-nous aux nôtres? et comment supporterons-nous plus courageusement nos propres maux que ceux dont nous n'apercevons qu'une vaine image? Quoi! serons-nous les seuls qui n'aurons point de prise sur notre sensibilité? Qui est-ce qui ne s'appropriera pas, dans l'occasion, ces mouvements auxquels il se prête si volontiers? Qui est-ce qui saura refuser à ses propres malheurs les larmes qu'il prodigue à ceux d'un autre? J'en dis autant de la comédie, d'un rire indécent qu'elle nous arrache, de l'habitude qu'on y prend de tourner tout en ridicule, même les objets les plus sérieux et les plus graves, et de l'effet presque inévitable par lequel elle change en bouffons et plaisants de théâtre les plus respectables des citoyens. J'en dis autant de l'amour, de la colère, et de toutes les autres passions, auxquelles devenant de jour en jour plus sensibles par amusement et par jeu, nous perdons toute force pour leur résister quand elles nous assaillent tout de bon. Enfin, de quelque sens qu'on envisage le théâtre et ses imitations, on voit toujours qu'animant et fomentant en nous les dispositions qu'il faudrait contenir et réprimer, il fait dominer ce qui devrait obéir; loin de nous rendre meilleurs et plus heureux, il nous rend pires et plus malheureux encore, et nous fait payer aux dépens de nous-mêmes le soin qu'on y prend de nous plaire et de nous flatter.

Quand donc, ami Glaucus, vous rencontrerez des enthousiastes d'Homère; quand ils vous diront qu'Homère est l'instituteur de la Grèce et le maître de tous les arts; que le gouvernement des états, la discipline civile, l'éducation des hommes, et tout l'ordre de la vie humaine, sont enseignés dans ses écrits; honorez leur zèle; aimez et supportez-les comme des hommes doués de qualités exquises; admirez avec eux les merveilles de ce beau génie; accordez-leur avec plaisir qu'Homère est le poète par excellence, le modèle et le chef de tous les auteurs tragiques : mais songez toujours que les hymnes en l'honneur des dieux et les louanges des grands hommes sont la seule espèce de poésie qu'il faut admettre dans la république; et que, si l'on y souffre une fois cette muse imitative qui nous charme et nous trompe par la douceur de ses accents, bientôt les actions des hommes n'auront plus pour objet ni la loi, ni les choses bonnes et belles, mais la douleur et la volupté; les passions excitées domineront au lieu de la raison; les citoyens ne seront plus des hommes vertueux et justes, toujours soumis au devoir et à l'équité, mais des hommes sensibles et faibles qui feront le bien ou le mal indifféremment, selon qu'ils seront entraînés par leur penchant. Enfin, n'oubliez jamais qu'en bannissant de notre état les drames et pièces de théâtre, nous ne suivons point un entêtement barbare, et ne méprisons point les beautés de l'art; mais nous leur préférons les beautés immortelles qui résultent de l'harmonie de l'âme et de l'accord de ses facultés.

Faisons plus encore. Pour nous garantir de toute partialité, et ne rien donner à cette antique discorde qui règne entre les philosophes et les poètes, n'ôtons rien à la poésie et à l'imitation de ce qu'elles peuvent alléguer pour leur défense, ni à nous des plaisirs innocents qu'elles peuvent nous procurer. Rendons cet honneur à la vérité, d'en respecter jusqu'à l'image, et de laisser la liberté de se faire entendre à tout ce qui se renomme d'elle. En imposant silence aux poètes, accordons à leurs amis la liberté de les défendre, et de nous montrer, s'ils peuvent, que l'art condamné par nous comme nuisible n'est pas seulement agréable, mais utile à la république et aux citoyens. Ecoutons leurs raisons d'une oreille impartiale, et convenons de bon cœur que nous aurons beaucoup gagné pour nous-mêmes, s'ils prouvent qu'on peut se livrer sans risque à de si douces impressions. Autrement, mon cher Glaucus, comme un homme sage, épris des charmes d'une maîtresse, voyant sa vertu prête à l'abandonner, rompt, quoiqu'à regret, une si douce chaîne, et sacrifie l'amour au devoir et à la raison; ainsi, livrés dès notre enfance aux attraits séducteurs de la poésie, et trop sensibles peut-être à ses beautés, nous nous munirons pourtant de force et de raison contre ses prestiges : si nous osons donner quelque chose au goût qui nous attire, nous craindrons au moins de nous livrer à nos premières amours; nous nous dirons toujours qu'il n'y a rien de sérieux ni d'utile dans tout cet appareil dramatique : en prêtant quelquefois nos oreilles à la poésie, nous garantirons nos cœurs d'être abusés par elle, et nous ne souffrirons point qu'elle trouble l'ordre et la liberté, ni dans la république intérieure de l'âme, ni dans celle de la société humaine. Ce n'est pas une légère alternative que de se rendre meilleur ou pire, et l'on ne saurait peser avec trop de soin la délibération qui nous y conduit. O mes amis! c'est, je l'avoue, une douce chose de se livrer aux charmes d'un talent enchanteur, d'acquérir par lui des biens, des honneurs, du pouvoir, de la gloire : mais la puissance, et la gloire, et la richesse, et les plaisirs, tout s'éclipse et disparaît comme une ombre auprès de la justice et de la vertu.

NARCISSE

ou

L'AMANT DE LUI-MÊME

COMÉDIE COMPOSÉE EN 1733

et jouée le 18 décembre 1752.

PRÉFACE.

J'ai écrit cette comédie à l'âge de dix-huit ans, et je me suis gardé de la montrer, aussi longtemps que j'ai tenu quelque compte de la réputation d'auteur. Je me suis enfin senti le courage de la publier, mais je n'aurai jamais celui d'en rien dire. Ce n'est donc pas de ma pièce, mais de moi-même qu'il s'agit ici.

Il faut, malgré ma répugnance, que je parle de moi; il faut que je convienne des torts que l'on m'attribue, ou que je m'en justifie. Les armes ne seront pas égales, je le sens bien; car on m'attaquera avec des plaisanteries, et je ne me défendrai qu'avec des raisons : mais pourvu que je convainque mes adversaires, je me soucie très peu de les persuader; en travaillant à mériter ma propre estime, j'ai appris à me passer de celle des autres, qui, pour la plupart, se passent bien de la mienne. Mais s'il ne m'importe guère qu'on pense bien ou mal de moi, il m'importe que personne n'ait droit d'en mal penser; et il importe à la vérité, que j'ai soutenue, que son défenseur ne soit point accusé justement de ne lui avoir prêté son secours que par caprice ou par vanité, sans l'aimer et sans la connaître.

Le parti que j'ai pris, dans la question que j'examinais il y a quelques années, n'a pas manqué de me susciter une multitude d'adversaires (1) plus

---

(1) On m'assure que plusieurs trouvent mauvais que j'appelle mes adversaires mes adversaires; et cela me paraît assez croyable dans un siècle où l'on n'ose plus rien appeler par son nom. J'apprends aussi que chacun de mes adversaires se plaint, quand je réponds à d'autres objections que les siennes, que je perds mon temps à me battre contre des chimères; ce qui me prouve une chose, dont je me doutais déjà bien, savoir, qu'ils ne perdent point le leur à se lire ou à s'écouter les uns les autres. Quant à moi, c'est une peine que j'ai cru devoir prendre; et j'ai lu les nombreux écrits qu'ils ont publiés contre moi, depuis la première réponse dont je fus honoré jusqu'aux quatre sermons allemands, dont l'un commence à peu près de cette manière : « Mes frères, si Socrate revenait parmi nous, et qu'il vît l'état florissant où sont les sciences en Europe; que dis-je en Europe? en Allemagne; que dis-je en Allemagne? en Saxe; que dis-je en Saxe? à Leipsick; que dis-je à Leipsick? dans cette université : alors, saisi d'étonnement, et pénétré de respect, Socrate s'assiérait modestement parmi nos écoliers; et, recevant nos leçons avec humi-

attentifs peut-être à l'intérêt des gens de lettres qu'à l'honneur de la littérature. Je l'avais prévu, et je m'étais bien douté que leur conduite, en cette occasion, prouverait en ma faveur plus que tous mes discours. En effet, ils n'ont déguisé ni leur surprise ni leur chagrin de ce qu'une académie s'était montrée intègre si mal à propos. Ils n'ont épargné contre elle, ni les invectives indiscrètes, ni même les faussetés (1), pour tâcher d'affaiblir le poids de son jugement. Je n'ai pas non plus été oublié dans leurs déclamations. Plusieurs ont entrepris de me réfuter hautement : les sages ont pu voir avec quelle force, et le public avec quel succès ils l'ont fait. D'autres plus adroits, connaissant le danger de combattre directement des vérités démontrées, ont habilement détourné sur ma personne une attention qu'il ne fallait donner qu'à mes raisons; et l'examen des accusations qu'ils m'ont intentées a fait oublier les accusations plus graves que je leur intentais moi-même. C'est donc à ceux-ci qu'il faut répondre une fois.

Ils prétendent que je ne pense pas un mot des vérités que j'ai soutenues, et qu'en démontrant une proposition je ne laissais pas de croire le contraire; c'est-à-dire que j'ai prouvé des choses si extravagantes, qu'on peut affirmer que je n'ai pu les soutenir que par jeu. Voilà un bel honneur qu'ils font en cela à la science qui sert de fondement à toutes les autres; et l'on doit croire que l'art de raisonner sert de beaucoup à la découverte de la vérité, quand on le voit employer avec succès à démontrer des folies.

Ils prétendent que je ne pense pas un mot des vérités que j'ai soutenues : c'est sans doute de leur part une manière nouvelle et commode de répondre à des arguments sans réponse, de réfuter les démonstrations même d'Euclide, et tout ce qu'il y a de démontré dans l'univers. Il me semble, à moi, que ceux qui m'accusent si témérairement de parler contre ma pensée ne se font pas eux-mêmes un grand scrupule de parler contre la leur : car ils n'ont assurément rien trouvé dans mes écrits ni dans ma conduite qui ait dû leur inspirer cette idée, comme je le prouverai bientôt; et il ne leur est pas permis d'ignorer que, dès qu'un homme parle sérieusement, on doit penser qu'il croit ce qu'il dit, à moins que ses actions ou ses discours ne le démentent; encore cela même ne suffit-il pas toujours pour s'assurer qu'il n'en croit rien.

Ils peuvent donc crier autant qu'il leur plaira qu'en me déclarant contre les sciences j'ai parlé contre mon sentiment : à une assertion aussi téméraire,

---

lité, il perdrait bientôt avec nous cette ignorance dont il se plaignait si justement. » J'ai lu tout cela, et n'y ai fait que peu de réponses, peut-être en ai-je encore trop fait : mais je suis fort aise que ces messieurs les aient trouvées assez agréables pour être jaloux de la préférence. Pour les gens qui sont choqués du mot ADVERSAIRES, je consens de bon cœur à le leur abandonner, pourvu qu'ils veulent bien m'en indiquer un autre par lequel je puisse désigner, non-seulement tous ceux qui ont combattu mon sentiment, soit par écrit, soit, plus prudemment et plus à leur aise, dans les cercles de femmes et de beaux esprits, où ils étaient bien sûrs que je n'irais pas me défendre; mais encore ceux qui, feignant aujourd'hui de croire que je n'ai point d'adversaires, trouvaient d'abord sans réplique les réponses de mes adversaires, puis, quand j'ai répliqué, m'ont blâmé de l'avoir fait, parce que, selon eux, on ne m'avait point attaqué. En attendant, ils permettront que je continue d'appeler mes adversaires mes adversaires; car, malgré la politesse de mon siècle, je suis grossier comme les Macédoniens de Philippe.

(1) On peut voir, dans le *Mercure* d'août 1752, le désaveu de l'académie de Dijon, au sujet de je ne sais quel écrit attribué faussement par l'auteur à l'un des membres de cette académie.

dénuée également de preuve et de vraisemblance, je ne sais qu'une réponse; elle est courte et énergique, et je les prie de se la tenir pour faite.

Ils prétendent encore que ma conduite est en contradiction avec mes principes, et il ne faut pas douter qu'ils n'emploient cette seconde instance à établir la première; car il y a beaucoup de gens qui savent trouver des preuves à ce qui n'est pas. Ils diront donc qu'en faisant de la musique et des vers on a mauvaise grâce à déprimer les beaux-arts, et qu'il y a dans les belles-lettres, que j'affecte de mépriser, mille occupations plus louables que d'écrire des comédies. Il faut répondre aussi à cette accusation.

Premièrement, quand même on l'admettrait dans toute sa rigueur, je dis qu'elle prouverait que je me conduis mal, mais non que je ne parle pas de bonne foi. S'il était permis de tirer des actions des hommes la preuve de leurs sentiments, il faudrait dire que l'amour de la justice est banni de tous les cœurs, et qu'il n'y a pas un seul chrétien sur la terre. Qu'on me montre des hommes qui agissent toujours conséquemment à leurs maximes, et je passe condamnation sur les miennes. Tel est le sort de l'humanité; la raison nous montre le but, et les passions nous en écartent. Quand il serait vrai que je n'agis pas selon mes principes, on n'aurait donc pas raison de m'accuser pour cela seul de parler contre mon sentiment, ni d'accuser mes principes de fausseté.

Mais si je voulais passer condamnation sur ce point, il me suffirait de comparer les temps pour concilier les choses. Je n'ai pas toujours eu le bonheur de penser comme je fais. Longtemps séduit par les préjugés de mon siècle, je prenais l'étude pour la seule occupation digne d'un sage, je ne regardais les sciences qu'avec respect, et les savants qu'avec admiration (1). Je ne comprenais pas qu'on pût s'égarer en démontrant toujours, ni mal faire en parlant toujours de sagesse. Ce n'est qu'après avoir vu les choses de près que j'ai appris à les estimer ce qu'elles valent; et quoique dans mes recherches j'aie toujours trouvé *satis eloquentiæ, sapientiæ parum*, il m'a fallu bien des réflexions, bien des observations, et bien du temps, pour détruire en moi l'illusion de toute cette vaine pompe scientifique. Il n'est pas étonnant que, durant ces temps de préjugés et d'erreurs où j'estimais tant la qualité d'auteur, j'aie quelquefois aspiré à l'obtenir moi-même. C'est alors que furent composés les vers et la plupart des autres écrits qui sont sortis de ma plume, et entre autres cette petite comédie. Il y aurait peut-être de la dureté à me reprocher aujourd'hui ces amusements de ma jeunesse, et on aurait tort au moins de m'accuser d'avoir contredit en cela des principes qui n'étaient pas encore les miens. Il y a longtemps que je ne mets plus à toutes ces choses aucune espèce de prétention; et hasarder de les donner au public dans ces circonstances, après avoir eu la prudence de les garder si longtemps, c'est dire assez que je dédaigne également la louange et le blâme qui peuvent leur être dus; car je

---

(1) Toutes les fois que je songe à mon ancienne simplicité, je ne puis m'empêcher d'en rire. Je ne lisais pas un livre de morale ou de philosophie que je ne crusse y voir l'âme et les principes de l'auteur. Je regardais tous ces graves écrivains comme des hommes modestes, sages, vertueux, irréprochables. Je me formais de leur commerce des idées angéliques, et je n'aurais approché de la maison de l'un d'eux que comme d'un sanctuaire. Enfin je les ai vus; ce préjugé puéril s'est dissipé, et c'est la seule erreur dont ils m'aient guéri.

ne pense plus comme l'auteur dont ils sont l'ouvrage. Ce sont des enfants illégitimes que l'on caresse encore avec plaisir en rougissant d'en être le père, à qui l'on fait ses derniers adieux, et qu'on envoie chercher fortune sans beaucoup s'embarrasser de ce qu'ils deviendront.

Mais c'est trop raisonner d'après des suppositions chimériques. Si l'on m'accuse sans raison de cultiver les lettres que je méprise, je m'en défends sans nécessité; car, quand le fait serait vrai, il n'y aurait en cela aucune inconséquence : c'est ce qui me reste à prouver.

Je suivrai pour cela, selon ma coutume, la méthode simple et facile qui convient à la vérité. J'établirai de nouveau l'état de la question, j'exposerai de nouveau mon sentiment; et j'attendrai que sur cet exposé on veuille me montrer en quoi mes actions démentent mes discours. Mes adversaires, de leur côté, n'auront garde de demeurer sans réponse, eux qui possèdent l'art merveilleux de disputer pour et contre sur toutes sortes de sujets. Ils commenceront, selon leur coutume, par établir une autre question à leur fantaisie; ils me la feront résoudre comme il leur conviendra; pour m'attaquer plus commodément, ils me feront raisonner, non à ma manière, mais à la leur; ils détourneront habilement les yeux du lecteur de l'objet essentiel, pour les fixer à droite et à gauche; ils combattront un fantôme, et prétendront m'avoir vaincu : mais j'aurai fait ce que je dois faire; et je commence.

« La science n'est bonne à rien et ne fait jamais que du mal, car elle est mauvaise par sa nature. Elle n'est pas moins inséparable du vice que l'ignorance de la vertu. Tous les peuples lettrés ont toujours été corrompus, tous les peuples ignorants ont été vertueux : en un mot, il n'y a de vices que parmi les savants, ni d'homme vertueux que celui qui ne sait rien. Il y a donc un moyen pour nous de redevenir honnêtes gens; c'est de nous hâter de proscrire la science et les savants, de brûler nos bibliothèques, fermer nos académies, nos colléges, nos universités, et de nous replonger dans toute la barbarie des premiers siècles. »

Voilà ce que mes adversaires ont très bien réfuté : aussi jamais n'ai-je dit ni pensé un seul mot de tout cela, et l'on ne saurait rien imaginer de plus opposé à mon système que cette absurde doctrine qu'ils ont la bonté de m'attribuer. Mais voici ce que j'ai dit et qu'on n'a point réfuté.

Il s'agissait de savoir si le rétablissement des sciences et des arts a contribué à épurer nos mœurs.

En montrant, comme je l'ai fait, que nos mœurs ne se sont point épurées (1), la question était à peu près résolue.

---

(1) Quand j'ai dit que nos mœurs s'étaient corrompues, je n'ai pas prétendu dire pour cela que celles de nos aïeux fussent bonnes, mais seulement que les nôtres étaient encore pires. Il y a, parmi les hommes, mille sources de corruption; et, quoique les sciences soient peut-être la plus abondante et la plus rapide, il s'en faut bien que ce soit la seule. La ruine de l'empire romain, les invasions d'une multitude de barbares, ont fait un mélange de tous les peuples qui a dû nécessairement détruire les mœurs et les coutumes de chacun d'eux. Les croisades, le commerce, la découverte des Indes, la navigation, les voyages de long cours, et d'autres causes encore que je ne veux pas dire, ont entretenu et augmenté le désordre. Tout ce qui facilite la communication entre les diverses nations porte aux unes, non les vertus des autres, mais leurs crimes, et altère, chez toutes, les mœurs qui sont propres à leur climat et à la constitution de leur gou-

Mais elle en renfermait implicitement une autre plus générale et plus importante, sur l'influence que la culture des sciences doit avoir en toute occasion sur les mœurs des peuples. C'est celle-ci, dont la première n'est qu'une conséquence, que je me proposai d'examiner avec soin.

Je commençai par les faits, et je montrai que les mœurs ont dégénéré chez tous les peuples du monde à mesure que le goût de l'étude et des lettres s'est étendu parmi eux.

Ce n'était pas assez ; car, sans pouvoir nier que ces choses eussent toujours marché ensemble, on pouvait nier que l'une eût amené l'autre : je m'appliquai donc à montrer cette liaison nécesaire. Je fis voir que la source de nos erreurs sur ce point vient de ce que nous confondons nos vaines et trompeuses connaissances avec la souveraine intelligence qui voit d'un coup d'œil la vérité de toutes choses. La science prise d'une manière abstraite mérite toute notre admiration. La folle science des hommes n'est digne que de risée et de mépris.

Le goût des lettres annonce toujours chez un peuple un commencement de corruption qu'il accélère très promptement. Car ce goût ne peut naître ainsi dans toute une nation que de deux mauvaises sources que l'étude entretient et grossit à son tour ; savoir, l'oisiveté, et le désir de se distinguer. Dans un état bien constitué, chaque citoyen a ses devoirs à remplir ; et ces soins importants lui sont trop chers pour lui laisser le loisir de vaquer à de frivoles spéculations. Dans un état bien constitué, tous les citoyens sont si bien égaux, que nul ne peut être préféré aux autres comme le plus savant ni même comme le plus habile, mais tout au plus comme le meilleur : encore cette dernière distinction est-elle souvent dangereuse ; car elle fait des fourbes et des hypocrites.

Le goût des lettres, qui naît du désir de se distinguer, produit nécessairement des maux infiniment plus dangereux que tout le bien qu'elles font n'est utile ; c'est de rendre à la fin ceux qui s'y livrent très peu scrupuleux sur les moyens de réussir. Les premiers philosophes se firent une grande réputation en enseignant aux hommes la pratique de leurs devoirs et les principes de la vertu. Mais bientôt, ces préceptes étant devenus communs, il fallut se distinguer en frayant des routes contraires. Telle est l'origine des systèmes absurdes des Leucippe, des Diogène, des Pyrrhon, des Protagore, des Lucrèce. Les Hobbes, les Mandeville, et mille autres, ont affecté de se distinguer de même parmi nous ; et leur dangereuse doctrine a tellement fructifié, que, quoiqu'il nous reste de vrais philosophes ardents à rappeler dans nos cœurs les lois de l'humanité et de la vertu, on est épouvanté de voir jusqu'à quel point notre

vernement. Les sciences n'ont donc pas fait tout le mal, elles y ont seulement leur bonne part ; et celui surtout qui leur appartient en propre, c'est d'avoir donné à nos vices une couleur agréable, un certain air honnête qui nous empêche d'en avoir horreur. Quand on joua pour la première fois la comédie du *Méchant*, je me souviens qu'on ne trouvait pas que le rôle principal répondît au titre. Cléon ne parut qu'un homme ordinaire ; il était, disait-on, comme tout le monde. Ce scélérat abominable, dont le caractère si bien exposé aurait dû faire frémir sur eux-mêmes tous ceux qui ont le malheur de lui ressembler, parut un caractère tout-à-fait manqué ; et ses noirceurs passèrent pour des gentillesses, parce que tel qui se croyait un fort honnête homme s'y reconnaissait trait pour trait.

siècle raisonneur a poussé dans ses maximes le mépris des devoirs de l'homme et du citoyen.

Le goût des lettres, de la philosophie et des beaux-arts anéantit l'amour de nos premiers devoirs et de la véritable gloire. Quand une fois les talents ont envahi les honneurs dus à la vertu, chacun veut être un homme agréable, et nul ne se soucie d'être homme de bien. De là naît encore cette autre conséquence, qu'on ne récompense dans les hommes que les qualités qui ne dépendent pas d'eux : car nos talents naissent avec nous, nos vertus seules nous appartiennent.

Les premiers et presque les uniques soins qu'on donne à notre éducation sont les fruits et les semences de ces ridicules préjugés. C'est pour nous enseigner les lettres qu'on tourmente notre misérable jeunesse : nous savons toutes les règles de la grammaire avant que d'avoir ouï parler des devoirs de l'homme ; nous savons tout ce qui s'est fait jusqu'à présent avant qu'on nous ait dit un mot de ce que nous devons faire ; et, pourvu qu'on exerce notre babil, personne ne se soucie que nous sachions agir ni penser. En un mot, il n'est prescrit d'être savant que dans les choses qui ne peuvent nous servir de rien ; et nos enfants sont précisément élevés comme les anciens athlètes des jeux publics, qui, destinant leurs membres robustes à un exercice inutile et superflu, se gardaient de les employer jamais à aucun travail profitable.

Le goût des lettres, de la philosophie et des beaux-arts, amollit les corps et les âmes. Le travail du cabinet rend les hommes délicats, affaiblit leur tempérament ; et l'âme garde difficilement sa vigueur quand le corps a perdu la sienne. L'étude use la machine, épuise les esprits, détruit la force, énerve le courage ; et cela seul montre assez qu'elle n'est pas faite pour nous : c'est ainsi qu'on devient lâche et pusillanime, incapable de résister également à la peine et aux passions. Chacun sait combien les habitants des villes sont peu propres à soutenir les travaux de la guerre, et l'on n'ignore pas quelle est la réputation des gens de lettres en fait de bravoure (1). Or rien n'est plus justement suspect que l'honneur d'un poltron.

Tant de réflexions sur la faiblesse de notre nature ne servent souvent qu'à nous détourner des entreprises généreuses. A force de méditer sur les misères de l'humanité, notre imagination nous accable de leur poids, et trop de prévoyance nous ôte le courage en nous ôtant la sécurité. C'est bien en vain que nous prétendons nous munir contre les accidents imprévus. « Si « la science, essayant de nous armer de nouvelles défenses contre les inconvénients naturels, nous a plus imprimé en la fantaisie leur grandeur et leur « poids, qu'elle n'a ses raisons et vaines subtilités à nous en couvrir (2). »

Le goût de la philosophie relâche tous les liens d'estime et de bienveillance qui attachent les hommes à la société ; et c'est peut-être le plus dangereux des maux qu'elle engendre. Le charme de l'étude rend bientôt insipide tout autre attachement. De plus, à force de réfléchir sur l'humanité, à force d'ob-

---

(1) Voici un exemple moderne pour ceux qui me reprochent de n'en citer que d'anciens. La république de Gênes, cherchant à subjuguer plus aisément les Corses, n'a pas trouvé de moyen plus sûr que d'établir chez eux une académie. Il ne me serait pas difficile d'allonger cette note, mais ce serait faire tort à l'intelligence des seuls lecteurs dont je me soucie.

(2) Montaigne, livre III, chap. XII.

server les hommes, le philosophe apprend à les apprécier selon leur valeur ; et il est difficile d'avoir bien de l'affection pour ce qu'on méprise. Bientôt il réunit en sa personne tout l'intérêt que les hommes vertueux partagent avec leurs semblables ; son mépris pour les autres tourne au profit de son orgueil : son amour-propre augmente en même proportion que son indifférence pour le reste de l'univers. La famille, la patrie, deviennent pour lui des mots vides de sens : il n'est ni parent, ni citoyen, ni homme ; il est philosophe.

En même temps que la culture des sciences retire en quelque sorte de la paresse le cœur du philosophe, elle y engage en un autre sens celui de l'homme de lettres, et toujours avec un égal préjudice pour la vertu. Tout homme qui s'occupe des talents agréables veut plaire, être admiré, et il veut être admiré plus qu'un autre ; les applaudissements publics appartiennent à lui seul : je dirais qu'il fait tout pour les obtenir, s'il ne faisait encore plus pour en priver ses concurrents. De là naissent, d'un côté, les raffinements du goût et de la politesse, vile et basse flatterie, soins séducteurs, insidieux, puérils, qui, à la longue, rapetissent l'âme et corrompent le cœur ; et, de l'autre, les jalousies, les rivalités, les haines d'artiste, si renommées, la perfide calomnie, la fourberie, la trahison, et tout ce que le vice a de plus lâche et de plus odieux. Si le philosophe méprise les hommes, l'artiste s'en fait bientôt mépriser, et tous deux concourent enfin à les rendre méprisables.

Il y a plus ; et de toutes les vérités que j'ai proposées à la considération des sages, voici la plus étonnante et la plus cruelle. Nos écrivains regardent tous comme le chef-d'œuvre de la politique de notre siècle les sciences, les arts, le luxe, le commerce, les lois, et les autres liens qui, resserrant entre les hommes les nœuds de la société (1) par l'intérêt personnel, les mettent tous dans une dépendance mutuelle, leur donne des besoins réciproques et des intérêts communs, et obligent chacun d'eux de concourir au bonheur des autres pour pouvoir faire le sien. Ces idées sont belles, sans doute, et présentées sous un jour favorable ; mais, en les examinant avec attention et sans partialité, on trouve beaucoup à rabattre des avantages qu'elles semblent présenter d'abord.

C'est donc une chose bien merveilleuse que d'avoir mis les hommes dans l'impossibilité de vivre entre eux sans se prévenir, se supplanter, se trahir, se détruire mutuellement ! Il faut désormais se garder de nous laisser jamais voir tels que nous sommes : car pour deux hommes dont les intérêts s'accordent, cent mille peut-être leur sont opposés, et il n'y a d'autre moyen, pour réussir, que de tromper ou perdre tous ces gens-là. Voilà la source funeste des violences, des trahisons, des perfidies, et de toutes les horreurs qu'exige nécessairement un état de choses où chacun, feignant de travailler à la fortune ou à la réputation des autres, ne cherche qu'à élever la sienne au-dessus d'eux et à leurs dépens.

Qu'avons-nous gagné à cela ? Beaucoup de babil, des riches et des raison-

(1) Je me plains de ce que la philosophie relâche les liens de la société, qui sont formés par l'estime et la bienveillance mutuelle ; et je me plains de ce que les sciences, les arts, et tous les autres objets de commerce, resserrent les liens de la société par l'intérêt personnel. C'est qu'en effet on ne peut resserrer un de ces liens que l'autre ne se relâche d'autant. Il n y a donc point en ceci de contradiction.

neurs, c'est-à-dire, des ennemis de la vertu et du sens commun. En revanche nous avons perdu l'innocence et les mœurs. La foule rampe dans la misère; tous sont les esclaves du vice. Les crimes non commis sont déjà dans le fond des cœurs, et il ne manque à leur exécution que l'assurance de l'impunité.

Etrange et funeste constitution, où les richesses accumulées facilitent toujours les moyens d'en accumuler de plus grandes, et où il est impossible à celui qui n'a rien d'acquérir quelque chose; où l'homme de bien n'a nul moyen de sortir de la misère, où les plus fripons sont les plus honorés, et où il faut nécessairement renoncer à la vertu pour devenir un honnête homme! Je sais que les déclamateurs ont dit cent fois tout cela; mais ils le disaient en déclamant, et moi je le dis sur des raisons : ils ont aperçu le mal, et moi j'en découvre les causes; et je fais voir surtout une chose très consolante et très utile, en montrant que tous ces vices n'appartiennent pas tant à l'homme, qu'à l'homme mal gouverné (1).

Telles sont les vérités que j'ai développées et que j'ai tâché de prouver dans les divers écrits que j'ai publiés sur cette matière. Voici maintenant les conclusions que j'en ai tirées.

La science n'est point faite pour l'homme en général. Il s'égare sans cesse dans sa recherche; et s'il l'obtient quelquefois, ce n'est presque jamais qu'à son préjudice. Il est né pour agir et penser, et non pour réfléchir. La réflexion ne sert qu'à le rendre malheureux, sans le rendre meilleur ni plus sage : elle lui fait regretter les biens passés, et l'empêche de jouir du présent; elle lui pré-

---

(1) Je remarque qu'il règne actuellement dans le monde une multitude de petites maximes qui séduisent les simples par un faux air de philosophie, et qui, outre cela, sont très commodes pour terminer les disputes d'un ton important et décisif, sans avoir besoin d'examiner la question. Telle est celle-ci : « Les hommes ont partout les mêmes passions; partout l'amour-propre et l'intérêt les conduisent; donc ils sont partout les mêmes. » Quand les géomètres ont fait une supposition qui, de raisonnement en raisonnement, les conduit à une absurdité, ils reviennent sur leurs pas, et démontrent ainsi la supposition fausse. La même méthode, appliquée à la maxime en question, en montrerait aisément l'absurdité. Mais raisonnons autrement. Un sauvage est un homme, et un Européen est un homme. Le demi-philosophe conclut aussitôt que l'un ne vaut pas mieux que l'autre; mais le philosophe dit : En Europe, le gouvernement, les lois, les coutumes, l'intérêt, tout met les particuliers dans la nécessité de se tromper mutuellement et sans cesse; tout leur fait un devoir du vice; il faut qu'ils soient méchants pour être sages, car il n'y a point de plus grande folie que de faire le bonheur des fripons aux dépens du sien. Parmi les sauvages, l'intérêt personnel parle aussi fortement que parmi nous, mais il ne dit pas les mêmes choses : l'amour de la société et le soin de leur commune défense sont les seuls liens qui les unissent : ce mot de PROPRIÉTÉ, qui coûte tant de crimes à nos honnêtes gens, n'a presque aucun sens parmi eux : ils n'ont entre eux nulle discussion d'intérêt qui les divise; rien ne les porte à se tromper l'un l'autre; l'estime publique est le seul bien auquel chacun aspire, et qu'ils méritent tous. Il est très possible qu'un sauvage fasse une mauvaise action, mais il n'est pas possible qu'il prenne l'habitude de mal faire, car cela ne lui serait bon à rien. Je crois qu'on peut faire une très juste estimation des mœurs des hommes sur la multitude des affaires qu'ils ont entre eux : plus ils commercent ensemble, plus ils admirent leurs talents et leur industrie, plus ils se friponnent décemment et adroitement, et plus ils sont dignes de mépris. Je le dis à regret, l'homme de bien est celui qui n'a besoin de tromper personne, et le sauvage est cet homme-là.

> Illum non populi fasces, non purpura regum
> Flexit, et infidos agitans discordia fratres;
> Non res romanæ, periturave regna : neque ille
> Aut doluit miserans inopem, aut invidit habenti.
>
> VIRG., *Georg.*, 495.

sente l'avenir heureux pour le séduire par l'imagination et le tourmenter par les désirs, et l'avenir malheureux, pour le lui faire sentir d'avance. L'étude corrompt ses mœurs, altère sa santé, détruit son tempérament, et gâte souvent sa raison : si elle lui apprenait quelque chose, je le trouverais encore fort mal dédommagé.

J'avoue qu'il y a quelques génies sublimes qui savent pénétrer à travers les voiles dont la vérité s'enveloppe, quelques âmes privilégiées, capables de résister à la bêtise de la vanité, à la basse jalousie, et aux autres passions qu'engendre le goût des lettres. Le petit nombre de ceux qui ont le bonheur de réunir ces qualités est la lumière et l'honneur du genre humain; c'est à eux seuls qu'il convient, pour le bien de tous, de s'exercer à l'étude, et cette exception même confirme la règle : car si tous les hommes étaient des Socrates, la science alors ne leur serait pas nuisible, mais ils n'auraient aucun besoin d'elle.

Tout peuple qui a des mœurs, et qui par conséquent respecte ses lois, et ne veut point raffiner sur ses anciens usages, doit se garantir avec soin des sciences, et surtout des savants, dont les maximes sentencieuses et dogmatiques lui apprendraient bientôt à mépriser ses usages et ses lois; ce qu'une nation ne peut jamais faire sans se corrompre. Le moindre changement dans les coutumes, fût-il même avantageux à certains égards, tourne toujours au préjudice des mœurs. Car les coutumes sont la morale du peuple; et dès qu'il cesse de les respecter, il n'a plus de règle que ses passions, ni de frein que les lois, qui peuvent quelquefois contenir les méchants, mais jamais les rendre bons. D'ailleurs, quand la philosophie a une fois appris au peuple à mépriser ses coutumes, il trouve bientôt le secret d'éluder ses lois. Je dis donc qu'il en est des mœurs d'un peuple comme de l'honneur d'un homme; c'est un trésor qu'il faut conserver, mais qu'on ne recouvre plus quand on l'a perdu (1).

Mais quand un peuple est une fois corrompu à un certain point, soit que les sciences y aient contribué ou non, faut-il les bannir ou l'en préserver pour le rendre meilleur, ou pour l'empêcher de devenir pire? C'est une autre question dans laquelle je me suis positivement déclaré pour la négative. Car premièrement, puisqu'un peuple vicieux ne revient jamais à la vertu, il ne s'agit pas de rendre bons ceux qui ne le sont plus, mais de conserver tels ceux qui ont le bonheur de l'être. En second lieu, les mêmes causes qui ont corrompu les peuples servent quelquefois à prévenir une plus grande corruption : c'est ainsi que celui qui s'est gâté le tempérament par un usage indiscret de la médecine est forcé de recourir encore aux médecins pour se

(1) Je trouve dans l'histoire un exemple unique, mais frappant, qui semble contredire cette maxime : c'est celui de la fondation de Rome faite par une troupe de bandits, dont les descendants devinrent, en peu de générations, le plus vertueux peuple qui ait jamais existé. Je ne serais pas en peine d'expliquer ce fait, si c'en était ici le lieu; mais je me contenterai de remarquer que les fondateurs de Rome étaient moins des hommes dont les mœurs fussent corrompues que des hommes dont les mœurs n'étaient point formées : ils ne méprisaient pas la vertu, mais ils ne la connaissaient pas encore; car ces mots VERTUS et VICES sont des notions collectives qui ne naissent que de la fréquentation des hommes. Au surplus, on tirerait un mauvais parti de cette objection en faveur des sciences; car des deux premiers rois de Rome qui donnèrent une forme à la république, et instituèrent ses coutumes et ses mœurs, l'un ne s'occupait que de guerres; l'autre, que de rites sacrés, les deux choses du monde les plus éloignées de la philosophie.

conserver en vie. Et c'est ainsi que les arts et les sciences, après avoir fait éclore les vices, sont nécessaires pour les empêcher de se tourner en crimes; elles les couvrent au moins d'un vernis qui ne permet pas au poison de s'exhaler aussi librement : elles détruisent la vertu, mais elles en laissent le simulacre public (1), qui est toujours une belle chose : elles introduisent à sa place la politesse et les bienséances; et à la crainte de paraître méchant elles substituent celle de paraître ridicule.

Mon avis est donc, et je l'ai déjà dit plus d'une fois, de laisser subsister et même d'entretenir avec soin les académies, les colléges, les universités, les bibliothèques, les spectacles et tous les autres amusements qui peuvent faire quelque diversion à la méchanceté des hommes, et les empêcher d'occuper leur oisiveté à des choses plus dangereuses. Car, dans une contrée où il ne serait plus question d'honnêtes gens ni de bonnes mœurs, il vaudrait encore mieux vivre avec des fripons qu'avec des brigands.

Je demande maintenant où est la contradiction de cultiver moi-même des goûts dont j'approuve le progrès. Il ne s'agit plus de porter les peuples à bien faire, il faut seulement les distraire de faire le mal; il faut les occuper à des niaiseries pour les détourner des mauvaises actions; il faut les amuser au lieu de les prêcher. Si mes écrits ont édifié le petit nombre des bons, je leur ai fait tout le bien qui dépendait de moi; et c'est peut-être les servir utilement encore que d'offrir aux autres des objets de distraction qui les empêchent de songer à eux. Je m'estimerais trop heureux d'avoir tous les jours une pièce à faire siffler, si je pouvais à ce prix contenir pendant deux heures les mauvais desseins d'un seul des spectateurs, et sauver l'honneur de la fille ou de la femme de son ami, le secret de son confident, ou la fortune de son créancier. Lorsqu'il n'y a plus de mœurs, il ne faut songer qu'à la police; et l'on sait assez que la musique et les spectacles en sont un des plus importants objets.

S'il reste quelque difficulté à ma justification, j'ose le dire hardiment, ce n'est vis-à-vis ni du public ni de mes adversaires; c'est vis-à-vis de moi seul; car ce n'est qu'en m'observant moi-même que je puis juger si je dois me compter dans le petit nombre, et si mon âme est en état de soutenir le faix des exercices littéraires. J'en ai senti plus d'une fois le danger; plus d'une fois je les ai abandonnés, dans le dessein de ne les plus reprendre; et, renonçant à leur charme séducteur, j'ai sacrifié à la paix de mon cœur les seuls plaisirs qui pouvaient encore le flatter. Si dans les langueurs qui m'accablent, si sur la fin d'une carrière pénible et douloureuse j'ai osé les reprendre encore quelques moments pour charmer mes maux, je crois au moins n'y avoir mis ni assez d'intérêt ni assez de prétention pour mériter à cet égard les justes reproches que j'ai faits aux gens de lettres.

Il me fallait une épreuve pour achever la connaissance de moi-même, et je l'ai faite sans balancer. Après avoir reconnu la situation de mon âme dans

(1) Ce simulacre est une certaine douceur de mœurs qui supplée quelquefois à leur pureté, une certaine apparence d'ordre qui prévient l'horrible confusion, une certaine admiration des belles choses qui empêche les bonnes de tomber tout-à-fait dans l'oubli. C'est le vice qui prend le masque de la vertu, non comme l'hypocrisie pour tromper et trahir, mais pour s'ôter, sous cet aimable et sacrée effigie, l'horreur qu'il a de lui-même quand il se voit à découvert.

les succès littéraires, il me restait à l'examiner dans les revers. Je sais maintenant qu'en penser, et je puis mettre le public au pire. Ma pièce a eu le sort qu'elle méritait et que j'avais prévu ; mais, à l'ennui près qu'elle m'a causé, je suis sorti de la représentation bien plus content de moi et à plus juste titre que si elle eût réussi.

Je conseille donc à ceux qui sont si ardents à chercher des reproches à me faire, de vouloir mieux étudier mes principes, et mieux observer ma conduite, avant que de m'y taxer de contradiction et d'inconséquence. S'ils s'aperçoivent jamais que je commence à briguer les suffrages du public, ou que je tire vanité d'avoir fait de jolies chansons, ou que je rougisse d'avoir écrit de mauvaises comédies, ou que je cherche à nuire à la gloire de mes concurrents, ou que j'affecte de mal parler des grands hommes de mon siècle pour tâcher de m'élever à leur niveau en les rabaissant au mien, ou que j'aspire à des places d'académie, ou que j'aille faire ma cour aux femmes qui donnent le ton, ou que j'encense la sottise des grands, ou que, cessant de vouloir vivre du travail de mes mains, je tienne à ignominie le métier que je me suis choisi et fasse des pas vers la fortune ; s'ils remarquent, en un mot, que l'amour de la réputation me fasse oublier celui de la vertu, je les prie de m'en avertir, et même publiquement, et je leur permets de jeter à l'instant au feu mes écrits et mes livres, et de convenir de toutes les erreurs qu'il leur plaira de me reprocher.

En attendant, j'écrirai des livres, je ferai des vers et de la musique, si j'en ai le talent, le temps, la force et la volonté : je continuerai à dire très franchement tout le mal que je pense des lettres et de ceux qui les cultivent (1), et croirai n'en valoir pas moins pour cela. Il est vrai qu'on pourra dire quelque jour : « Cet ennemi si déclaré des sciences, des arts, fit pourtant et publia des pièces de théâtre ; » et ce discours sera, je l'avoue, une satire très amère, non de moi, mais de mon siècle.

(1) J'admire combien la plupart des gens de lettres ont pris le change dans cette affaire-ci. Quand ils ont vu les sciences et les arts attaqués, ils ont cru qu'on en voulait personnellement à eux, tandis que, sans se contredire eux-mêmes, ils pourraient tous penser, comme moi, que, quoique ces choses aient fait beaucoup de mal à la société, il est très essentiel de s'en servir aujourd'hui comme d'une médecine au mal qu'elles ont causé, ou comme de ces animaux malfaisants qu'il faut écraser sur la morsure. En un mot, il n'y a pas un homme de lettres qui, s'il peut soutenir dans sa conduite l'examen de l'article précédent, ne puisse dire en sa faveur ce que je dis en la mienne ; et cette manière de raisonner me paraît leur convenir d'autant mieux, qu'entre nous ils se soucient fort peu des sciences, pourvu qu'elles continuent de mettre les savants en honneur. C'est comme les prêtres du paganisme, qui ne tenaient à la religion qu'autant qu'elle les faisait respecter.

NARCISSE OU L'AMANT DE LUI-MÊME.

PERSONNAGES.

LISIMON,
VALERE, } enfants de Lisimon.
LUCINDE,
ANGELIQUE, } frère et sœur, pupilles de Lisimon.
LEANDRE,
MARTON, suivante.
FRONTIN, valet de Valère.

La scène est dans l'appartement de Valère.

SCÈNE I.
LUCINDE, MARTON.

LUCINDE.

Je viens de voir mon frère se promener dans le jardin ; hâtons-nous, avant son retour, de placer son portrait sur sa toilette.

MARTON.

Le voilà, mademoiselle, changé dans ses ajustements de manière à le rendre méconnaissable. Quoi qu'il soit le plus joli homme du monde, il brille ici en femme encore avec de nouvelles grâces.

LUCINDE.

Valère est, par sa délicatesse et par l'affectation de sa parure, une espèce de femme cachée sous des habits d'homme ; et ce portrait, ainsi travesti, semble moins le déguiser que le rendre à son état naturel.

MARTON.

Eh bien, où est le mal ? Puisque les femmes aujourd'hui cherchent à se rapprocher des hommes, n'est-il pas convenable que ceux-ci fassent la moitié du chemin, et qu'ils tâchent de gagner en agréments autant qu'elles en solidité ? Grâce à la mode, tout s'en mettra plus aisément de niveau.

LUCINDE.

Je ne puis me faire à des modes aussi ridicules. Peut-être notre sexe aura-t-il le bonheur de n'en plaire pas moins, quoiqu'il devienne plus estimable. Mais pour les hommes, je plains leur aveuglement. Que prétend cette jeunesse étourdie en usurpant tous nos droits? Espèrent-ils de mieux plaire aux femmes en s'efforçant de leur ressembler?

MARTON.

Pour celui-là, ils auraient tort, et les femmes se connaissent trop mutuellement pour aimer ce qui leur ressemble. Mais revenons au portrait. Ne craignez-vous point que cette petite raillerie ne fâche monsieur le chevalier?

LUCINDE.

Non, Marton; mon frère est naturellement bon; il est même raisonnable, à son défaut près. Il sentira qu'en lui faisant par ce portrait un reproche muet et badin, je n'ai songé qu'à le guérir d'un travers qui choque jusqu'à cette tendre Angélique, cette aimable pupille de mon père que Valère épouse aujourd'hui. C'est lui rendre service que de corriger les défauts de son amant; et tu sais comment j'ai besoin des soins de cette chère amie pour me délivrer de Léandre, son frère, que mon père veut aussi me faire épouser.

MARTON.

Si bien que ce jeune inconnu, ce Cléonte que vous vîtes l'été dernier à Passy, vous tient toujours fort au cœur?

LUCINDE.

Je ne m'en défends point; je compte même sur la parole qu'il m'a donnée de reparaître bientôt, et sur la promesse que m'a faite Angélique d'engager son frère à renoncer à moi.

MARTON.

Bon, renoncer! Songez que vos yeux auront plus de force pour serrer cet engagement, qu'Angélique n'en saurait avoir pour le rompre.

LUCINDE.

Sans disputer sur tes flatteries, je te dirai que comme Léandre ne m'a jamais vue, il sera aisé à sa sœur de le prévenir, et de lui faire entendre que ne pouvant être heureux avec une femme dont le cœur est engagé ailleurs, il ne saurait mieux faire que de s'en dégager par un refus honnête.

MARTON.

Un refus honnête! Ah! mademoiselle, refuser une femme faite comme vous, avec quarante mille écus, c'est une honnêteté dont jamais Léandre ne sera capable. (*A part.*) Si elle savait que Léandre et Cléonte ne sont que la même personne, un tel refus changerait bien d'épithète.

LUCINDE.

Ah! Marton, j'entends du bruit; cachons vite ce portrait. C'est sans doute mon frère qui revient; et, en nous amusant à jaser, nous nous sommes ôté le loisir d'exécuter notre projet.

MARTON.

Non, c'est Angélique.

SCÈNE II.

ANGÉLIQUE, LUCINDE, MARTON.

ANGÉLIQUE.

Ma chère Lucinde, vous savez avec quelle répugnance je me prêtai à votre projet, quand vous fîtes changer la parure du portrait de Valère en des ajustements de femme. A présent que je vous vois prête à l'exécuter je tremble que le déplaisir de se voir jouer ne l'indispose contre nous. Renonçons, je vous prie, à ce frivole badinage. Je sens que je ne puis trouver de goût à m'égayer au risque du repos de mon cœur.

LUCINDE.

Que vous êtes timide! Valère vous aime trop pour prendre en mauvaise part tout ce qui lui viendra de la vôtre, tant que vous ne serez que sa maîtresse. Songez que vous n'avez plus qu'un jour à donner carrière à vos fantaisies, et que le tour des siennes ne viendra que trop tôt. D'ailleurs, il est question de le guérir d'un faible qui l'expose à la raillerie, et voilà proprement l'ouvrage d'une maîtresse. Nous pouvons corriger les défauts d'un amant : mais, hélas! il faut supporter ceux d'un mari.

ANGÉLIQUE.

Que lui trouvez-vous, après tout, de si ridicule? Puisqu'il est aimable, a-t-il si grand tort de s'aimer? et ne lui en donnons-nous pas l'exemple? Il cherche à plaire. Ah! si c'est un défaut, quelle vertu plus charmante un homme pourrait-il apporter dans la société?

MARTON.

Surtout dans la société des femmes.

ANGÉLIQUE.

Enfin, Lucide, si vous m'en croyez, nous supprimerons et le portrait, et tout cet air de raillerie qui peut aussi bien passer pour une insulte que pour une correction.

LUCINDE.

Oh! non. Je ne perds pas ainsi les frais de mon industrie. Mais je veux bien courir seule les risques du succès; et rien ne vous oblige d'être complice dans une affaire dont vous pouvez n'être que témoin.

MARTON.

Belle distinction!

LUCINDE.

Je me réjouis de voir la contenance de Valère. De quelque manière qu'il prenne la chose, cela fera toujours une scène assez plaisante.

MARTON.

J'entends : le prétexte est de corriger Valère; mais le vrai motif est de rire à ses dépens. Voilà le génie et le bonheur des femmes. Elles corrigent souvent les ridicules en ne songeant qu'à s'en amuser.

ANGÉLIQUE.

Enfin, vous le voulez; mais je vous avertis que vous me répondrez de l'événement.

LUCINDE.

Soit.

ANGÉLIQUE.

Depuis que nous sommes ensemble, vous m'avez fait cent pièces dont je vous dois la punition. Si cette affaire-ci me cause la moindre tracasserie avec Valère, prenez garde à vous.

LUCINDE.

Oui, oui.

ANGÉLIQUE.

Songez un peu à Léandre.

LUCINDE.

Ah! ma chère Angélique...

ANGÉLIQUE.

Oh! si vous me brouillez avec votre frère, je vous jure que vous épouserez le mien. (*Bas.*) Marton, vous m'avez promis le secret.

MARTON, *bas.*

Ne craignez rien.

LUCINDE.

Enfin, je...

MARTON.

J'entends la voix du chevalier. Prenez au plus tôt votre parti, à moins que vous ne vouliez lui donner un cercle de filles à sa toilette.

LUCINDE.

Il faut bien éviter qu'il nous aperçoive. (*Elle met le portrait sur la toilette.*) Voilà le piége tendu.

MARTON.

Je veux un peu guetter mon homme pour voir...

LUCINDE.

Paix. Sauvons-nous.

ANGÉLIQUE.

Que j'ai de mauvais pressentiments de tout ceci!

SCÈNE III.

VALÈRE, FRONTIN.

VALÈRE.

« Sangaride, ce jour est un grand jour pour vous (1). »

FRONTIN.

Sangaride, c'est-à-dire Angélique. Oui, c'est un grand jour que celui de la noce, et qui même allonge diablement tous ceux qui le suivent.

VALÈRE.

Que je vais goûter de plaisir à rendre Angélique heureuse!

FRONTIN.

Auriez-vous envie de la rendre veuve?

VALÈRE.

Mauvais plaisant... Tu sais à quel point je l'aime. Dis-moi; que connais-tu qui puisse manquer à sa félicité? Avec beaucoup d'amour, quelque peu d'esprit, et une figure... comme tu vois, on peut, je pense, se tenir toujours assez sûr de plaire.

FRONTIN.

La chose est indubitable, et vous en avez fait sur vous-même la première expérience.

VALÈRE.

Ce que je plains en tout cela, c'est je ne sais combien de petites personnes que mon mariage fera sécher de regret, et qui vont ne savoir plus que faire de leur cœur.

FRONTIN.

Oh! que si. Celles qui vous ont aimé, par exemple, s'occuperont à bien

(1) Vers d'*Atys*, opéra de Quinault.

détester votre chère moitié. Les autres... Mais où diable les prendre, ces autres-là?

VALÈRE.

La matinée s'avance; il est temps de m'habiller pour aller voir Angélique. Allons. (*Il se met à sa toilette.*) Comment me trouves-tu ce matin? Je n'ai point de feu dans les yeux; j'ai le teint battu; il me semble que je ne suis point à l'ordinaire.

FRONTIN.

A l'ordinaire! Non, vous êtes seulement à votre ordinaire.

VALÈRE.

C'est une fort méchante habitude que l'usage du rouge; à la fin je ne pourrai m'en passer, et je serai du dernier mal sans cela. Où est donc ma boîte à mouches? Mais que vois-je là? un portrait..... Ah! Frontin, le charmant objet!..... Où as-tu pris ce portrait?

FRONTIN.

Moi? Je veux être pendu si je sais de quoi vous me parlez.

VALÈRE.

Quoi! ce n'est pas toi qui as mis ce portrait sur ma toilette?

FRONTIN.

Non, que je meure!

VALÈRE.

Qui serait-ce donc?

FRONTIN.

Ma foi, je n'en sais rien. Ce ne peut être que le diable, ou vous.

VALÈRE.

A d'autres! On t'a payé pour te taire..... Sais-tu bien que la comparaison de cet objet nuit à Angélique?..... Voilà, d'honneur, la plus jolie figure que j'aie vue de ma vie. Quels yeux, Frontin!... Je crois qu'ils ressemblent aux miens.

FRONTIN.

C'est tout dire.

VALÈRE.

Je lui trouve beaucoup de mon air... Elle est, ma foi, charmante... Ah! si l'esprit soutient tout cela... Mais son goût me répond de son esprit. La friponne est connaisseuse en mérite!

FRONTIN.

Que diable! Voyons donc toutes ces merveilles.

VALÈRE.

Tiens, tiens. Penses-tu me duper avec ton air niais! Me crois-tu novice en aventures?

FRONTIN, *à part*.

Ne me trompé-je point? C'est lui... c'est lui-même. Comme le voilà paré! Que de fleurs! que de pompons! C'est sans doute quelque tour de Lucinde; Marton y sera tout au moins de moitié. Ne troublons point leur badinage. Mes indiscrétions précédentes m'ont coûté trop cher.

VALÈRE.

Hé bien! monsieur Frontin reconnaîtrait-il l'original de cette peinture?

FRONTIN.

Pouh! si je le connais! Quelques centaines de coups de pied au cul, et autant de soufflets, que j'ai eu l'honneur d'en recevoir en détail, ont bien cimenté la connaissance.

VALÈRE.

Une fille, des coups de pied! Cela est un peu gaillard.

FRONTIN.

Ce sont de petites impatiences domestiques qui la prennent à propos de rien.

VALÈRE.

Comment! l'aurais-tu servie?

FRONTIN.

Oui, monsieur; et j'ai même l'honneur d'être toujours son très-humble serviteur.

VALÈRE.

Il serait assez plaisant qu'il y eût dans Paris une jolie femme qui ne fût pas de ma connaissance!... Parle-moi sincèrement. L'original est-il aussi aimable que le portrait?

FRONTIN.

Comment, aimable! savez-vous, monsieur, que si quelqu'un pouvait approcher de vos perfections, je ne trouverais qu'elle seule à vous comparer?

VALÈRE, *considérant le portrait.*

Mon cœur n'y résiste pas... Frontin, dis-moi le nom de cette belle.

FRONTIN, *à part.*

Ah! ma foi, me voilà pris sans vert.

VALÈRE.

Comment s'appelle-t-elle? Parle donc.

FRONTIN.

Elle s'appelle... elle s'appelle... elle ne s'appelle point. C'est une fille anonyme, comme tant d'autres.

VALÈRE.

Dans quels tristes soupçons me jette ce coquin! Se pourrait-il que des traits aussi charmants ne fussent que ceux d'une grisette?

FRONTIN.

Pourquoi non? La beauté se plaît à parer des visages qui ne tirent leur fierté que d'elle.

VALÈRE.

Quoi! c'est.....

FRONTIN.

Une petite personne bien coquette, bien minaudière, bien vaine, sans grand sujet de l'être; en un mot, un vrai petit-maître femelle.

VALÈRE.

Voilà comment ces faquins de valets parlent des gens qu'ils ont servis. Il faut voir, cependant. Dis-moi où elle demeure.

FRONTIN.

Bon, demeurer! est-ce que cela demeure jamais?

VALÈRE.

Si tu m'impatientes... Où loge-t-elle, maraud?

FRONTIN.

Ma foi, monsieur, à ne vous point mentir, vous le savez tout aussi bien que moi.

VALÈRE.

Comment?

FRONTIN.

Je vous jure que je ne connais pas mieux que vous l'original de ce portrait.

VALÈRE.

Ce n'est pas toi qui l'as placé là?

FRONTIN.

Non, la peste m'étouffe!

VALÈRE.

Ces idées que tu m'en as données.....

FRONTIN.

Ne voyez-vous pas que vous me les fournissez vous-même? Est-ce qu'il y a quelqu'un dans le monde aussi ridicule que cela?

VALÈRE.

Quoi! je ne pourrai découvrir d'où vient ce portrait? Le mystère et la difficulté irritent mon empressement. Car, je te l'avoue, j'en suis très réellement épris.

FRONTIN, *à part*.

La chose est impayable! Le voilà amoureux de lui-même.

VALÈRE.

Cependant, Angélique, la charmante Angélique... En vérité, je ne comprends rien à mon cœur, et je veux voir cette nouvelle maîtresse avant que de rien déterminer sur mon mariage.

FRONTIN.

Comment, monsieur! vous ne... Ah! vous vous moquez.

VALÈRE.

Non, je te dis très sérieusement que je ne saurais offrir ma main à Angélique, tant que l'incertitude de mes sentiments sera un obstacle à notre bonheur mutuel. Je ne puis l'épouser aujourd'hui : c'est un point résolu.

FRONTIN.

Oui, chez vous. Mais monsieur votre père, qui a fait aussi ses petites résolutions à part, est l'homme du monde le moins propre à céder aux vôtres; vous savez que son faible n'est pas la complaisance.

VALÈRE.

Il faut la trouver, à quelque prix que ce soit. Allons, Frontin, courons, cherchons partout.

FRONTIN.

Allons, courons, volons; faisons l'inventaire et le signalement de toutes les jolies filles de Paris. Peste! le bon petit livre que nous aurions là! Livre rare, dont la lecture n'endormirait pas.

VALÈRE.

Hâtons-nous. Viens achever de m'habiller.

FRONTIN.

Attendez, voici tout à propos monsieur votre père. Proposons-lui d'être de la partie.

VALÈRE.

Tais-toi, bourreau. Le malheureux contre-temps !

SCÈNE IV.

LISIMON, VALÈRE, FRONTIN.

LISIMON, *qui doit toujours avoir le ton brusque.*
Eh bien, mon fils ?

VALÈRE.

Frontin, un siége à monsieur.

LISIMON.

Je veux rester debout. Je n'ai que deux mots à te dire.

VALÈRE.

Je ne saurais, monsieur, vous écouter que vous ne soyez assis.

LISIMON.

Que diable ! il ne me plaît pas, moi. Vous verrez que l'impertinent fera des pliments avec son père.

VALÈRE.

Le respect...

LISIMON.

Oh ! le respect consiste à m'obéir et à ne me point gêner. Mais qu'est-ce ? encore en déshabillé ? un jour de noces ? voilà qui est joli ! Angélique n'a donc point encore reçu ta visite ?

VALÈRE.

J'achevais de me coiffer, et j'allais m'habiller pour me présenter décemment devant elle.

LISIMON.

Faut-il tant d'appareil pour nouer des cheveux et mettre un habit ? Parbleu ! dans ma jeunesse, nous usions mieux du temps ; et, sans perdre les trois quarts de la journée à faire la roue devant un miroir, nous savions à plus juste titre avancer nos affaires auprès des belles.

VALÈRE.

Il semble cependant que, quand on veut être aimé, on ne saurait prendre trop de soin pour se rendre aimable, et qu'une parure si négligée ne devait pas annoncer des amants bien occupés du soin de plaire.

LISIMON.

Pure sottise. Un peu de négligence sied quelquefois bien quand on aime. Les femmes nous tenaient plus de compte de nos empressements que du temps que nous aurions perdu à notre toilette ; et, sans affecter tant de délicatesse dans la parure, nous en avions davantage dans le cœur. Mais laissons cela. J'avais pensé à différer ton mariage jusqu'à l'arrivée de Léandre, afin qu'il eût le plaisir d'y assister, et que j'eusse, moi, celui de faire tes noces et celles de ta sœur en un même jour.

VALÈRE, *bas*.

Frontin, quel bonheur!

FRONTIN.

Oui, un mariage reculé, c'est toujours autant de gagné sur le repentir.

LISIMON.

Qu'en dis-tu, Valère? Il semble qu'il ne serait pas séant de marier la sœur sans attendre le frère, puisqu'il est en chemin.

VALÈRE.

Je dis, mon père, qu'on ne peut rien de mieux pensé.

LISIMON.

Ce délai ne te ferait donc pas de peine?

VALÈRE.

L'empressement de vous obéir surmontera toujours toutes mes répugnances.

LISIMON.

C'était pourtant dans la crainte de te mécontenter que je ne te l'avais pas proposé.

VALÈRE.

Votre volonté n'est pas moins la règle de mes désirs que celle de mes actions. (*Bas.*) Frontin, quel bon homme de père!

LISIMON.

Je suis charmé de te trouver si docile : tu en auras le mérite à bon marché; car, par une lettre que je reçois à l'instant, Léandre m'apprend qu'il arrive aujourd'hui.

VALÈRE.

Eh bien, mon père?

LISIMON.

Eh bien, mon fils, par ce moyen rien ne sera dérangé

VALÈRE.

Comment! vous voudriez le marier en arrivant?

FRONTIN.

Marier un homme tout botté!

LISIMON.

Non pas cela, puisque d'ailleurs, Lucinde et lui ne s'étant jamais vus, il faut bien leur laisser le loisir de faire connaissance : mais il assistera au mariage de sa sœur, et je n'aurai pas la dureté de faire languir un fils aussi complaisant.

VALÈRE.

Monsieur.....

LISIMON.

Ne crains rien; je connais et j'approuve trop ton empressement, pour te jouer un aussi mauvais tour.

VALÈRE.

Mon père.....

LISIMON.

Laissons cela, te dis-je; je devine tout ce que tu pourrais me dire.

VALÈRE.

Mais, mon père... j'ai fait... des réflexions...

LISIMON.

Des réflexions, toi? j'avais tort. Je n'aurais pas deviné celui-là. Sur quoi donc, s'il vous plaît, roulent vos méditations sublimes?

VALÈRE.

Sur les inconvénients du mariage.

FRONTIN.

Voilà un texte qui fournit.

LISIMON.

Un sot peut réfléchir quelquefois; mais ce n'est jamais qu'après la sottise. Je reconnais là mon fils.

VALÈRE.

Comment! après la sottise? Mais je ne suis pas encore marié.

LISIMON.

Apprenez, monsieur le philosophe, qu'il n'y a nulle différence de ma volonté à l'acte. Vous pouviez moraliser quand je vous proposai la chose et que vous en étiez vous-même si empressé; j'aurais de bon cœur écouté vos raisons : car vous savez si je suis complaisant.

FRONTIN.

Oh! oui, monsieur; nous sommes là-dessus en état de vous rendre justice.

LISIMON.

Mais, aujourd'hui que tout est arrêté, vous pouvez spéculer à votre aise; ce sera, s'il vous plaît, sans préjudice de la noce.

VALÈRE.

La contrainte redouble ma répugnance. Songez, je vous supplie, à l'importance de l'affaire. Daignez m'accorder quelques jours.....

LISIMON.

Adieu, mon fils; tu seras marié ce soir, ou... tu m'entends. Comme j'étais la dupe de la fausse déférence du pendard!

SCÈNE V.

VALÈRE, FRONTIN.

VALÈRE.

Ciel! dans quelle peine me jette son inflexibilité!

FRONTIN.

Oui, marié ou déshérité! épouser une femme ou la misère! on balancerait à moins.

VALÈRE.

Moi balancer! non; mon choix était encore incertain, l'opiniâtreté de mon père l'a déterminé.

FRONTIN.

En faveur d'Angélique?

VALÈRE.

Tout au contraire.

FRONTIN.

Je vous félicite, monsieur, d'une résolution aussi héroïque. Vous allez mourir de faim en digne martyr de la liberté. Mais s'il était question d'épouser le portrait? hem! le mariage ne vous paraîtrait plus si affreux?

VALÈRE.

Non; mais si mon père prétendait m'y forcer, je crois que j'y résisterai avec la même fermeté, et je sens que mon cœur me ramènerait vers Angélique sitôt qu'on m'en voudrait éloigner.

FRONTIN.

Quelle docilité! Si vous n'héritez pas des biens de monsieur votre père, vous hériterez au moins de ses vertus. (*Regardant le portrait.*) Ah!

VALÈRE.

Qu'as-tu?

FRONTIN.

Depuis votre disgrâce, ce portrait me semble avoir pris une physionomie famélique, un certain air allongé.

VALÈRE.

C'est trop perdre de temps à des impertinences. Nous devrions déjà avoir couru la moitié de Paris. (*Il sort.*)

FRONTIN.

Au train dont vous allez, vous courrez bientôt les champs. Attendons cependant le dénoûment de tout ceci; et, pour feindre de mon côté une recherche imaginaire, allons nous cacher dans un cabaret.

SCÈNE VI.

ANGÉLIQUE, MARTON.

MARTON.

Ah! ah! ah! ah! ah! la plaisante scène! Qui l'eût jamais prévue? Que vous avez perdu, mademoiselle, à n'être point ici cachée avec moi, quand il s'est si bien épris de ses propres charmes!

ANGÉLIQUE.

Il s'est vu par mes yeux.

MARTON.

Quoi! vous auriez la faiblesse de conserver des sentiments pour un homme capable d'un pareil travers?

ANGÉLIQUE.

Il te paraît donc bien coupable? Qu'a-t-on cependant à lui reprocher, que le vice universel de son âge? Ne crois pas pourtant qu'insensible à l'outrage du chevalier, je souffre qu'il me préfère ainsi le premier visage qui le frappe agréablement. J'ai trop d'amour pour n'avoir pas de la délicatesse; et Valère me sacrifiera ses folies dès ce jour, ou je sacrifierai mon amour à ma raison.

MARTON.

Je crains bien que l'un ne soit aussi difficile que l'autre.

ANGÉLIQUE.

Voici Lucinde. Mon frère doit arriver aujourd'hui : prends bien garde qu'elle ne le soupçonne d'être son inconnu, jusqu'à ce qu'il en soit temps.

SCÈNE VII.

LUCINDE, ANGÉLIQUE, MARTON.

MARTON.

Je gage, mademoiselle, que vous ne devineriez jamais quel a été l'effet du portrait. Vous en rirez sûrement.

LUCINDE.

Eh! Marton, laissons là le portrait; j'ai bien d'autres choses en tête. Ma chère Angélique, je suis désolée, je suis mourante. Voici l'instant où j'ai besoin de tout votre secours. Mon père vient de m'annoncer l'arrivée de Léandre; il veut que je me dispose à le recevoir aujourd'hui et à lui donner la main dans huit jours.

ANGÉLIQUE.

Que trouvez-vous donc là de si terrible?

MARTON.

Comment, terrible! Vouloir marier une belle personne de dix-huit ans avec un homme de vingt-deux, riche et bien fait! en vérité cela fait peur, et il n'y a point de fille en âge de raison à qui l'idée d'un tel mariage ne donnât la fièvre.

LUCINDE.

Je ne veux rien vous cacher; j'ai reçu en même temps une lettre de Cléonte; il sera incessamment à Paris; il va faire agir auprès de mon père; il me conjure de différer mon mariage : enfin il m'aime toujours. Ah! ma chère, seriez-vous insensible aux alarmes de mon cœur! et cette amitié que vous m'avez jurée...

ANGÉLIQUE.

Plus cette amitié m'est chère, et plus je dois souhaiter d'en voir resserrer les nœuds par votre mariage avec mon frère. Cependant, Lucinde, votre repos est le premier de mes désirs, et mes vœux sont encore plus conformes aux vôtres que vous ne pensez.

LUCINDE.

Daignez donc vous rappeler vos promesses. Faites bien comprendre à Léandre que mon cœur ne saurait être à lui, que.....

MARTON.

Mon Dieu! ne jurons de rien. Les hommes ont tant de ressources et les femmes tant d'inconstance, que si Léandre se mettait bien dans la tête de vous plaire, je parie qu'il en viendrait à bout malgré vous.

LUCINDE.

Marton!

MARTON.

Je ne lui donne pas deux jours pour supplanter votre inconnu sans vous en laisser même le moindre regret.

LUCINDE.

Allons, continuez..... Chère Angélique, je compte sur vos soins; et, dans le trouble qui m'agite, je cours tout tenter auprès de mon père pour différer, s'il est possible, un hymen que la préoccupation de mon cœur me fait envisager avec effroi. (*Elle sort.*)

ANGÉLIQUE.

Je devrais l'arrêter. Lisimon n'est pas homme à céder aux sollicitations de sa fille; et toutes ses prières ne feront qu'affermir ce mariage, qu'elle-même souhaite d'autant plus qu'elle paraît le craindre. Si je me plais à jouir pendant quelques instants de ses inquiétudes, c'est pour lui en rendre l'événement plus doux. Quelle autre vengeance pourrait être autorisée par l'amitié?

MARTON.

Je vais la suivre, et, sans trahir notre secret, l'empêcher, s'il se peut, de faire quelque folie.

SCÈNE VIII.

ANGELIQUE.

Insensée que je suis! mon esprit s'occupe à des badineries pendant que j'ai tant d'affaires avec mon cœur. Hélas! peut-être qu'en ce moment Valère confirme son infidélité. Peut-être qu'instruit de tout, et honteux de s'être laissé surprendre, il offre par dépit son cœur à quelque autre objet. Car voilà les hommes; ils ne se vengent jamais avec plus d'emportement que quand ils ont le plus de tort. Mais le voici, bien occupé de son portrait.

SCÈNE IX.

ANGELIQUE, VALÈRE.

VALÈRE, *sans voir Angélique*.

Je cours sans savoir où je dois chercher cet objet charmant. L'amour ne guidera-t-il point mes pas?

ANGÉLIQUE, *à part*.

Ingrat! il ne les conduit que trop bien.

VALÈRE.

Ainsi l'amour a toujours ses peines. Il faut que je les éprouve à chercher la beauté que j'aime, ne pouvant en trouver à me faire aimer

ANGÉLIQUE, *à part*.

Quelle impertinence! Hélas! comment peut-on être si fat et si aimable à la fois?

VALÈRE.

Il faut attendre Frontin; il aura peut-être mieux réussi. En tout cas, Angélique m'adore...

ANGÉLIQUE, *à part*.

Ah! traître, tu connais trop mon faible.

VALÈRE.

Après tout, je sens toujours que je ne perdrai rien auprès d'elle; le cœur, les appas, tout s'y trouve.

ANGÉLIQUE, *à part*.

Il me fera l'honneur de m'agréer pour son pis aller.

VALÈRE.

Que j'éprouve de bizarrerie dans mes sentiments! Je renonce à la possession d'un objet charmant, et auquel, dans le fond, mon penchant me ramène encore. Je m'expose à la disgrâce de mon père pour m'entêter d'une belle, peut-être indigne de mes soupirs, peut-être imaginaire, sur la seule foi d'un portrait tombé des nues et flatté à coup sûr. Quel caprice! quelle folie! Mais quoi! la folie et les caprices ne sont-ils pas le relief d'un homme aimable? (*Regardant le portrait.*) Que de grâces!..... Quels traits!..... Que cela est enchanté!..... Que cela est divin! qu'Angélique ne se flatte pas de soutenir la comparaison avec tant de charmes.

ANGÉLIQUE, *saisissant le portrait.*

Je n'ai garde assurément. Mais qu'il me soit permis de partager votre admiration. La connaissance des charmes de cette heureuse rivale adoucira du moins la honte de ma défaite.

VALÈRE.

O ciel!

ANGÉLIQUE.

Qu'avez-vous donc? vous paraissez tout interdit. Je n'aurais jamais cru qu'un petit-maître fût si facile à décontenancer.

VALÈRE.

Ah! cruelle, vous connaissez tout l'ascendant que vous avez sur moi, et vous m'outragez sans que je puisse répondre.

ANGÉLIQUE.

C'est fort mal fait, en vérité; et régulièrement vous devriez me dire des injures. Allez, chevalier, j'ai pitié de votre embarras : voilà votre portrait; et je suis d'autant moins fâchée que vous en aimiez l'original, que vos sentiments sont, sur ce point, tout-à-fait d'accord avec les miens.

VALÈRE.

Quoi! vous connaissez la personne!

ANGÉLIQUE.

Non-seulement je la connais, mais je puis vous dire qu'elle est ce que j'ai de plus cher au monde.

VALÈRE.

Vraiment, voici du nouveau; et le langage est un peu singulier dans la bouche d'une rivale.

ANGÉLIQUE

Je ne sais; mais il est sincère. (*A part.*) S'il se pique, je triomphe.

VALÈRE

Elle a donc bien du mérite?

ANGÉLIQUE.

Il ne tient qu'à elle d'en avoir infiniment.

VALÈRE.

Point de défaut, sans doute?

ANGÉLIQUE.

Oh! beaucoup. C'est une petite personne bizarre, capricieuse, éventée, étourdie, volage, et surtout d'une vanité insupportable. Mais, quoi! elle est aimable avec tout cela, et je prédis d'avance que vous l'aimerez jusqu'au tombeau.

VALÈRE.

Vous y consentez donc?

ANGÉLIQUE.

Oui.

VALÈRE.

Cela ne vous fâchera point?

ANGÉLIQUE.

Non.

VALÈRE, *à part.*

Son indifférence me désespère. (*Haut.*) Oserais-je me flatter qu'en ma faveur vous voudrez bien resserrer encore votre union avec elle?

ANGÉLIQUE.

C'est tout ce que je demande.

VALÈRE, *outré.*

Vous dites tout cela avec une tranquillité qui me charme.

ANGÉLIQUE.

Comment donc! vous vous plaigniez tout à l'heure de mon enjouement, et à présent vous vous fâchez de mon sangfroid. Je ne sais plus quel ton prendre avec vous.

VALÈRE, *bas.*

Je crève de dépit. (*Haut.*) Mademoiselle m'accordera-t-elle la faveur de me faire faire connaissance avec elle?

ANGÉLIQUE.

Voilà, par exemple, un genre de service que je suis bien sûre que vous n'attendez pas de moi : mais je veux passer votre espérance, et je vous le promets encore.

VALÈRE.

Ce sera bientôt, au moins?

ANGÉLIQUE.

Peut-être dès aujourd'hui.

VALÈRE.

Je n'y puis plus tenir. (*Il veut s'en aller.*)

ANGÉLIQUE, *à part.*

Je commence à bien augurer de tout ceci; il a trop de dépit pour n'avoir plus d'amour. (*Haut.*) Où allez-vous, Valère?

VALÈRE.

Je vois que ma présence vous gêne, et je vais vous céder la place.

ANGÉLIQUE.

Ah! point. Je vais me retirer moi-même : il n'est pas juste que je vous chasse de chez vous.

VALÈRE.

Allez, allez; souvenez-vous que qui n'aime rien ne mérite pas d'être aimée.

ANGÉLIQUE.

Il vaut encore mieux n'aimer rien que d'être amoureux de soi-même.

SCÈNE X.

VALÈRE.

Amoureux de soi-même! est-ce un crime de sentir un peu ce qu'on vaut?

Je suis cependant bien piqué. Est-il possible qu'on perde un amant tel que moi sans douleur? On dirait qu'elle me regarde comme un homme ordinaire. Hélas! je me déguise en vain le trouble de mon cœur, et je tremble de l'aimer encore après son inconstance. Mais non; tout mon cœur n'est qu'à ce charmant objet. Courons tenter de nouvelles recherches, et joignons au soin de faire mon bonheur celui d'exciter la jalousie d'Angélique. Mais voici Frontin.

SCÈNE XI.

VALÈRE, FRONTIN, *ivre*.

FRONTIN.

Que diable! je ne sais pourquoi je ne puis me tenir; j'ai pourtant fait de mon mieux pour prendre des forces.

VALÈRE.

Eh bien! Frontin, as-tu trouvé?...

FRONTIN.

Oh! oui, monsieur.

VALÈRE.

Ah, ciel! serait-ce possible?

FRONTIN.

Aussi j'ai bien eu de la peine.

VALÈRE.

Hâte-toi donc de me dire......

FRONTIN.

Il m'a fallu courir tous les cabarets du quartier.

VALÈRE.

Des cabarets!

FRONTIN.

Mais j'ai réussi au-delà de mes espérances.

VALÈRE.

Conte-moi donc...

FRONTIN.

C'était un feu...... une mousse......

VALÈRE.

Que diable barbouille cet animal?

FRONTIN.

Attendez que je reprenne la chose par ordre.

VALÈRE.

Tais-toi, ivrogne, faquin; ou réponds-moi sur les ordres que je t'ai donnés au sujet de l'original du portrait.

FRONTIN.

Ah! oui, l'original; justement. Réjouissez-vous, réjouissez-vous, vous dis-je.

VALÈRE.

Eh bien?

FRONTIN.

Il n'est déjà ni à la Croix-Blanche, ni au Lion-d'Or, ni à la Pomme-de-Pin, ni.....

VALÈRE.

Bourreau, finiras-tu ?

FRONTIN.

Patience. Puisqu'il n'est pas là, il faut qu'il soit ailleurs; et.. Oh! je le trouverai, je le trouverai...

VALÈRE.

Il me prend des demangeaisons de l'assommer; sortons.

SCÈNE XII.

FRONTIN.

Me voilà, en effet, assez joli garçon..... Ce plancher est diablement raboteux. Où en étais-je? Ma foi, je n'y suis plus. Ah! si fait.....

SCÈNE XIII.

LUCINDE, FRONTIN.

LUCINDE.

Frontin, où est ton maître?

FRONTIN.

Mais, je crois qu'il se cherche actuellement.

LUCINDE.

Comment! il se cherche?

FRONTIN.

Oui, il se cherche pour s'épouser.

LUCINDE.

Qu'est-ce que c'est que ce galimatias?

FRONTIN.

Ce galimatias! vous n'y comprenez donc rien?

LUCINDE.

Non, en vérité.

FRONTIN.

Ma foi, ni moi non plus : je vais pourtant vous l'expliquer, si vous voulez.

LUCINDE.

Comment m'expliquer ce que tu ne comprends pas?

FRONTIN.

Oh dame! j'ai fait mes études, moi.

LUCINDE.

Il est ivre, je crois. Eh! Frontin, je t'en prie, rappelle un peu ton bon sens; tâche de te faire entendre.

FRONTIN.

Pardi, rien n'est plus aisé. Tenez. C'est un portrait... métamor... non, métaphor... oui, métaphorisé. C'est mon maître, c'est une fille... vous avez fait un certain mélange... Car j'ai deviné tout ça, moi. Eh bien, peut-on parler plus clairement?

LUCINDE.

Non, cela n'est pas possible.

FRONTIN.

Il n'y a que mon maître qui n'y comprenne rien ; car il est devenu amoureux de sa ressemblance.

LUCINDE

Quoi! sans se reconnaître?

FRONTIN.

Oui, et c'est bien ce qu'il y a d'extraordinaire.

LUCINDE.

Ah! je comprends tout le reste. Et qui pouvait prévoir cela? Cours vite, mon pauvre Frontin; vole chercher ton maître, et dis-lui que j'ai les choses les plus pressantes à lui communiquer. Prends garde, surtout, de ne lui point parler de tes devinations. Tiens, voilà pour...

FRONTIN.

Pour boire, n'est-ce pas?

LUCINDE.

Eh non, tu n'en as pas de besoin.

FRONTIN.

Ce sera par précaution.

SCÈNE XIV.

LUCINDE.

Ne balançons pas un instant, avouons tout; et, quoi qu'il m'en puisse arriver, ne souffrons pas qu'un frère si cher se donne un ridicule par les moyens mêmes que j'avais employés pour l'en guérir. Que je suis malheureuse! j'ai désobligé mon frère; mon père, irrité de ma résistance, n'en est que plus absolu; mon amant absent n'est point en état de me secourir; je crains les trahisons d'une amie, et les précautions d'un homme que je ne puis souffrir : car je le hais sûrement, et je sens que je préférerais la mort à Léandre.

SCÈNE XV.

ANGELIQUE, LUCINDE, MARTON.

ANGÉLIQUE.

Consolez-vous, Lucinde; Léandre ne veut pas vous faire mourir. Je vous avoue cependant qu'il a voulu vous voir sans que vous le sussiez.

LUCINDE.

Hélas! tant pis.

ANGÉLIQUE.

Mais savez-vous bien que voilà un tant pis qui n'est pas trop modeste?

MARTON.

Cette une petite veine du sang fraternel.

LUCINDE.

Mon Dieu! que vous êtes méchantes! Après cela qu'a-t-il dit?

ANGÉLIQUE.

Il m'a dit qu'il serait au désespoir de vous obtenir contre votre gré.

MARTON.

Il a même ajouté que votre résistance lui faisait plaisir en quelque manière. Mais il a dit cela d'un certain air..... Savez-vous qu'à bien juger de vos sentiments pour lui, je gagerais qu'il n'est guère en reste avec vous? Haïssez-le toujours de même, il ne vous rendra pas mal le change.

LUCINDE.

Voilà une façon de m'obéir qui n'est pas trop polie.

MARTON.

Pour être poli avec nous autres femmes il ne faut pas toujours être si obéissant.

ANGÉLIQUE.

La seule condition qu'il a mise à sa renonciation est que vous recevrez sa visite d'adieu.

LUCINDE.

Oh! pour cela non; je l'en quitte.

ANGÉLIQUE.

Ah! vous ne sauriez lui refuser cela. C'est d'ailleurs un engagement que j'ai pris avec lui. Je vous avertis même confidemment qu'il compte beaucoup sur le succès de cette entrevue, et qu'il ose espérer qu'après avoir paru à vos yeux vous ne résisterez plus à cette alliance.

LUCINDE.

Il a donc bien de la vanité!

MARTON.

Il se flatte de vous apprivoiser.

ANGÉLIQUE.

Et ce n'est que sur cet espoir qu'il a consenti au traité que je lui ai proposé.

MARTON.

Je vous réponds qu'il n'accepte le marché que parce qu'il est bien sûr que vous ne le prendrez pas au mot.

LUCINDE.

Il faut être d'une fatuité bien insupportable. Eh bien! il n'a qu'à paraître: je serai curieuse de voir comment il s'y prendra pour étaler ses charmes; et je vous donne ma parole qu'il sera reçu d'un air..... Faites-le venir, il a besoin d'une leçon; comptez qu'il la recevra..... instructive.

ANGÉLIQUE.

Voyez-vous, ma chère Lucinde, on ne tient pas tout ce qu'on se propose; je gage que vous vous radoucirez.

MARTON.

Les hommes sont furieusement adroits; vous verrez qu'on vous apaisera.

LUCINDE.

Soyez en repos là-dessus.

ANGÉLIQUE.

Prenez-y garde, au moins ; vous ne direz pas qu'on ne vous a point avertie.

MARTON.

Ce ne sera pas notre faute si vous vous laissez surprendre.

LUCINDE.

En vérité, je crois que vous voulez me faire devenir folle.

ANGÉLIQUE, *bas*, *à Marton*.

La voilà au point. (*Haut*.) Puisque vous le voulez donc, Marton va vous l'amener.

LUCINDE.

Comment?

MARTON.

Nous l'avons laissé dans l'antichambre ; il va être ici à l'instant.

LUCINDE.

O cher Cléonte! que ne peux-tu voir la manière dont je reçois tes rivaux!

SCÈNE XVI.

ANGÉLIQUE, LUCINDE, MARTON, LÉANDRE.

ANGÉLIQUE.

Approchez, Léandre, venez apprendre à Lucinde à mieux connaître son propre cœur; elle croit vous haïr, et va faire tous ses efforts pour vous mal recevoir : mais je vous réponds, moi, que toutes ces marques apparentes de haine sont en effet autant de preuves réelles de son amour pour vous.

LUCINDE, *toujours sans regarder Léandre*.

Sur ce pied-là il doit s'estimer bien favorisé, je vous assure. Le mauvais petit esprit!

ANGÉLIQUE.

Allons, Lucinde, faut-il que la colère vous empêche de regarder les gens?

LÉANDRE.

Si mon amour excite votre haine, connaissez combien je suis criminel. (*Il se jette aux genoux de Lucinde*.)

LUCINDE.

Ah, Cléonte! ah, méchante Angélique!

LÉANDRE.

Léandre vous a trop déplu pour que j'ose me prévaloir sous ce nom des grâces que j'ai reçues sous celui de Cléonte. Mais si le motif de mon déguisement en peut justifier l'effet, vous le pardonnerez à la délicatesse d'un cœur dont le faible est de vouloir être aimé pour lui-même.

LUCINDE.

Levez-vous, Léandre; un excès de délicatesse n'offense que les cœurs qui en manquent, et le mien est aussi content de l'épreuve que le vôtre doit l'être du succès. Mais vous, Angélique, ma chère Angélique a eu la cruauté de se faire un amusement de mes peines!

ANGÉLIQUE.

Vraiment, il vous siérait bien de vous plaindre! Hélas! vous êtes heureux l'un et l'autre, tandis que je suis en proie aux alarmes.

LÉANDRE.

Quoi! ma chère sœur, vous avez songé à mon bonheur, pendant même que vous aviez des inquiétudes sur le vôtre! Ah! c'est une bonté que je n'oublierai jamais. (*Il lui baise la main.*)

SCÈNE XVII.
LEANDRE, VALÈRE, ANGELIQUE, LUCINDE, MARTON.

VALÈRE.

Que ma présence ne vous gêne point. Comment! mademoiselle, je ne connaissais pas toutes vos conquêtes ni l'heureux objet de votre préférence : et j'aurai soin de me souvenir, par humilité, qu'après avoir soupiré le plus constamment, Valère a été le plus maltraité.

ANGÉLIQUE.

Ce serait mieux fait que vous ne pensez, et vous auriez besoin en effet de de quelques leçons de modestie.

VALÈRE.

Quoi! vous osez joindre la raillerie à l'outrage, et vous avez le front de vous applaudir quand vous devriez mourir de honte!

ANGÉLIQUE.

Ah! vous vous fâchez; je vous laisse; je n'aime pas les injures.

VALÈRE.

Non, vous demeurerez; il faut que je jouisse de toute votre honte.

ANGÉLIQUE.

Eh bien! jouissez.

VALÈRE.

Car j'espère que vous n'aurez pas la hardiesse de tenter votre justification...

ANGÉLIQUE.

N'ayez pas peur.

VALÈRE.

Et que vous ne vous flattez pas que je conserve encore les moindres sentiments en votre faveur.

ANGÉLIQUE.

Mon opinion là-dessus ne changera rien à la chose.

VALÈRE.

Je vous déclare que je ne veux plus avoir pour vous que de la haine.

ANGÉLIQUE.

C'est fort bien fait.

VALÈRE, *tirant le portrait.*

Et voici désormais l'unique objet de tout mon amour.

ANGÉLIQUE.

Vous avez raison. Et moi je vous déclare que j'ai pour monsieur (*montrant son frère*) un attachement qui n'est de guère inférieur au vôtre pour l'original de ce portrait.

SCENE XVII.

VALÈRE.

L'ingrate! Hélas! il ne me reste plus qu'à mourir.

ANGÉLIQUE.

Valère, écoutez. J'ai pitié de l'état où je vous vois. Vous devez convenir que vous êtes le plus injuste des hommes de vous emporter sur une apparence d'infidélité dont vous m'avez vous-même donné l'exemple; mais ma bonté veut bien encore aujourd'hui passer par-dessus vos travers.

VALÈRE.

Vous verrez qu'on me fera la grâce de me pardonner!

ANGÉLIQUE.

En vérité, vous ne le méritez guère. Je vais cependant vous apprendre à quel prix je puis m'y résoudre. Vous m'avez ci-devant témoigné des sentiments que j'ai payés d'un retour trop tendre pour un ingrat : malgré cela, vous m'avez indignement outragée par un amour extravagant conçu sur un simple portrait avec toute la légèreté, et, j'ose dire, toute l'étourderie de votre âge et de votre caractère. Il n'est pas temps d'examiner si j'ai dû vous imiter, et ce n'est pas à vous, qui êtes coupable, qu'il conviendrait de blâmer ma conduite.

VALÈRE.

Ce n'est pas moi, grands dieux! mais voyons où tendent ces beaux discours.

ANGÉLIQUE.

Le voici. Je vous ai dit que je connaissais l'objet de votre nouvel amour, et cela est vrai. J'ai ajouté que je l'aimais tendrement, et cela n'est encore que trop vrai. En vous avouant son mérite, je ne vous ai point déguisé ses défauts. J'ai fait plus, je vous ai promis de vous le faire connaître : et je vous engage à présent ma parole de le faire dès aujourd'hui, dès cette heure même; car je vous avertis qu'il est plus près de vous que vous ne pensez.

VALÈRE.

Qu'entends-je? quoi! la.....

ANGÉLIQUE.

Ne m'interrompez point, je vous prie. Enfin, la vérité me force encore à vous répéter que cette personne vous aime avec ardeur, et je puis vous répondre de son attachement comme du mien propre. C'est à vous maintenant de choisir, entre elle et moi, celle à qui vous destinez toute votre tendresse : choisissez, chevalier; mais choisissez dès cet instant et sans retour.

MARTON.

Le voilà, ma foi, bien embarrassé. L'alternative est plaisante. Croyez-moi, monsieur, choisissez le portrait; c'est le moyen d'être à l'abri des rivaux.

LUCINDE.

Ah! Valère, faut-il balancer si longtemps pour suivre les impressions du cœur?

VALÈRE, *aux pieds d'Angélique, et jetant le portrait.*

C'en est fait; vous avez vaincu, belle Angélique, et je sens combien les sentiments qui naissent du caprice sont inférieurs à ceux que vous inspirez. (*Marton ramasse le portrait.*) Mais, hélas! quand tout mon cœur revient à vous, puis-je me flatter qu'il me ramènera le vôtre?

ANGÉLIQUE.

Vous pourrez juger de ma reconnaissance par le sacrifice que vous venez de me faire. Levez-vous, Valère, et considérez bien ces traits.

LÉANDRE, *regardant aussi.*

Attendez donc! Mais je crois reconnaître cet objet-là!..... C'est..... oui, ma foi, c'est lui.....

VALÈRE.

Qui, lui? Dites donc elle. C'est une femme à qui je renonce, comme à toutes les femmes de l'univers, sur qui Angélique l'emportera toujours.

ANGÉLIQUE.

Oui, Valère; c'était une femme jusqu'ici: mais j'espère que ce sera désormais un homme supérieur à ces petites faiblesses qui dégradaient son sexe et son caractère.

VALÈRE.

Dans quelle étrange surprise vous me jetez!

ANGÉLIQUE.

Vous devriez d'autant moins méconnaître cet objet, que vous avez eu avec lui le commerce le plus intime, et qu'assurément on ne vous accusera pas de l'avoir négligé. Otez à cette tête cette parure étrange que votre sœur y a fait ajouter.....

VALÈRE.

Ah! que vois-je?

MARTON.

La chose n'est-elle pas claire? vous voyez le portrait, et voilà l'original.

VALÈRE.

O ciel! et je ne meurs pas de honte!

MARTON.

Eh! monsieur, vous êtes peut-être le seul de votre ordre qui la connaissiez.

ANGÉLIQUE.

Ingrat! avais-je tort de vous dire que j'aimais l'original de ce portrait?

VALÈRE.

Et moi je ne veux plus l'aimer que parce qu'il vous adore.

ANGÉLIQUE.

Vous voulez bien que, pour affermir notre réconciliation, je vous présente Léandre mon frère?

LÉANDRE.

Souffrez, monsieur.....

VALÈRE.

Dieux! quel comble de félicité! Quoi! même quand j'étais ingrat, Angélique n'était pas infidèle!

LUCINDE.

Que je prends de part à votre bonheur! et que le mien même en est augmenté!

SCENE XVIII.

LISIMON, LEANDRE, VALÈRE, ANGELIQUE, LUCINDE, MARTON.

LISIMON.

Ah! vous voici tous rassemblés fort à propos. Valère et Lucinde ayant tous deux résisté à leurs mariages, j'avais d'abord résolu de les y contraindre : mais j'ai réfléchi qu'il faut quelquefois être bon père, et que la violence ne fait pas toujours des mariages heureux. J'ai donc pris le parti de rompre dès aujourd'hui tout ce qui avait été arrêté; et voici les nouveaux arrangements que j'y substitue : Angélique m'épousera; Lucinde ira dans un couvent; Valère sera déshérité; et quant à vous, Léandre, vous prendrez patience, s'il vous plaît.

MARTON.

Fort bien, ma foi! voilà qui est toisé on ne peut pas mieux.

LISIMON.

Qu'est-ce donc? vous voilà tout interdits! Est-ce que ce projet ne vous accommode pas?

MARTON.

Voyez si pas un d'eux desserrera les dents! La peste des sots amants et de la sotte jeunesse dont l'inutile babil ne tarit point, et qui ne savent pas trouver un mot dans une occasion nécessaire!

LISIMON.

Allons, vous savez tous mes intentions; vous n'avez qu'à vous y conformer.

LÉANDRE.

Eh! monsieur, daignez suspendre votre courroux. Ne lisez-vous pas le repentir des coupables dans leurs yeux et dans leur embarras! et voulez-vous confondre les innocents dans la même punition?

LISIMON.

Çà, je veux bien avoir la faiblesse d'éprouver leur obéissance encore une fois. Voyons un peu. Eh bien! monsieur Valère, faites-vous toujours des réflexions?

VALÈRE.

Oui, mon père; mais, au lieu des peines du mariage, elles ne m'en offrent plus que les plaisirs.

LISIMON.

Oh! oh! vous avez bien changé de langage! Et toi, Lucinde, aimes-tu toujours bien ta liberté?

LUCINDE.

Je sens, mon père, qu'il peut être doux de la perdre sous les lois du devoir.

LISIMON.

Ah! les voilà tous raisonnables. J'en suis charmé. Embrassez-moi, mes enfants, et allons conclure ces heureux hyménées. Ce que c'est qu'un coup d'autorité frappé à propos!

VALÈRE.

Venez, belle Angélique, vous m'avez guéri d'un ridicule qui faisait la honte de ma jeunesse, et je vais désormais éprouver près de vous que, quand on aime bien, on ne songe plus à soi-même.

LES
PRISONNIERS DE GUERRE

COMEDIE (1).

PERSONNAGES.

GOTERNITZ, gentilhomme hongrois.
MACKER, Hongrois.
DORANTE, officier français, prisonnier de guerre.
SOPHIE, fille de Goternitz.
FREDERICH, officier hongrois, fils de Goternitz.
JACQUARD, Suisse, valet de Dorante.

La scène est en Hongrie.

SCÈNE I.

DORANTE, JACQUARD.

JACQUARD.

Par mon foy, monsir, moi l'y comprendre rien à sti pays l'Ongri; le fin l'être pon, et les hommes méchants : l'être pas naturel, cela.

DORANTE.

Si tu ne t'y trouves pas bien, rien ne t'oblige d'y demeurer. Tu es mon domestique et non pas prisonnier de guerre comme moi; tu peux t'en aller quand il te plaira...

JACQUARD.

Oh! moi point quitter fous; moi fouloir pas être plus libre que mon maître.

DORANTE.

Mon pauvre Jacquard, je suis sensible à ton attachement; il me consolerait dans ma captivité, si j'étais capable de consolation.

JACQUARD.

Moi point souffrir que fous l'afflicke touchours, touchours : fous poire comme moi, fous consolir tout l'apord.

---

(1) Rousseau composa cette pièce en 1743, après les désastres des Français en Bavière et en Bohême. Voyez les *Confessions*, livre VII.

DORANTE.

Quelle consolation! O France! ô ma patrie! que ce climat barbare me fait sentir ce que tu vaux! quand reverrai-je ton heureux séjour? Quand finira cette honteuse inaction où je languis, tandis que mes *glorieux* compatriotes moissonnent des lauriers *sur les traces de mon roi?*

JACQUARD.

Oh! fous l'afre été pris combattant pravement. Les ennemis que fous afre tués l'être encore pli malates que fous.

DORANTE.

Apprends que, dans le sang qui m'anime, la gloire acquise ne sert que d'aiguillon pour en rechercher davantage. Apprends que, quelque zèle qu'on ait à remplir son devoir pour lui-même, l'ardeur s'en augmente encore par le noble désir du mériter l'estime de son maître en combattant sous ses yeux. *Ah! quel n'est pas le bonheur de quiconque peut obtenir celle du mien! et qui sait mieux que ce grand prince peut, sur sa propre expérience, juger du mérite et de la valeur?*

JACQUARD.

Pien, pien : fous l'être pientôt tiré te sti prisonnache; monsir fotre père afre écrit qu'il trafaillir pour faire échange fous.

DORANTE.

Oui, mais le temps en est encore incertain; et cependant le roi fait chaque jour de nouvelles conquêtes.

JACQUARD.

Pardi! moi l'être pien content t'aller tant seulement à celles qu'il fera encore. Mais fous l'être pli amoureux, pisque fous fouloir tant partir.

DORANTE.

Amoureux! de qui?.... (*A part.*) Aurait-il pénétré mes feux secrets?

JACQUARD.

Là, te cette temoiselle Claire, te cette cholie fille te notre bourgeois; à qui fous faire tant te petits douceurs. (*A part.*) Oh! chons pien d'antres doutances, mais il faut faire semplant te rien.

DORANTE.

Non, Jacquard, l'amour que tu me supposes n'est point capable de ralentir mon empressement de retourner en France. Tous climats sont indifférents pour l'amour. Le monde est plein de belles dignes des services de mille amants, mais on n'a qu'une patrie à servir.

JACQUARD.

A propos te belles, savre-fous que l'être après-timain que notre prital te bourgeois épouse le fille de monsir Goternitz?

DORANTE.

Comment! que dis-tu?

JACQUARD.

Que la mariache de monsir Macker avec mamecelle Sophie, qui était différé chisque à l'arrivée ti frère te la temoicelle, doit se terminer dans teux jours, parce qu'il avre été échangé pli tôt qu'on n'avre cru, et qu'il arriver aucherdi.

DORANTE.
Jacquard, que me dis-tu là! comment le sais-tu?
JACQUARD.
Par mon foi, je l'afre appris toute l'heure en pivant pouteille avec un falet te la maison.
DORANTE, *à part.*
Cachons mon trouble... (*Haut.*) Je réfléchis que le messager doit être arrivé; va voir s'il n'y a point de nouvelles pour moi.
JACQUARD, *à part.*
Diaple! l'y être in noufelle te trop, à ce que che fois. (*Revenant.*) Monsir, che safre point où l'être la poutique te sti noufelle.
DORANTE.
Tu n'as qu'à parler à mademoiselle Claire, qui, pour éviter que mes lettres ne soient ouvertes à la poste, a bien voulu se charger de les recevoir sous une adresse convenue, et de me les remettre secrètement.

SCÈNE II.

DORANTE.

Quel coup pour ma flamme! C'en est donc fait, trop aimable Sophie, il faut vous perdre pour jamais, et vous allez devenir la proie d'un riche mais ridicule et grossier vieillard! Hélas! sans m'en avoir encore fait l'aveu, tout commençait à m'annoncer de votre part le plus tendre retour! Non, quoique les injustes préjugés de son père contre les Français dussent être un obstacle invincible à mon bonheur, il ne fallait pas moins qu'un pareil événement pour assurer la sincérité des vœux que je fais pour retourner promptement en France. Les ardents témoignages que j'en donne ne sont-ils point plutôt les efforts d'un esprit qui s'excite par la considération de son devoir, que les effets d'un zèle assez sincère? Mais que dis-je! ah! que la gloire n'en murmure point; de si beaux feux ne sont pas faits pour lui nuire : un cœur n'est jamais assez amoureux, il ne fait pas du moins assez de cas de l'estime de sa maîtresse, quand il balance à lui préférer son devoir, son pays et son roi.

SCÈNE III.

MACKER, DORANTE, GOTERNITZ.

MACKER.

Ah! voici ce prisonnier que j'ai en garde. Il faut que je le prévienne sur la façon dont il doit se conduire avec ma future; car ces Français, qui, dit-on, se soucient si peu de leurs femmes, sont des plus accommodants avec celles d'autrui : mais je ne veux point chez moi de ce commerce-là, et je prétends du moins que mes enfants soient de mon pays.
GOTERNITZ.
Vous avez là d'étranges opinions de ma fille.
MACKER.
Mon Dieu! pas si étranges. Je pense que la mienne la vaut bien; et si..... Brisons là-dessus... Seigneur Dorante!

DORANTE.

Monsieur?

MACKER.

Savez-vous que je me marie?

DORANTE.

Que m'importe?

MACKER.

C'est qu'il m'importe à moi que vous appreniez que je ne suis pas d'avis que ma femme vive à la française.

DORANTE.

Tant pis pour elle.

MACKER.

Eh! oui, mais tant mieux pour moi.

DORANTE.

Je n'en sais rien.

MACKER.

Oh! nous ne demandons pas votre opinion là-dessus : je vous avertis seulement que je souhaite de ne vous trouver jamais avec elle, et que vous évitiez de me donner à cet égard des ombrages sur sa conduite.

DORANTE.

Cela est trop juste et vous serez satisfait.

MACKER.

Ah! le voilà complaisant une fois, quel miracle!

DORANTE.

Mais je compte que vous y contribuerez de votre côté autant qu'il sera nécessaire.

MACKER.

Oh! sans doute, et j'aurai soin d'ordonner à ma femme de vous éviter en toute occasion.

DORANTE.

M'éviter! gardez-vous-en bien. Ce n'est pas ce que je veux dire.

MACKER.

Comment?

DORANTE.

C'est vous, au contraire, qui devez éviter de vous apercevoir du temps que je passerai auprès d'elle. Je ne lui rendrai des soins que le plus discrètement qu'il me sera possible; et vous, en mari prudent, vous n'en verrez que ce qu'il vous plaira.

MACKER.

Comment diable! vous vous moquez; et ce n'est pas là mon compte.

DORANTE.

C'est pourtant tout ce que je puis vous promettre, et c'est même tout ce que vous m'avez demandé.

MACKER.

Parbleu! celui-là me passe; il faut être bien endiablé après les femmes d'autrui pour tenir un tel langage à la barbe des maris.

GOTERNITZ.

En vérité, seigneur Macker, vos discours me font pitié, et votre colère me fait rire. Quelle réponse vouliez-vous que fît monsieur à une exhortation aussi ridicule que la vôtre? La preuve de la pureté de ses intentions est le langage même qu'il vous tient : s'il voulait vous tromper, vous prendrait-il pour son confident?

MACKER.

Je me moque de cela; fou qui s'y fie. Je ne veux point qu'il fréquente ma femme, et j'y mettrai bon ordre.

DORANTE.

A la bonne heure; mais, comme je suis votre prisonnier et non pas votre esclave, vous ne trouverez pas mauvais que je m'acquitte avec elle, en toute occasion, des devoirs de politesse que mon sexe doit au sien.

MACKER.

Eh, morbleu! tant de politesse pour la femme ne tendent qu'à faire affront au mari. Cela me met dans des impatiences..... Nous verrons..... nous verrons..... Vous êtes méchant, monsieur le Français; oh! parbleu! je le serai plus que vous.

DORANTE.

A la maison, cela peut être; mais j'ai peine à croire que vous le soyez fort à la guerre.

GOTERNITZ.

Tout doux, seigneur Dorante; il est d'une nation.....

DORANTE.

Oui, quoique la vraie valeur soit inséparable de la générosité; je sais, malgré la cruauté de la vôtre, en estimer la bravoure. Mais cela le met-il en droit d'insulter un soldat qui n'a cédé qu'au nombre, et qui, je pense, a montré assez de courage pour devoir être respecté, même dans sa disgrâce!

GOTERNITZ.

Vous avez raison. Les lauriers ne sont pas moins le prix du courage que de la victoire. Nous-mêmes, depuis que nous cédons aux armes triomphantes de votre roi, nous ne nous en tenons pas moins glorieux, puisque la même valeur qu'il emploie à nous attaquer montre la nôtre à nous défendre. Mais voici Sophie.

SCÈNE IV.

GOTERNITZ, MACKER, SOPHIE, DORANTE.

GOTERNITZ.

Approchez, ma fille; venez saluer votre époux. Ne l'acceptez-vous pas avec plaisir de ma main?

SOPHIE.

Quand mon cœur en serait le maître, il ne le choisirait pas ailleurs qu'ici.

MACKER.

Fort bien, belle mignonne; mais..... (*A Dorante.*) Quoi! vous ne vous en allez pas?

DORANTE.

Ne devez-vous pas être flatté que mon admiration confirme la bonté de votre choix?

MACKER.

Comme je ne l'ai pas choisie pour vous, votre approbation me paraît ici peu nécessaire.

GOTERNITZ.

Il me semble que ceci commence à durer trop pour un badinage. Vous voyez, monsieur, que le seigneur Macker est inquiété de votre présence : c'est un effet qu'un cavalier de votre figure peut produire naturellement sur l'époux le plus raisonnable.

DORANTE.

Eh bien! il faut donc le délivrer d'un spectateur incommode : aussi bien ne puis-je supporter le tableau d'une union aussi disproportionnée. Ah! monsieur, comment pouvez-vous consentir vous-même que tant de perfections soient possédées par un homme si peu fait pour les connaître!

SCÈNE V.

MACKER, GOTERNITZ, SOPHIE.

MACKER.

Parbleu! voilà une nation bien extraordinaire, des prisonniers bien incommodes! le valet me boit mon vin, le maître caresse ma fille. (*Sophie fait une mine.*) Ils vivent chez moi comme s'ils étaient en pays de conquêtes.

GOTERNITZ.

C'est la vie la plus ordinaire aux Français; ils y sont tout accoutumés.

MACKER.

Bonne excuse, ma foi! Ne faudra-t-il point encore, en faveur de la coutume, que j'approuve qu'il me fasse cocu?

SOPHIE.

Ah ciel! quel homme!

GOTERNITZ.

Je suis aussi scandalisé de votre langage que ma fille en est indignée. Apprenez qu'un mari qui ne montre à sa femme ni estime ni confiance l'autorise, autant qu'il est en lui, à ne les pas mériter. Mais le jour s'avance; je vais monter à cheval pour aller au-devant de mon fils qui doit arriver ce soir.

MACKER.

Je ne vous quitte pas; j'irai avec vous, s'il vous plaît.

GOTERNITZ.

Soit; j'ai même bien des choses à vous dire, dont nous nous entretiendrons en chemin.

MACKER.

Adieu, mignonne : il me tarde que nous soyons mariés, pour vous mener voir mes champs et mes bêtes à cornes; j'en ai le plus beau parc de la Hongrie.

SOPHIE.

Monsieur, ces animaux-là me font peur.

MACKER.

Va, va, poulette, tu seras bientôt aguerrie avec moi.

SCENE VI.
SOPHIE.

Quel époux! quelle différence de lui à Dorante, en qui les charmes de l'amour redoublent par les grâces de ses manières et de ses expressions! Mais, hélas! il n'est point fait pour moi. A peine mon cœur ose-t-il s'avouer qu'il l'aime; et je dois trop me féliciter de ne le lui avoir point avoué à lui-même. Encore s'il m'était fidèle, la bonté de mon père me laisserait, malgré sa prévention en ses engagements, quelque lueur d'espérance. Mais la fille de Macker partage l'amour de Dorante; il lui dit sans doute les mêmes choses qu'à moi; peut-être est-elle la seule qu'il aime. Volages Français! que les femmes sont heureuses que vos infidélités les tiennent en garde contre vos séductions! Si vous étiez aussi constants que vous êtes aimables, quels cœurs vous résisteraient? Le voici. Je voudrais fuir, et je ne puis m'y résoudre; je voudrais lui paraître tranquille, et je sens que je l'aime jusqu'à ne pouvoir cacher mon dépit.

SCENE VII.
DORANTE, SOPHIE.
DORANTE.

Il est donc vrai, madame, que ma ruine est conclue, et que je vais vous perdre sans retour! J'en mourrais, sans doute, si la mort était la pire des douleurs. Je ne vivrai que pour vous porter dans mon cœur plus longtemps, et pour me rendre digne, par ma conduite et par ma constance, de votre estime et de vos regrets.

SOPHIE.

Se peut-il que la perfidie emprunte un langage aussi noble et aussi passionné!

DORANTE.

Que dites-vous? quel accueil! est-ce là la juste pitié que méritent mes sentiments?

SOPHIE.

Votre douleur est grande en effet, à en juger par le soin que vous avez pris de vous ménager des consolations.

DORANTE.

Moi, des consolations! en est-il pour votre perte?

SOPHIE.

C'est-à-dire en est-il besoin?

DORANTE.

Quoi! belle Sophie, pouvez-vous?.....

SOPHIE.

Réservez, je vous en prie, la familiarité de ces expressions pour la belle Claire; et sachez que Sophie, telle qu'elle est, belle ou laide, se soucie d'autant moins de l'être à vos yeux, qu'elle vous croit aussi mauvais juge de la beauté que du mérite.

DORANTE.

Le rang que vous tenez dans mon estime et dans mon cœur est une preuve du contraire. Quoi! vous m'avez cru amoureux de la fille de Macker!

SOPHIE.

Non, en vérité. Je ne vous fais pas l'honneur de vous croire un cœur fait pour aimer. Vous êtes, comme tous les jeunes gens de votre pays, un homme fort convaincu de ses perfections, qui se croit destiné à tromper les femmes, et jouant l'amour auprès d'elles, mais qui n'est pas capable d'en ressentir.

DORANTE.

Ah! se peut-il que vous me confondiez dans cet ordre d'amants sans sentiments et sans délicatesse, pour quelques vains badinages qui prouvent eux-mêmes que mon cœur n'y a point de part et qu'il était à vous tout entier?

SOPHIE.

La preuve me paraît singulière. Je serais curieuse d'apprendre les légères subtilités de cette philosophie française.

DORANTE.

Oui, j'en appelle, en témoignage de la sincérité de mes feux, à cette conduite même que vous me reprochez. J'ai dit à d'autres de petites douceurs, il est vrai; j'ai folâtré auprès d'elles : mais ce badinage et cet enjouement sont-ils le langage de l'amour? Est-ce sur ce ton que je me suis exprimé près de vous? Cet abord timide, cette émotion, ce respect, ces tendres soupirs, ces douces larmes, ces transports que vous me faites éprouver, ont-ils quelque chose de commun avec cet air piquant et badin que la politesse et le ton du monde nous font prendre auprès des femmes indifférentes? Non, Sophie, les ris et la gaîté ne sont point le langage du sentiment. Le véritable amour n'est ni téméraire ni évaporé; la crainte le rend circonspect; il risque moins par la connaissance de ce qu'il peut perdre; et, comme il en veut au cœur encore plus qu'à la personne, il ne hasarde guère l'estime de la personne qu'il aime pour en acquérir la possession.

SOPHIE.

C'est-à-dire, en un mot, que, contents d'être tendres pour vos maîtresses, vous n'êtes que galants, badins et téméraires près des femmes que vous n'aimez point. Voilà une constance et des maximes d'un nouveau goût, fort commodes pour les cavaliers; je ne sais si les belles de votre pays s'en contentent de même.

DORANTE.

Oui, madame, cela est réciproque, et elles ont bien autant d'intérêt que nous, pour le moins, à les établir.

SOPHIE.

Vous me faites trembler pour les femmes capables de donner leur cœur à des amants formés à une pareille école.

DORANTE.

Eh! pourquoi ces craintes chimériques? n'est-il pas convenu que ce commerce galant et poli qui jette tant d'agrément dans la société n'est point de l'amour? il n'est que le supplément. Le nombre des cœurs vraiment faits pour aimer est si petit, et parmi ceux-là il y en a si peu qui se rencontrent, que tout languirait bientôt si l'esprit et la volupté ne tenaient quelquefois la place du cœur et du sentiment. Les femmes ne sont point les dupes des aimables folies que les hommes font autour d'elles. Nous en sommes de même par rapport à leur coquetterie, elles ne séduisent que nos sens. C'est un commerce fidèle où l'on ne se donne réciproquement que pour ce qu'on est. Mais il faut avouer, à la honte du cœur, que ces heureux badinages sont souvent mieux récompensés que les plus touchantes expressions d'une flamme ardente et sincère.

SOPHIE.

Nous voici précisément où j'en voulais venir. Vous m'aimez, dites-vous, uniquement et parfaitement; tout le reste n'est que jeux d'esprit : je le veux; je le crois. Mais alors il me reste toujours à savoir quel genre de plaisir vous pouvez trouver à faire, dans un goût différent, la cour à d'autres femmes, et à rechercher pourtant auprès d'elles le prix du véritable amour.

DORANTE.

Ah! madame, quel temps prenez-vous pour m'engager dans des dissertations! Je vais vous perdre, hélas! et vous voulez que mon esprit s'occupe d'autres choses que de sa douleur!

SOPHIE.

La réflexion ne pouvait venir plus mal à propos; il fallait la faire plus tôt, ou ne la point faire du tout.

SCÈNE VIII.

DORANTE, SOPHIE, JACQUARD.

JACQUARD.

St, st, monsir, monsir!

DORANTE.

Je crois qu'on m'appelle.

JACQUARD.

Oh! moi fenir, pisque fous point aller.

DORANTE.

Eh bien! qu'est-ce?

JACQUARD.

Monsir, afec la permission te montame, l'être ain pili l'écriture.

DORANTE.

Quoi? une lettre?

JACQUARD.

Chistement.

DORANTE.

Donne-la-moi.

JACQUARD.

Tiantre! non; mamecelle Claire m'afre chargé te ne la donne fous qu'en grand secrètement.

SOPHIE.

Monsieur Jacquard est exact, il veut suivre ses ordres.

DORANTE.

Donne toujours, butor ; tu fais le mystérieux fort à propos.

SOPHIE.

Cessez de vous inquiéter. Je ne suis point incommode, et je vais me retirer pour ne pas gêner votre empressement.

SCÈNE IX.

SOPHIE, DORANTE.

DORANTE, *à part.*

Cette lettre de mon père lui donne de nouveaux soupçons, et vient tout à propos pour les dissiper. (*Haut.*) Eh quoi! madame, vous me fuyez !

SOPHIE, *ironiquement.*

Seriez-vous disposé à me mettre de moitié dans vos confidences?

DORANTE.

Mes secrets ne vous intéressent pas assez pour vouloir y prendre part?

SOPHIE.

C'est au contraire qu'ils vous sont trop chers pour les prodiguer.

DORANTE.

Il me siérait mal d'en être plus avare que de mon propre cœur.

SOPHIE.

Aussi logez-vous tout au même lieu.

DORANTE.

Cela ne tient du moins qu'à votre complaisance.

SOPHIE.

Il y a dans ce sang-froid une méchanceté que je suis tentée de punir. Vous seriez bien embarrassé si, pour vous prendre au mot, je vous priais de me communiquer cette lettre.

DORANTE.

J'en serais seulement fort surpris; vous vous plaisez trop à nourrir d'injustes sentiments sur mon compte, pour chercher à les détruire.

SOPHIE.

Vous vous fiez fort à ma discrétion..... je vois qu'il faut lire la lettre pour confondre votre témérité.

DORANTE.

Lisez-la pour vous convaincre de votre injustice.

SOPHIE.

Non, commencez par me la lire vous-même ; j'en jouirai mieux de votre confusion.

DORANTE.

Nous allons voir. (*Il lit.*) « Que j'ai de joie, mon cher Dorante...»

SOPHIE.

Mon cher Dorante! l'expression est galante, vraiment.

DORANTE.

« Que j'ai de joie, mon cher Dorante, de pouvoir terminer vos peines!...»

SCÈNE IX.

SOPHIE.

Oh! je n'en doute pas, vous avez tant d'humanité!

DORANTE.

« Vous voilà délivré des fers où vous languissiez... »

SOPHIE.

Je ne languirai pas dans les vôtres.

DORANTE.

« Hâtez-vous de venir me rejoindre... »

SOPHIE.

Cela s'appelle être pressée.

DORANTE.

« Je brûle de vous embrasser... »

SOPHIE.

Rien n'est si commode que de déclarer franchement ses besoins.

DORANTE.

« Vous êtes échangé contre un jeune officier qui s'en retourne actuellement où vous êtes... »

SOPHIE.

Mais je n'y comprends plus rien.

DORANTE.

« Blessé dangereusement, il fut fait prisonnier dans une affaire où je me
« trouvai... »

SOPHIE.

Une affaire où se trouva mademoiselle Claire?

DORANTE.

Qui vous parle de mademoiselle Claire?

SOPHIE.

Quoi! cette lettre n'est pas d'elle?

DORANTE.

Non, vraiment; elle est de mon père, et mademoiselle Claire n'a servi que de moyen pour me la faire parvenir; voyez la date et le seing.

SOPHIE.

Ah! je respire.

DORANTE.

Écoutez le reste. (*Il lit.*) « A force de secours et de soins, j'ai eu le bon-
« heur de lui sauver la vie; je lui ai trouvé tant de reconnaissance, que je
« ne puis trop me féliciter des services que je lui ai rendus. J'espère qu'en
« le voyant vous partagerez mon amitié pour lui, et que vous le lui témoi-
« gnerez. »

SOPHIE, *à part.*

L'histoire de ce jeune officier a tant de rapport avec... Ah! si c'était lui!...
Tous mes doutes seront éclaircis ce soir.

DORANTE.

Belle Sophie, vous voyez votre erreur. Mais de quoi me sert que vous connaissiez l'injustice de vos soupçons? en serai-je mieux récompensé de ma fidélité?

SOPHIE.

Je voudrais inutilement vous déguiser encore le secret de mon cœur ; il a trop éclaté avec mon dépit : vous voyez combien je vous aime, et vous devez mesurer le prix de cet aveu sur les peines qu'il m'a coûtées.

DORANTE.

Aveu charmant! pourquoi faut-il que des moments si doux soient mêlés d'alarmes, et que le jour où vous partagez mes feux soit celui qui les rend le plus à plaindre!

SOPHIE.

Ils peuvent encore l'être moins que vous ne pensez. L'amour perd-il sitôt o urage? et quand on aime assez pour tout entreprendre, manque-t-on de ressources pour être heureux?

DORANTE.

Adorable Sophie! quels transports vous me causez! Quoi! vos bontés... je pourrais... Ah! cruelle! vous promettez plus que vous ne voulez tenir!

SOPHIE.

Moi, je ne promets rien. Quelle est la vivacité de votre imagination! J'ai peur que nous ne nous entendions pas.

DORANTE.

Comment?

SOPHIE.

Le triste hymen que je crains n'est point tellement conclu que je ne puisse me flatter d'obtenir du moins un délai de mon père; prolongez votre séjour ici jusqu'à ce que la paix ou des circonstances plus favorables aient dissipé les préjugés qui vous le rendent contraire.

DORANTE.

Vous voyez l'empressement avec lequel on me rappelle : puis-je trop me hâter d'aller réparer l'oisiveté de mon esclavage? Ah! s'il faut que l'amour me fasse négliger le soin de ma réputation, doit-ce être sur des espérances aussi douteuses que celles dont vous me flattez? Que la certitude de mon bonheur serve du moins à rendre ma faute excusable. Consentez que des nœuds secrets...

SOPHIE.

Qu'osez-vous me proposer? Un cœur bien amoureux ménage-t-il si peu la gloire de ce qu'il aime? Vous m'offensez vivement.

DORANTE.

J'ai prévu votre réponse, et vous avez dicté la mienne. Forcé d'être malheureux ou coupable, c'est l'excès de mon amour qui me fait sacrifier mon bonheur à mon devoir, puisque ce n'est qu'en vous perdant que je puis me rendre digne de vous posséder.

SOPHIE.

Ah! qu'il est aisé d'étaler de belles maximes quand le cœur les combat faiblement! parmi tant de devoirs à remplir, ceux de l'amour sont-ils donc comptés pour rien? et n'est-ce que la vanité de me coûter des regrets qui vous a fait désirer ma tendresse?

DORANTE.

J'attendais de la pitié, et je reçois des reproches, vous n'avez, hélas! que trop de pouvoir sur ma vertu, il faut fuir pour ne pas succomber. Aimable Sophie, trop digne d'un plus beau climat, daignez recevoir les adieux d'un amant qui ne vivrait qu'à vos pieds s'il pouvait conserver votre estime en immolant la gloire à l'amour. (*Il l'embrasse.*)

SOPHIE.

Ah! que faites-vous?

SCENE X.

MACKER, FREDERICH, GOTERNITZ, DORANTE, SOPHIE.

MACKER.

Oh! oh! notre future, tubleu! comme vous y allez! C'est donc avec monsieur que vous vous accordez pour la noce! je lui suis obligé, ma foi. Eh bien! beau-père, que dites-vous de votre progéniture? Oh! je voudrais, parbleu! que nous en eussions vu quatre fois davantage, seulement pour lui apprendre à n'être pas si confiant.

GOTERNITZ.

Sophie, pourriez-vous m'expliquer ce que veulent dire ces étranges façons?

DORANTE.

L'explication est toute simple; je viens de recevoir avis que je suis échangé, et là-dessus je prenais congé de mademoiselle, qui, aussi bien que vous, monsieur, a eu pendant mon séjour ici beaucoup de bontés pour moi.

MACKER.

Oui, des bontés! oh! cela s'entend.

GOTERNITZ.

Ma foi, seigneur Macker, je ne vois pas qu'il y ait tant à se récrier pour une simple cérémonie de compliment.

MACKER.

Je n'aime point tous ces compliments à la française.

FRÉDÉRICH.

Soit : mais comme ma sœur n'est point encore votre femme, il me semble que les vôtres ne sont guère propres à lui donner envie de la devenir.

MACKER.

Eh! corbleu! monsieur, si votre séjour de France vous a appris à applaudir à toutes les sottises des femmes, apprenez que les flatteries de Jean-Mathias Macker ne nourriront jamais leur orgueil.

FRÉDÉRICH.

Pour cela, je le crois.

DORANTE.

Je vous avouerai, monsieur, qu'également épris des charmes et du mérite de votre adorable fille, j'aurais fait ma félicité suprême d'unir mon sort au sien, si les cruels préjugés qui vous ont été inspirés contre ma nation n'eussent mis un obstacle invincible au bonheur de ma vie.

FRÉDÉRICH.

Mon père, c'est là sans doute un de vos prisonniers?

GOTERNITZ.

C'est cet officier pour lequel vous avez été échangé.

FRÉDÉRICH.
Quoi! Dorante?
GOTERNITZ.
Lui-même.
FRÉDÉRICH.
Ah! quelle joie pour moi de pouvoir embrasser le fils de mon bienfaiteur!
SOPHIE, *joyeuse.*
C'était mon frère, et je l'ai deviné.
FRÉDÉRICH.
Oui, monsieur, redevable de la vie à monsieur votre père, qu'il me serait doux de vous marquer ma reconnaissance et mon attachement par quelque preuve digne des services que j'ai reçus de lui!
DORANTE.
Si mon père a été assez heureux pour s'acquitter envers un cavalier de votre mérite des devoirs de l'humanité, il doit plus s'en féliciter que vous-même. Cependant, monsieur, vous connaissez mes sentiments pour mademoiselle votre sœur; si vous daignez protéger mes feux, vous acquitterez au-delà vos obligations : rendre un honnête homme heureux, c'est plus que de lui sauver la vie.
FRÉDÉRICH.
Mon père partage mes obligations, et j'espère bien que, partageant aussi ma reconnaissance, il ne sera pas moins ardent que moi à vous la témoigner.
MACKER.
Mais il me semble que je joue ici un assez joli personnage.
GOTERNITZ.
J'avoue, mon fils, que j'avais cru voir en monsieur quelque inclination pour votre sœur; mais, pour prévenir la déclaration qu'il m'en aurait pu faire, j'ai si bien manifesté en toute occasion l'antipathie et l'éloignement qui séparait notre nation de la sienne, qu'il s'était épargné jusqu'ici des démarches inutiles de la part d'un ennemi avec qui, quelque obligation que je lui aie d'ailleurs, je ne puis ni ne dois établir aucune liaison.
MACKER.
Sans doute, et c'est un crime de lèse-majesté à mademoiselle de vouloir aussi s'approprier ainsi les prisonniers de la reine.
GOTERNITZ.
Enfin je tiens que c'est une nation avec laquelle il est mieux de toute façon de n'avoir aucun commerce; trop orgueilleux amis, trop redoutables ennemis; heureux qui n'a rien à démêler avec eux!
FRÉDÉRICH.
Ah! quittez, mon père, ces injustes préjugés. Que n'avez-vous connu cet aimable peuple que vous haïssez, et qui n'aurait peut-être aucun défaut s'il avait moins de vertus! Je l'ai vue de près, cette heureuse et brillante nation, je l'ai vue paisible au milieu de la guerre, cultivant les sciences et les beaux-arts, et livrée à cette charmante douceur de caractère qui en tout temps lui fait recevoir également bien tous les peuples du monde, et rend la France en quelque manière la patrie commune du genre humain. Tous les hommes sont les frères des Français. La guerre anime leur valeur sans exciter leur colère.

SCÈNE X.

Une brutale fureur ne leur fait point haïr leurs ennemis; un sot orgueil ne les leur fait point mépriser. Ils les combattent noblement, sans calomnier leur conduite, sans outrager leur gloire; et tandis que nous leur faisons la guerre en furieux, ils se contentent de nous la faire en héros.

GOTERNITZ.

Pour cela, on ne saurait nier qu'ils ne se montrent plus humains et plus généreux que nous.

FRÉDÉRICH.

Eh! comment ne le seraient-ils pas sous un maître dont la bonté égale le courage! Si ses triomphes le font craindre, ses vertus doivent-elles moins le faire admirer? conquérant redoutable, il semble à la tête de ses armées un père tendre au milieu de sa famille, et, forcé de dompter l'orgueil de ses ennemis, il ne les soumet que pour augmenter le nombre de ses enfants.

GOTERNITZ.

Oui, mais avec toute sa bravoure, non content de subjuguer ses ennemis par la force, ce prince croit-il qu'il soit bien beau d'employer encore l'artifice, et de séduire, comme il fait, les cœurs des étrangers et de ses prisonniers de guerre?

MACKER.

Fi! que cela est laid de débaucher ainsi les sujets d'autrui! Oh! bien! puisqu'ils s'y prend comme cela, je suis d'avis qu'on punisse sévèrement tous ceux des nôtres qui s'avisent d'en dire du bien.

FRÉDÉRICH.

Il faudra donc châtier tous vos guerriers qui tomberont dans ses fers, et je prévois que ce ne sera pas une petite tâche.

DORANTE.

Oh! mon prince, qu'il m'est doux d'entendre les louanges que ta vertu arrache de la bouche de tes ennemis! voilà les seuls éloges dignes de toi.

GOTERNITZ.

Non, le titre d'ennemis ne doit point nous empêcher de rendre justice au mérite. J'avoue même que le commerce de nos prisonniers m'a bien fait changer d'opinion sur le compte de leur nation : mais considérez, mon fils, que ma parole est engagée, que je me ferais une méchante affaire de consentir à une alliance contraire à nos usages et à nos préjugés; et que, pour tout dire enfin, une femme n'est jamais assez en droit de compter sur le cœur d'un Français pour que nous puissions nous assurer du bonheur de votre sœur en l'unissant à Dorante.

DORANTE.

Je crois, monsieur, que vous voulez bien que je triomphe, puisque vous m'attaquez par le côté le plus fort. Ce n'est point en moi-même que j'ai besoin de chercher des motifs pour rassurer l'aimable Sophie sur mon inconstance, ce sont ses charmes et son mérite qui seuls me les fournissent; qu'importe en quels climats elle vive? son règne sera toujours partout où l'on a des yeux et des cœurs.

FRÉDÉRICH.

Entends-tu, ma sœur? cela veut dire que si jamais il devient infidèle tu trouveras dans son pays tout ce qu'il faut pour t'en dédommager.

SOPHIE.

Votre temps sera mieux employé à plaider sa cause auprès de mon père qu'à m'interpréter ses sentiments.

GOTERNITZ.

Vous voyez, seigneur Macker, qu'ils sont tous réunis contre nous; nous aurons affaire à trop forte partie : ne ferions-nous pas mieux de céder de bonne grâce?

MACKER.

Qu'est-ce que cela veut dire? manque-t-on ainsi de parole à un homme comme moi?

FRÉDÉRICH.

Oui, cela se peut faire par préférence.

GOTERNITZ.

Obtenez le consentement de ma fille, je ne rétracte point le mien; mais je ne vous ai pas promis de la contraindre. D'ailleurs, à vous parler vrai, je ne vois plus pour vous ni pour elle les mêmes agréments dans ce mariage : vous avez conçu sur le compte de Dorante des ombrages qui pourraient devenir entre elle et vous une source d'aigreurs réciproques. Il est trop difficile de vivre paisiblement avec une femme dont on soupçonne le cœur d'être engagé ailleurs.

MACKER.

Ouais, vous le prenez sur ce ton? Oh! têtebleu, je vous ferai voir qu'on ne se moque pas ainsi des gens. Je m'en vais tout à l'heure porter ma plainte contre lui et contre vous : nous apprendrons un peu à ces beaux messieurs à venir nous enlever nos maîtresses dans notre propre pays; et, si je ne puis me venger autrement, j'aurai du moins le plaisir de dire partout pis que pendre de vous et des Français.

SCÈNE XI.

GOTERNITZ, DORANTE, FREDERICH, SOPHIE.

GOTERNITZ.

Laissons-le s'exhaler en vains murmures; en unissant Sophie à Dorante je satisfais en même temps à la tendresse paternelle et à la reconnaissance : avec des sentiments si légitimes je ne crains la critique de personne.

DORANTE.

Ah! monsieur, quels transports!

FRÉDÉRICH.

Mon père, il nous reste encore le plus fort à faire. Il s'agit d'obtenir le consentement de ma sœur, et je vois là de grandes difficultés; épouser Dorante et aller en France! Sophie ne s'y résoudra jamais.

GOTERNITZ.

Comment donc! Dorante ne serait-il pas de son goût? en ce cas je la soupçonnerais fort d'en avoir changé.

FRÉDÉRICH.

Ne voyez-vous pas les menaces qu'elle me fait pour lui avoir enlevé le seigneur Jean-Mathias Macker?

SCENE XI.

GOTERNITZ.

Elle n'ignore pas combien les Français sont aimables.

FRÉDÉRICH.

Non; mais elle sait que les Françaises le sont encore plus, et voilà ce qui l'épouvante.

SOPHIE.

Point du tout : car je tâcherai de le devenir avec elles; et tant que je plairai à Dorante je m'estimerai la plus glorieuse de toutes les femmes.

DORANTE.

Ah! vous le serez éternellement, belle Sophie! Vous êtes pour moi le prix de ce qu'il y a de plus estimable parmi les hommes. C'est à la vertu de mon père, au mérite de ma nation, à la gloire de mon roi, que je dois le bonheur dont je vais jouir avec vous : on ne peut être heureux sous de plus beaux auspices.

L'ENGAGEMENT TÉMÉRAIRE

COMEDIE EN TROIS ACTES (1).

AVERTISSEMENT.

Rien n'est plus plat que cette pièce. Cependant j'ai gardé quelque attachement pour elle, à cause de la gaîté du troisième acte, et de la facilité avec laquelle elle fut faite en trois jours, grâce à la tranquillité et au contentement d'esprit où je vivais alors, sans connaître l'art d'écrire, et sans aucune prétention. Si je fais moi-même l'édition générale, j'espère avoir assez de raison pour en retrancher ce barbouillage, sinon je laisse à ceux que j'aurai chargés de cette entreprise le soin de juger de ce qui convient, soit à sa mémoire, soit au goût présent du public.

PERSONNAGES.

DORANTE, ami de Valère.
VALÈRE, ami de Dorante.
ISABELLE, veuve.
ELIANTE, cousine d'Isabelle.
LISETTE, suivante d'Isabelle.
CARLIN, valet de Dorante.
UN NOTAIRE.
UN LAQUAIS.

La scène est dans le château d'Isabelle.

ACTE PREMIER.

SCENE I.

ISABELLE, ÉLIANTE.

ISABELLE.
L'hymen va donc enfin serrer des nœux si doux;

---

(1) Composée en 1747. Rousseau nous apprend dans ses *Confessions* que cette comédie fut représentée en 1748 sur le théâtre de Chevrette, chez M. de Bellegarde, qu'il y joua un rôle, et qu'il fallut le lui souffler d'un bout à l'autre, bien qu'il l'eût étudié pendant six mois.

SCENE III.

Valère, à son retour, doit être votre époux :
Vous allez être heureuse. Ah! ma chère Eliante!

ÉLIANTE.

Vous soupirez? Eh bien! si l'exemple vous tente,
Dorante vous adore, et vous le voyez bien.
Pourquoi gêner ainsi votre cœur et le sien?
Car vous l'aimez un peu; du moins je le soupçonne.

ISABELLE.

Non, l'hymen n'aura plus de droits sur ma personne,
Cousine; un premier choix m'a trop mal réussi.

ÉLIANTE.

Prenez votre revanche en faisant celui-ci.

ISABELLE.

Je veux suivre la loi que j'ai su me prescrire;
Ou du moins... Car Dorante a voulu me séduire,
Sous le feint nom d'ami s'emparer de mon cœur;
Serais-je donc ainsi la dupe d'un trompeur.
Qui, par le succès même, en serait plus coupable,
Et qui l'est trop, peut-être?

ÉLIANTE.

        Il est donc pardonnable.

ISABELLE.

Point; il ne m'aura pas trompée impunément.
Il vient. Éloignons-nous, ma cousine, un moment.
Il n'est pas de son but aussi près qu'il le pense;
Et je veux à loisir méditer ma vengeance.

SCENE II.

DORANTE

Elle m'évite encor! Que veut dire ceci?
Sur l'état de son cœur quand serai-je éclairci?
Hasardons de parler... Son humeur m'épouvante :
Carlin connaît beaucoup sa nouvelle suivante;
      (Il aperçoit Carlin.)
Je veux... Carlin!

SCENE III.

CARLIN, DORANTE.

CARLIN.

Monsieur?

DORANTE.

        Vois-tu bien ce château?

CARLIN.

Oui, depuis fort longtemps.

DORANTE.

      Qu'en dis-tu?

CARLIN.

Qu'il est beau.

DORANTE.

Mais encor?

CARLIN.

Beau, très beau, plus beau qu'on ne peut être.
Que diable !

DORANTE.

Et si bientôt j'en devenais le maître,
T'y plairais-tu?

CARLIN.

Selon : s'il nous restait garni ;
Cuisine foisonnante, et cellier bien fourni ;
Pour vos amusements, Isabelle, Éliante ;
Pour ceux du sieur Carlin, Lisette la suivante ;
Mais, oui, je m'y plairais.

DORANTE.

Tu n'es pas dégoûté.
Eh bien ! réjouis-toi, car il est.....

CARLIN.

Acheté?

DORANTE.

Non, mais gagné bientôt.

CARLIN.

Bon ! par quelle aventure?
Isabelle n'est pas d'âge ni de figure
A perdre ses châteaux en quatre coups de dé.

DORANTE.

Il est à nous, te dis-je, et tout est décidé
Déjà dans mon esprit.....

CARLIN.

Peste ! la belle emplette !
Résolue à part vous? c'est une affaire faite.
Le château désormais ne saurait nous manquer.

DORANTE.

Songe à me seconder au lieu de te moquer.

CARLIN.

Oh ! monsieur, je n'ai pas une tête si vive ;
Et j'ai tant de lenteur dans l'imaginative,
Que mon esprit grossier, toujours dans l'embarras,
Ne sait jamais jouir des biens que je n'ai pas :
Je serais un Crésus sans cette maladresse.

DORANTE.

Sais-tu, mon tendre ami, qu'avec ta gentillesse
Tu pourrais bien, pour prix de ta moralité,
Attirer sur ton dos quelque réalité?

CARLIN.

Ah! de moraliser je n'ai plus nulle envie.
Comme on te traite, hélas! pauvre philosophie!
Çà, vous pouvez parler, j'écoute sans souffler.

DORANTE.

Apprends donc un secret qu'à tous il faut céler,
Si tu le peux, du moins.

CARLIN.

    Rien ne m'est plus facile.

DORANTE.

Dieu le veuille! en ce cas tu pourras m'être utile.

CARLIN.

Voyons.

DORANTE.

  J'aime Isabelle.

CARLIN.

    Oh! quel secret! Ma foi,
Je le savais sans vous.

DORANTE.

    Qui te l'a dit?

CARLIN.

      Vous.

DORANTE.

      Moi?

CARLIN.

Oui, vous : vous conduisez avec tant de mystère
Vos intrigues d'amour, qu'en cherchant à les taire,
Vos airs mystérieux, tous vos tours et retours
En instruisent bientôt la ville et les faubourgs.
Passons. A votre amour la belle répond-elle?

DORANTE.

Sans doute.

CALLIN.

   Vous croyez être aimé d'Isabelle?
Quelle preuve avez-vous du bonheur de vos feux?

DORANTE.

Parbleu! messer Carlin, vous êtes curieux.

CARLIN.

Oh! ce ton-là, ma foi, sent la bonne fortune;
Mais trop de confiance en fait manquer plus d'une,
Vous le savez fort bien.

DORANTE.

    Je suis sûr de mon fait,
Isabelle en tous lieux me fuit.

CARLIN.

      Mais en effet,
C'est de sa tendre ardeur une preuve constante!

DORANTE.

Ecoute jusqu'au bout. Cette veuve charmante
A la fin de son deuil, déclara sans retour
Que son cœur pour jamais renonçait à l'amour.
Presque dès ce moment mon âme en fut touchée,
Je la vis, je l'aimai ; mais toujours attachée
Au vœu qu'elle avait fait, je sentis qu'il faudrait
Ménager son esprit par un détour adroit :
Je feignis pour l'hymen beaucoup d'antipathie,
Et, réglant mes discours sur sa philosophie,
Sous le tranquille nom d'une douce amitié,
Dans ses amusements je fus mis de moitié.

CARLIN.

Peste ! ceci va bien. En amusant les belles
On vient au sérieux. Il faut rire auprès d'elles ;
Ce qu'on fait en riant est autant d'avancé.

DORANTE.

Dans ces ménagements plus d'un an s'est passé.
Tu peux bien te douter qu'après toute une année,
On est plus familier qu'après une journée ;
Et mille aimables jeux se passent entre amis,
Qu'avec un étranger on n'aurait pas permis.
Or, depuis quelque temps j'aperçois qu'Isabelle
Se comporte avec moi d'une façon nouvelle.
Sa cousine toujours me reçoit du même œil ;
Mais, sous l'air affecté d'un favorable accueil,
Avec tant de réserve Isabelle me traite,
Qu'il faut ou qu'en secret prévoyant sa défaite
Elle veuille éviter de m'en faire l'aveu,
Ou que d'un autre amant elle approuve le feu.

CARLIN.

Eh ! qui voudriez-vous qui pût ici lui plaire?
Il n'entre en ce château que vous seul et Valère,
Qui, près de la cousine en esclave enchaîné,
Va bientôt par l'hymen voir son feu couronné.

DORANTE.

Moi donc, n'apercevant aucun rival à craindre,
Ne dois-je pas juger que, voulant se contraindre,
Isabelle aujourd'hui cherche à m'en imposer
Sur les progrès d'un feu qu'elle veut déguiser?
Mais, avec quelque soin qu'elle cache sa flamme,
Mon cœur a pénétré le secret de son âme ;
Ses yeux ont sur les miens lancé ces traits charmants,
Présages fortunés du bonheur des amants.
Je suis aimé, te dis-je ; un retour plein de charmes
Paie enfin mes soupirs, mes transports et mes larmes.

CARLIN.

Économisez mieux ces exclamations ;
Il est, pour les placer, d'autres occasions
Où cela fait merveille. Or, quant à notre affaire,
Je ne vois pas encor ce que mon ministère,
Si vous êtes aimé, peut en votre faveur :
Que vous faut-il de plus?

DORANTE.

L'aveu de mon bonheur.
Il faut qu'en ce château..... Mais j'aperçois Lisette.
Va m'attendre au logis. Surtout, bouche discrète.

CARLIN.

Vous offensez, monsieur, les droits de mon métier.
On doit choisir son monde, et puis s'y confier.

DORANTE, *le rappelant.*

Ah! j'oubliais...... Carlin, j'ai reçu de Valère
Une lettre d'avis que, pour certaine affaire
Qu'il ne m'explique pas, il arrive aujourd'hui.
S'il vient, cours aussitôt m'en avertir ici.

SCENE IV.

DORANTE, LISETTE.

DORANTE.

Ah! c'est toi, belle enfant! Eh! bonjour, ma Lisette :
Comment vont les galants? A ta mine coquette
On pourrait bien gager au moins pour deux ou trois :
Plus le nombre en est grand, et mieux on fait son choix.

LISETTE.

Vous me prêtez, monsieur, un petit caractère,
Mais fort joli vraiment!

DORANTE.

Bon, bon, point de colère.
Tiens, avec ces traits-là, Lisette, par ta foi,
Peux-tu défendre aux gens d'être amoureux de toi?

LISETTE.

Fort bien. Vous débitez la fleurette à merveilles,
Et vos galants discours enchantent les oreilles,
Mais au fait, croyez-moi.

DORANTE.

Parbleu! tu me ravis,
(Feignant de vouloir l'embrasser.)
J'aime à te prendre au mot.

LISETTE.

Tout doux! monsieur!

DORANTE.

Tu ris,
Et je veux rire aussi.

LISETTE.

Je le vois. Malepeste!
Comme à m'interpréter, monsieur, vous êtes leste!
Je m'entends autrement, et sais qu'auprès de nous
Ce jargon séduisant de messieurs tels que vous
Montre, par ricochet, où le discours s'adresse.

DORANTE.

Quoi! tu penserais donc qu'épris de ta maîtresse.....

LISETTE.

Moi? je ne pense rien : mais, si vous m'en croyez,
Vous porterez ailleurs des feux trop mal payés.

DORANTE, *vivement.*

Ah! je l'avais prévu : l'ingrate a vu ma flamme,
Et c'est pour m'accabler qu'elle a lu dans mon âme.

LISETTE.

Qui vous a dit cela?

DORANTE.

Qui me l'a dit? c'est toi.

LISETTE.

Moi? je n'y songe pas.

DORANTE.

Comment?

LISETTE.

Non, par ma foi.

DORANTE.

Et ces feux mal payés, est-ce un rêve? est-ce un conte?

LISETTE.

Diantre! comme au cerveau d'abord le feu vous monte!
Je ne m'y frotte plus.

DORANTE.

Ah! daigne m'éclaircir.
Quel plaisir peux-tu prendre à me faire souffrir!

LISETTE.

Et pourquoi si longtemps, vous, me faire un mystère
D'un secret dont je dois être dépositaire?
J'ai voulu vous punir par un peu de souci.
Isabelle n'a rien aperçu jusqu'ici.
   (A part.)   (Haut.)
C'est mentir. Mais gardez qu'elle ne vous soupçonne;
Car je doute en ce cas que son cœur vous pardonne.
Vous ne sauriez penser jusqu'où va sa fierté.

DORANTE.

Me voilà retombé dans ma perplexité.

LISETTE.

Elle vient. Essayez de lire dans son âme,
Et surtout avec soin cachez-lui votre flamme;
Car vous êtes perdu si vous la laissez voir.

DORANTE.

Hélas! tant de lenteur me met au désespoir.

SCÈNE V.

ISABELLE, DORANTE, LISETTE.

ISABELLE.

Ah! Dorante, bonjour. Quoi! tous deux tête à tête!
Eh mais! vous faisiez donc votre cour à Lisette?
Elle est vraiment gentille et de bon entretien.

DORANTE.

Madame, il me suffit qu'elle vous appartient
Pour rechercher en tout le bonheur de lui plaire.

ISABELLE.

Si c'est là votre objet, rien ne vous reste à faire,
Car Lisette s'attache à tous mes sentiments.

DORANTE.

Ah! madame...

ISABELLE.

Oh! surtout, quittons les compliments,
Et laissons aux amants ce vulgaire langage.
La sincère amitié, de son froid étalage
A toujours dédaigné le fade et vain secours :
On n'aime point assez quand on le dit toujours.

DORANTE.

Ah! du moins une fois heureux qui peut le dire.

LISETTE, *bas.*

Taisez-vous donc, jaseur.

ISABELLE.

J'oserais bien prédire
Que, sur le ton touchant dont vous vous exprimez,
Vous aimerez bientôt, si déjà vous n'aimez.

DORANTE.

Moi, madame?

ISABELLE

Oui, vous.

DORANTE.

Vous me raillez, sans doute?

LISETTE, *à part.*

Oh! ma foi, pour le coup mon homme est en déroute.

ISABELLE.

Je crois lire en vos yeux des symptômes d'amour.

DORANTE.
(Haut, à Lisette, avec affectation.)
Madame, en vérité... Pour lui faire ma cour,
Faut-il en convenir?
LISETTE, *bas.*
Bravo! prenez courage.
(Haut, à Dorante.)
Mais il faut bien, monsieur aider au badinage.
ISABELLE.
Point ici de détour : parlez-moi franchement;
Seriez-vous amoureux?
LISETTE, *bas, vivement.*
Gardez de...
DORANTE.
Non, vraiment,
Madame, il me déplaît fort de vous contredire.
ISABELLE.
Sur ce ton positif, je n'ai plus rien à dire :
Vous ne voudriez pas, je crois, m'en imposer.
DORANTE.
J'aimerais mieux mourir que de vous abuser.
LISETTE, *bas.*
Il ment, ma foi, fort bien; j'en suis assez contente.
ISABELLE.
Ainsi donc votre cœur, qu'aucun objet ne tente,
Les a tous dédaignés, et jusques aujourd'hui
N'en a point rencontré qui fût digne de lui?
DORANTE, *à part.*
Ciel! se vit-on jamais en pareille détresse!
LISETTE.
Madame, il n'ose pas, par pure politesse,
Donner à ce discours son approbation;
Mais je sais que l'amour est son aversion.
(Bas, à Dorante.)
Il faut ici du cœur.
ISABELLE.
Eh bien! j'en suis charmée,
Voilà notre amitié pour jamais confirmée,
Si, ne sentant du moins nul penchant à l'amour,
Vous y voulez pour moi renoncer sans retour.
LISETTE.
Pour vous plaire, madame, il n'est rien qu'il ne fasse.
ISABELLE.
Vous répondez pour lui! c'est de mauvaise grâce.
DORANTE.
Hélas! j'approuve tout : dictez vos volontés.
Tous vos ordres par moi seront exécutés.

ISABELLE.

Ce ne sont point des lois, Dorante, que j'impose;
Et si vous répugnez à ce que je propose,
Nous pouvons dès ce jour nous quitter bons amis.

DORANTE.

Ah! mon goût à vos vœux sera toujours soumis.

ISABELLE.

Vous êtes complaisant, je veux être indulgente;
Et pour vous en donner une preuve évidente,
Je déclare à présent qu'un seul jour, un objet,
Doivent borner le vœu qu'ici vous avez fait.
Tenez pour ce jour seul votre cœur en défense;
Evitez de l'amour jusques à l'apparence
Envers un seul objet que je vous nommerai;
Résistez aujourd'hui, demain je vous ferai
Un don...

DORANTE, *vivement.*

A mon choix?

ISABELLE.

Soit, il faut vous satisfaire;
Et je vous laisserai régler votre salaire.
Je n'en excepte rien que les lois de l'honneur :
Je voudrais que le prix fût digne du vainqueur.

DORANTE.

Dieux! quels légers travaux pour tant de récompense!

ISABELLE.

Oui : mais si vous manquez un moment de prudence,
Le moindre acte d'amour, un soupir, un regard,
Un trait de jalousie enfin, de votre part,
Vous privent à l'instant du droit que je vous laisse :
Je punirai sur moi votre propre faiblesse,
En vous voyant alors pour la dernière fois :
Telles sont du pari les immuables lois.

DORANTE.

Ah! que vous m'épagnez de mortelles alarmes!
Mais quel est donc enfin cet objet plein de charmes
Dont les attraits pour moi sont tant à redouter?

ISABELLE.

Votre cœur aisément pourra les rebuter :
Ne craignez rien.

DORANTE.

Et c'est?

ISABELLE.

C'est moi.

DORANTE.

Vous?

ISABELLE.
Oui, moi-même.
DORANTE.
Qu'entends-je!
ISABELLE.
D'où vous vient cette surprise extrême?
Si le combat avait moins de facilité,
Le prix ne vaudrait pas ce qu'il aurait coûté.
LISETTE.
Mais regardez-le donc; sa figure est à peindre!
DORANTE, *à part*.
Non, je n'en reviens pas. Mais il faut me contraindre.
Cherchons en cet instant à remettre mes sens.
Mon cœur contre soi-même a lutté trop longtemps;
Il faut un peu de trêve à cet excès de peine.
La cruelle a trop vu le penchant qui m'entraîne,
Et je ne sais prévoir, à force d'y penser,
Si l'on veut me punir ou me récompenser.

SCÈNE VI.

ISABELLE, LISETTE.

LISETTE.
De ce pauvre garçon le sort me touche l'âme.
Vous vous plaisez par trop à maltraiter sa flamme,
Et vous le punissez de sa fidélité.
ISABELLE.
Va, Lisette, il n'a rien qu'il n'ait bien mérité.
Quoi! pendant si longtemps il m'aura pu séduire,
Dans ses piéges adroits il m'aura su conduire;
Il aura, sous le nom d'une douce amitié....
LISETTE.
Fait prospérer l'amour?
ISABELLE.
Et j'en aurais pitié!
Il faut que ces trompeurs trouvent dans nos caprices
Le juste châtiment de tous leurs artifices.
Tandis qu'ils sont amants, ils dépendent de nous :
Leur tour ne vient que trop sitôt qu'ils sont époux.
LISETTE.
Ce sont bien, il est vrai, les plus francs hypocrites!
Ils vous savent longtemps faire les chattemites :
Et puis gare la griffe. Oh! d'avance auprès d'eux
Prenons notre revanche.
ISABELLE, *en soi-même*.
Oui, le tour est heureux.

(A Lisette.)
Je médite à Dorante une assez bonne pièce
Où nous aurons besoin de toute ton adresse.
Valère en peu de jours doit venir de Paris?
LISETTE.
Il arrive aujourd'hui, Dorante en a l'avis.
ISABELLE.
Tant mieux, à mon projet cela vient à merveilles.
LISETTE.
Or, expliquez-nous donc la ruse sans pareilles.
ISABELLE.
Valère et ma cousine, unis d'un même amour,
Doivent se marier peut-être dès ce jour.
Je veux de mon dessein la faire confidente.
LISETTE.
Que ferez-vous, hélas! de la pauvre Eliante?
Elle gâtera tout. Avez-vous oublié
Qu'elle est la bonté même, et que, peu délié,
Son esprit n'est pas fait pour le moindre artifice,
Et moins encor son cœur pour la moindre malice?
ISABELLE.
Tu dis fort bien, vraiment; mais pourtant mon projet
Demanderait... Attends... Mais oui, voilà le fait.
Nous pouvons aisément la tromper elle-même;
Cela n'en fait que mieux pour notre stratagème.
LISETTE.
Mais si Dorante, enfin, par l'amour emporté,
Tombe dans quelque piége où vous l'aurez jeté,
Vous ne pousserez pas, du moins, la raillerie
Plus loin que ne permet une plaisanterie?
ISABELLE.
Qu'appelles-tu, plus loin? Ce sont ici des jeux,
Mais dont l'événement doit être sérieux.
Si Dorante est vainqueur et si Dorante m'aime,
Qu'il demande ma main, il l'a dès l'instant même;
Mais si son faible cœur ne peut exécuter
La loi que par ma bouche il s'est laissé dicter,
Si son étourderie un peu trop loin l'entraîne,
Un éternel adieu va devenir la peine
Dont je me vengerai de sa séduction,
Et dont je punirai son indiscrétion.
LISETTE.
Mais s'il ne commettait qu'une faute légère
Pour qui la moindre peine est encor trop sévère?
ISABELLE.
D'abord, à ses dépens nous nous amuserons;
Puis nous verrons après ce que nous en ferons.

ACTE DEUXIÈME.

SCÈNE I.

ISABELLE, LISETTE.

LISETTE.
Oui, tout a réussi, madame, par merveilles.
Éliante écoutait de toutes ses oreilles,
Et sur nos propos feints, dans sa vaine terreur,
Nous donne bien, je pense, au diable de bon cœur.
ISABELLE.
Elle croit tout de bon que j'en veux à Valère?
LISETTE.
Et que trouvez-vous là que de fort ordinaire?
D'une amie en secret s'approprier l'amant,
Dame! attrape qui peut.
ISABELLE.
    Ah! très assurément
Ce procédé va mal avec mon caractère.
D'ailleurs...
LISETTE.
   Vous n'aimez point l'amant qui sait lui plaire,
Et la vertu vous dit de lui laisser son bien.
Ah! qu'on est généreux quand il n'en coûte rien!
ISABELLE.
Non, quand je l'aimerais, je ne suis pas capable...
LISETTE.
Mais croyez-vous au fond d'être bien moins coupable?
ISABELLE.
Le tour, je te l'avoue, est malin.
LISETTE.
    Très malin.
ISABELLE.
Mais...
LISETTE.
   Les frais en sont faits, il faut en voir la fin,
N'est-ce pas?
ISABELLE.
   Oui. Je vais faire la fausse lettre.
A Valère feignant de la vouloir remettre,
Tu tâcheras tantôt, mais très adroitement,
Qu'elle parvienne aux mains de Dorante.
LISETTE.
      Oh! vraiment,
Carlin est si nigaud que....

ISABELLE.

Le voici lui-même :
Rentrons. Il vient à point pour notre stratagème.

SCÈNE II.

CARLIN.

Valère est arrivé ; moi j'accours à l'instant,
Et voilà la façon dont Dorante m'attend.
Où diable le chercher ? Hom, qu'il m'en doit de belles !
On dit qu'au dieu Mercure on a donné des ailes :
Il en faut en effet pour servir un amant,
S'il ne nourrit son monde assez légèrement
Pour compenser cela. Quelle maudite vie
Que d'être assujettis à tant de fantaisie !
Parbleu ! ces maîtres-là sont de plaisants sujets !
Ils prennent, par ma foi, leurs gens pour leurs valets !

SCÈNE III.

ÉLIANTE, CARLIN.

ÉLIANTE, *sans voir Carlin.*
Ciel ! que viens-je d'entendre ? et qui voudra le croire ?
Inventa-t-on jamais perfidie aussi noire ?

CARLIN.
Eliante paraît ; elle a les yeux en pleurs !
A qui diable en a-t-elle ?

ÉLIANTE.
A de telles noirceurs
Qui pourrait reconnaître Isabelle et Valère ?

CARLIN.
Ceci couvre à coup sûr quelque nouveau mystère.

ÉLIANTE.
Ah ! Carlin, qu'à propos je te rencontre ici !

CARLIN.
Et moi, très à propos je vous y trouve aussi,
Madame, si je puis vous y marquer mon zèle.

ÉLIANTE.
Cours appeler Dorante, et dis-lui qu'Isabelle,
Lisette, et son ami, nous trahissent tous trois.

CARLIN.
Je le cherche moi-même, et déjà par deux fois
J'ai couru jusqu'ici pour lui pouvoir apprendre
Que Valère au logis est resté pour l'attendre.

ÉLIANTE.

Valère? Ah! le perfide! il méprise mon cœur,
Il épouse Isabelle; et sa coupable ardeur,
A son ami Dorante arrachant sa maîtresse,
Outrage en même temps l'honneur et la tendresse.

CARLIN.

Mais de qui tenez-vous un si bizarre fait?
Il faut se défier des rapports qu'on nous fait.

ÉLIANTE.

J'en ai, pour mon malheur, la preuve trop certaine.
J'étais par pur hasard dans la chambre prochaine ;
Isabelle et Lisette arrangeaient leur complot.
A travers la cloison, jusques au moindre mot,
J'ai tout entendu....

CARLIN.

Mais, c'est de quoi me confondre ;
A cette preuve-là je n'ai rien à répondre.
Que puis-je cependant faire pour vous servir?

ÉLIANTE.

Lisette en peu d'instants sûrement doit sortir
Pour porter à Valère elle-même une lettre
Qu'Isabelle en ses mains tantôt a dû remettre.
Tâche de la surprendre, ouvre-la, porte-la
Sur-le-champ à Dorante ; il pourra voir par là
De tout leur noir complot la trame criminelle.
Qu'il tâche à prévenir cette injure cruelle,
Mon outrage est le sien.

CARLIN.

Madame, la douleur
Que je ressens pour vous dans le fond de mon cœur...
Allume dans mon âme... une telle colère...
Que mon esprit... ne peut... Si je tenais Valère....
Suffit... Je ne dis rien... Mais, ou nous ne pourrons,
Madame, vous servir... ou nous vous servirons.

ÉLIANTE.

De mon juste retour tu peux tout te promettre.
Lisette va venir : souviens-toi de la lettre.
Un autre procédé serait plus généreux ;
Mais contre les trompeurs on peut agir comme eux.
Faute d'autre moyen pour le faire connaître,
C'est en le trahissant qu'il faut punir un traître.

SCÈNE IV.

CARLIN.

Souviens-toi! c'est bien dit; mais pour exécuter

Le vol qu'elle demande, il y faut méditer.
Lisette n'est pas grue, et le diable m'emporte
Si l'on prend ce qu'elle a que de la bonne sorte.
Je n'y vois qu'embarras. Examinons pourtant
Si l'on ne pourrait point.... Le cas est important;
Mais il s'agit ici de ne point nous commettre,
Car mon dos... C'est Lisette, et j'aperçois la lettre.
Éliante, ma foi, ne s'est trompée en rien.

SCÈNE V.

CARLIN, LISETTE, *avec une lettre dans le sein.*

LISETTE, *à part.*

Voilà déjà mon drôle aux aguets : tout va bien.

CARLIN.

(A part.)   (Haut.)
Hasardons l'aventure. Eh! comment va Lisette?

LISETTE.

Je ne te voyais pas; on dirait qu'en vedette
Quelqu'un t'aurait mis là pour détrousser les gens.

CARLIN.

Mais, j'aimerais assez à piller les passants
Qui te ressembleraient.

LISETTE.

　　　　Aussi peu redoutables?

CARLIN.

Non, des gens qui seraient autant que toi volables.

LISETTE.

Que leur volerais-tu? pauvre enfant! je n'ai rien.

CARLIN.

Carlin de ce rien-là s'accommoderait bien.
(Essayant d'escamoter la lettre.)
Par exemple, d'abord je tâcherais de prendre...

LISETTE.

Fort bien; mais de ma part tâchant de me défendre,
Vous ne prendriez rien, du moins pour le moment.
(Elle met la lettre dans la poche de son tablier du côté de Carlin.)

CARLIN.

Il faudrait donc tâcher de m'y prendre autrement.
Qu'est-ce que cette lettre? où vas-tu donc la mettre?

LISETTE, *feignant d'être embarrassée.*

Cette lettre, Carlin? Eh mais, c'est une lettre...
Que je mets dans ma poche.

CARLIN.

　　　　　　Oh! vraiment, je le vois.
Mais voudrais-tu me dire à qui?...
(Il tâche encore de prendre la lettre.)

LISETTE, *mettant la lettre dans l'autre poche opposée à Carlin.*

Déjà deux fois
Vous avez essayé de la prendre par ruse.
Je voudrais bien savoir...

CARLIN.

Je te demande excuse;
Je dois à tes secrets ne prendre aucune part.
Je voulais seulement savoir si par hasard
Cette lettre n'est point pour Valère ou Dorante.

LISETTE.

Et si c'était pour eux...

CARLIN.

D'abord, je me présente,
Ainsi que je ferais même en tout autre cas,
Pour la porter moi-même et vous sauver des pas.

LISETTE.

Elle est pour d'autres gens.

CARLIN.

Tu mens; voyons la lettre.

LISETTE.

Et si, vous la donnant, je vous faisais promettre
De ne la point montrer, me le tiendriez-vous?

CARLIN.

Oui, Lisette, en honneur, j'en jure à tes genoux.

LISETTE.

Vous m'apprenez comment il faudra me conduire.
De ne la point montrer on a su me prescrire;
J'ai promis en honneur.

CARLIN.

Oh! c'est un autre point :
Ton honneur et le mien ne se ressemblent point.

LISETTE.

Ma foi, monsieur Carlin, j'en serais très fâchée.
Voyez l'impertinent !

CARLIN.

Ah! vous êtes cachée!
Je connais maintenant quel est votre motif.
Votre esprit en détours serait moins inventif,
Si la lettre touchait un autre que vous-même :
Un traître rival est l'objet du stratagème,
Et j'ai, pour mon malheur, trop su le pénétrer
Par vos précautions pour ne la point montrer.

LISETTE.

Il est vrai; d'un rival devenue amoureuse,
De vos soins désormais je suis peu curieuse.

CARLIN, *en déclamant.*

Oui, perfide; je vois que vous me trahissez

Sans retour pour mes soins, pour mes travaux passés.
Quand je vous promenais par toutes les guinguettes,
Lorsque je vous aidais à plisser vos cornettes,
Quand je vous faisais voir la Foire ou l'Opéra,
Toujours, me disiez-vous, notre amour durera.
Mais déjà d'autres feux ont chassé de ton âme
Le charmant souvenir de ton ancienne flamme.
Je sens que le regret m'accable de vapeurs;
Barbare, c'en est fait, c'est pour toi que je meurs!

LISETTE.

Non, je t'aime toujours. Mais il tombe en faiblesse.
(Pendant que Lisette le soutient et lui fait sentir son flacon, Carlin lui vole la lettre.)
Pourquoi vouloir aussi lui cacher ma tendresse?
C'est moi qui l'assassine. Eh! vite mon flacon.
(A part.)
Sens, sens, mon pauvre enfant. Ah! le rusé fripon!
(Haut.)
Comment te trouves-tu?

CARLIN.

    Je reviens à la vie.

LISETTE.

De la mienne bientôt ta mort serait suivie.

CARLIN.

Ta divine liqueur m'a tout reconforté.

LISETTE, *à part.*

C'est ma lettre, coquin, qui t'a ressuscité.
(Haut.)
Avec toi cependant trop longtemps je m'amuse;
Il faudra que je rêve à trouver quelque excuse,
Et déjà je devrais être ici de retour.
Adieu, mon cher Carlin.

CARLIN.

    Tu t'en vas, mon amour?
Rassure-moi, du moins, sur ta persévérance.

LISETTE.

Eh quoi! peux-tu douter de toute ma constance?
(A part.)
Il croit m'avoir dupée, et rit de mes propos :
Avec tout leur esprit, les hommes sont des sots.

SCÈNE VI.

CARLIN.

A la fin je triomphe, et voici ma conquête.
Ce n'est pas tout; il faut encore un coup de tête :
Car, à Dorante ainsi si je vais la porter,

Il la rend aussitôt sans la décacheter;
La chose est immanquable : et cependant Valère
Vous lui souffle Isabelle, et, sous mon ministère,
Je verrai ses appas, je verrai ses écus
Passer en d'autres mains, et mes projets perdus!
Il faut ouvrir la lettre... Eh! oui; mais si je l'ouvre,
Et par quelque malheur que mon vol se découvre,
Valère pourrait bien... La peste soit du sot!
Qui diable le saura? moi, je n'en dirai mot.
Lisette aura sur moi quelque soupçon peut-être :
Eh bien! nous mentirons... Allons, servons mon maître,
Et contentons surtout ma curiosité.
La cire ne tient point, tout est déjà sauté;
Tant mieux : la refermer sera chose facile.....

(Il lit en parcourant.)

Diable! voyons ceci.

« Je vous préviens par cette lettre, mon cher Valère, supposant que vous arriverez aujourd'hui, comme nous en sommes convenus. Dorante est notre dupe plus que jamais : il est toujours persuadé que c'est à Éliante que vous en voulez, et j'ai imaginé là-dessus un stratagème assez plaisant pour nous amuser à ses dépens, et l'empêcher de troubler notre mariage. J'ai fait avec lui une espèce de pari, par lequel il s'est engagé à ne me donner d'ici à demain aucune marque d'amour ni de jalousie, sous peine de ne me voir jamais. Pour le séduire plus sûrement, je l'accablerai de tendresses outrées, que vous ne devez prendre à son égard que pour ce qu'elles valent; s'il manque à son engagement, il m'autorise à rompre avec lui sans détour; et s'il l'observe, il nous délivre de ses importunités jusqu'à la conclusion de l'affaire. Adieu. Le notaire est déjà mandé : tout est prêt pour l'heure marquée, et je puis être à vous dès ce soir. »

ISABELLE.

Tubleu! le joli style!
Après de pareils tours on ne dit rien, sinon
Qu'il faut pour les trouver être femme ou démon.
Oh! que voici de quoi bien réjouir mon maître!
Quelqu'un vient; c'est lui-même.

SCENE VII.

DORANTE, CARLIN.

DORANTE.

Où te tiens-tu donc, traître?
Je te cherche partout.

CARLIN.

Moi, je vous cherche aussi :
Ne m'avez-vous pas dit de revenir ici?

ACTE II, SCÈNE VII

DORANTE.

Mais pourquoi si longtemps?...

CARLIN.

Donnez-vous patience.
Si vous montrez en tout la même pétulance,
Nous allons voir beau jeu.

DORANTE.

Qu'est-ce que ce discours?

CARLIN.

Ce n'est rien; seulement à vos tendres amours
Il faudra dire adieu.

DORANTE.

Quelle sotte nouvelle
Viens-tu?...

CARLIN.

Point de courroux. Je sais bien qu'Isabelle
Dans le fond de son cœur vous aime uniquement;
Mais, pour nourir toujours un si doux sentiment,
Voyez comme de vous elle parle à Valère.

DORANTE.

L'écriture, en effet, est de son caractère.
 (Il lit la lettre.)
Que vois-je? malheureux! d'où te vient ce billet?

CARLIN.

Allez-vous soupçonner que c'est moi qui l'ai fait?

DORANTE.

D'où te vient-il? te dis-je.

CARLIN.

A la chère suivante
Je l'ai surpris tantôt par ordre d'Éliante.

DORANTE.

D'Éliante! Comment?

CARLIN.

Elle avait découvert
Toute la trahison qu'arrangeaient de concert
Isabelle et Lisette, et pour vous en instruire,
Jusqu'en ce vestibule a couru me le dire.
La pauvre enfant pleurait.

DORANTE.

Ah! je suis confondu!
Aveuglé que j'étais! comment n'ai-je pas dû,
Dans leurs airs affectés, voir leur intelligence?
On abuse aisément un cœur sans défiance.
Ils se riaient ainsi de ma simplicité!

CARLIN.

Pour moi, depuis longtemps je m'en étais douté.
Continuellement on les trouvait ensemble.

DORANTE.
Ils se voyaient fort peu devant moi, ce me semble.
CARLIN.
Oui, c'était justement pour mieux cacher leur jeu.
Mais leurs regards...
DORANTE.
Non pas; ils se regardaient peu,
Par affectation.
CARLIN.
Parbleu! voilà l'affaire.
DORANTE.
Chez moi-même à l'instant ayant trouvé Valère,
J'aurais dû voir, au ton dont parlant de leurs nœuds
D'Éliante avec art il faisait l'amoureux,
Que l'ingrat ne cherchait qu'à me donner le change.
CARLIN.
Jamais crédulité fut-elle plus étrange?
Mais que sert le regret? et qu'y faire après tout?
DORANTE.
Rien; je veux seulement savoir si jusqu'au bout
Ils oseront porter leur lâche stratagème.
CARLIN.
Quoi! vous prétendez donc être témoin vous-même?
DORANTE.
Je veux voir Isabelle, et, feignant d'ignorer
Le prix qu'à ma tendresse elle a su préparer,
Pour la mieux détester je prétends me contraindre,
Et sur son propre exemple apprendre l'art de feindre.
Toi, va tout préparer pour partir dès ce soir.

CARLIN, *va et revient.*

Peut-être...
DORANTE.
Quoi?
CARLIN.
J'y cours.
DORANTE.
Je suis au désespoir.
Elle vient. A ses yeux déguisons ma colère.
Qu'elle est charmante! Hélas! comment se peut-il faire
Qu'un esprit aussi noir anime tant d'attraits?

SCÈNE VIII.

ISABELLE, DORANTE.

ISABELLE.
Dorante, il n'est plus temps d'affecter désormais

Sur mes vrais sentiments un secret inutile.
Quand la chose nous touche, on voit la moins habile
A l'erreur qu'elle feint se livrer rarement.
Je prétends avec vous agir plus franchement.
Je vous aime, Dorante; et ma flamme sincère,
Quittant ces vains dehors d'une sagesse austère
Dont le faste sert mal à déguiser le cœur,
Veut bien à vos regards dévoiler son ardeur.
Après avoir longtemps vanté l'indifférence,
Après avoir souffert un an de violence,
Vous ne sentez que trop qu'il n'en coûte pas peu
Quand on se voit réduite à faire un tel aveu.

DORANTE.

Il faut en convenir; je n'avais pas l'audace
De m'attendre, madame, à cet excès de grâce.
Cet aveu me confond, et je ne puis douter
Combien, en le faisant, il a dû vous coûter.

ISABELLE.

Votre discrétion, vos feux, votre constance,
Ne méritaient pas moins que cette récompense;
C'est au plus tendre amour, à l'amour éprouvé,
Qu'il faut rendre l'espoir dont je l'avais privé.
Plus vous auriez d'ardeur, plus, craignant ma colère,
Vous vous attacheriez à ne pas me déplaire;
Et mon exemple seul a pu vous dispenser
De me cacher un feu qui devait m'offenser.
Mais quand à vos regards toute ma flamme éclate,
Sur vos vrais sentiments peut-être je me flatte,
Et je ne les vois point ici se déclarer
Tels qu'après cet aveu j'aurais pu l'espérer.

DORANTE.

Madame, pardonnez au trouble qui me gêne,
Mon bonheur est trop grand pour le croire sans peine.
Quand je songe quel prix vous m'avez destiné,
De vos rares bontés je me sens étonné.
Mais moins à ces bontés j'avais droit de prétendre,
Plus au retour trop dû vous devez vous attendre.
Croyez, sous ces dehors de la tranquillité,
Que le fond de mon cœur n'est pas moins agité.

ISABELLE.

Non, je ne trouve point que votre air soit tranquille;
Mais il semble annoncer plus de torrents de bile,
Que de transports d'amour : je ne crois pas pourtant
Que mon discours, pour vous, ait eu rien d'insultant,
Et sans trop me flatter, d'autres à votre place
L'auraient pu recevoir d'un peu meilleure grâce.

DORANTE.

A d'autres, en effet, il eût convenu mieux.
Avec autant de goût on a de meilleurs yeux,
Et je ne trouve point, sans doute, en mon mérite,
De quoi justifier ici votre conduite :
Mais je vois qu'avec moi vous voulez plaisanter;
C'est à moi de savoir, madame, m'y prêter.

ISABELLE.

Dorante, c'est pousser bien loin la modestie :
Ceci n'a point trop l'air d'une plaisanterie :
Il nous en coûte assez en déclarant nos feux,
Pour ne pas faire un jeu de semblables aveux.
Mais je crois pénétrer le secret de votre âme;
Vous craignez que, cherchant à tromper votre flamme,
Je ne veuille abuser du défi de tantôt
Pour tâcher aujourd'hui de vous prendre en défaut.
Je ne vous cache point qu'il me paraît étrange
Qu'avec autant d'esprit on prenne ainsi le change :
Pensez-vous que des feux qu'allument nos attraits
Nous redoutions si fort les transports indiscrets,
Et qu'un amour ardent jusqu'à l'extravagance
Ne nous flatte pas mieux qu'un excès de prudence?
Croyez, si votre sort dépendait du pari,
Que c'est de le gagner que vous seriez puni.

DORANTE.

Madame, vous jouez fort bien la comédie;
Votre talent m'étonne, il me fait même envie;
Et, pour savoir répondre à des discours si doux,
Je voudrais en cet art exceller comme vous :
Mais, pour vouloir trop loin pousser le badinage,
Je pourrais à la fin manquer mon personnage,
Et reprenant peut-être un ton trop sérieux.....

ISABELLE.

A la plaisanterie il n'en ferait que mieux.
Tout de bon, je ne sais où de cette boutade
Votre esprit a pêché la grotesque incartade.
Je m'en amuserais beaucoup en d'autres temps.
Je ne veux point ici vous gêner plus longtemps.
Si vous prenez ce ton par pure gentillesse,
Vous pourriez l'assortir avec la politesse;
Si vos mépris par moi veulent se signaler,
Il faudra bien chercher de quoi m'en consoler.

DORANTE, *en fureur.*

Ah! per.....

ISABELLE, *l'interrompant vivement.*

Quoi!

DORANTE, *faisant effort pour se calmer.*
Je me tais
ISABELLE, *à part.*
De peur d'étourderie,
Allons faire en secret veiller sur sa furie.
Dans ses emportements je vois tout son amour.....
Je crains bien à la fin de l'aimer à mon tour.
(Elle sort en faisant d'un air poli, mais railleur, une révérence à Dorante.)

SCÈNE IX.

DORANTE.

Me suis-je assez longtemps contraint en sa présence ?
Ai-je montré près d'elle assez de patience ?
Ai-je assez observé ses perfides noirceurs ?
Suis-je assez poignardé de ses fausses douleurs ?
Douceurs pleines de fiel, d'amertume et de larmes,
Grands dieux ! que pour mon cœur vous eussiez eu de charmes !
Si sa bouche, parlant avec sincérité,
N'eût pas au fond du sien trahi la vérité !
J'en ai trop enduré, je devais la confondre ;
A cette lettre enfin qu'eût-elle osé répondre ?
Je devais à mes yeux un peu l'humilier ;
Je devais..... Mais plutôt songeons à l'oublier.
Fuyons, éloignons-nous de ce séjour funeste ;
Achevons d'étouffer un feu que je déteste·
Mais ne partons qu'après avoir tiré raison
Du perfide Valère et de sa trahison.

ACTE TROISIÈME.

SCÈNE I.

LISETTE, DORANTE, VALÈRE.

LISETTE.

Que vous êtes tous deux ardents à la colère !
Sans moi vous alliez faire une fort belle affaire !
Voilà mes bons amis si prompts à s'engager ;
Ils sont encor plus prompts souvent à s'égorger.

DORANTE.

J'ai tort, mon cher Valère, et t'en demande excuse :
Mais pouvais-je prévoir une semblable ruse?
Qu'un cœur bien amoureux est facile à duper!
Il n'en fallait pas tant, hélas! pour me tromper.

VALÈRE.

Ami, je suis charmé du bonheur de ta flamme.
Il manquait à celui qui pénètre mon âme
De trouver dans ton cœur les mêmes sentiments,
Et de nous voir heureux tous deux en même temps.

LISETTE, *à Valère.*

Vous pouvez en parler tout-à-fait à votre aise;
Mais pour monsieur Dorante, il faut, ne lui déplaise,
Qu'il nous fasse l'honneur de prendre son congé.

DORANTE.

Quoi! songes-tu?.....

LISETTE.

C'est vous qui n'avez pas songé
A la loi qu'aujourd'hui vous prescrit Isabelle.
On peut se battre, au fond, pour une bagatelle,
Avec les gens qu'on croit qu'elle veut épouser :
Mais Isabelle est femme à s'en formaliser;
Elle va, par orgueil, mettre en sa fantaisie
Qu'un tel combat s'est fait par pure jalousie;
Et, sur de tels exploits, je vous laisse à juger
Quel prix à vos lauriers elle doit adjuger.

DORANTE.

Lisette, ah! mon enfant, serais-tu bien capable
De trahir mon amour en me rendant coupable?
Ta maîtresse de tout se rapporte à ta foi;
Si tu veux me sauver cela dépend de toi.

LISETTE.

Point, je veux lui conter vos brillantes prouesses,
Pour vous faire ma cour.

DORANTE.

Hélas! de mes faiblesses
Montre quelque pitié.

LISETTE.

Très noble chevalier,
Jamais un paladin ne s'abaisse à prier :
Tuer d'abord les gens, c'est la bonne manière.

VALÈRE.

Peux-tu voir de sangfroid comme il se désespère,
Lisette? Ah! sa douleur aurait dû t'attendrir.

LISETTE.

Si je lui dis un mot, ce mot pourra l'aigrir,
Et contre moi peut-être il tirera l'épée.

DORANTE.
J'avais compté sur toi, mon attente est trompée;
Je n'ai plus qu'à mourir.
LISETTE.
Oh! le rare secret :
Mais il est du vieux temps, j'en ai bien du regret ;
C'était un beau prétexte.
VALÈRE.
Eh! ma pauvre Lisette,
Laisse de ces propos l'inutile défaite ;
Sers-nous si tu le peux, si tu le veux du moins,
Et compte que nos cœurs acquitteront tes soins.
DORANTE.
Si tu rends de mes feux l'espérance accomplie,
Dispose de mes biens, dispose de ma vie ;
Cette bague d'abord.....
LISETTE, *prenant la bague.*
Quelle nécessité?
Je prétends vous servir par générosité.
Je veux vous protéger auprès de ma maîtresse
Il faut qu'elle partage enfin votre tendresse ;
Et voici mon projet. Prévoyant de vos coups,
Elle m'avait tantôt envoyé près de vous
Pour empêcher le mal, et ramener Valère,
Afin qu'il ne vous pût éclaircir ce mystère ;
Que si je ne pouvais autrement tout parer,
Elle m'avait chargé de vous tout déclarer.
C'est donc ce que j'ai fait quand vous vouliez vous battre,
Et qu'il vous a fallu, monsieur, tenir à quatre.
Mais je devais, de plus, observer avec soin
Les gestes, dits et faits dont je serais témoin,
Pour voir si vous étiez fidèle à la gageure.
Or, si je m'en tenais à la vérité pure,
Vous sentez bien, je crois, que c'est fait de vos feux :
Il faudra donc mentir ; mais pour la tromper mieux
Il me vient dans l'esprit une nouvelle idée...
DORANTE.
Qu'est-ce ?
VALÈRE.
Dis-nous un peu...
LISETTE.
Je suis persuadée...
Non... Si... si fait... Je crois... Ma foi, je n'y suis plus.
DORANTE.
Morbleu !
LISETTE.
Mais à quoi bon tant de soins superflus ?

L'idée est toute simple ; écoutez bien, Dorante :
Sur ce que je dirai, bientôt impatiente,
Isabelle chez vous va vous faire appeler.
Venez; mais comme si j'avais su vous céler
Le projet qu'aujourd'hui sur vous elle médite,
Vous viendrez sur le pied d'une simple visite,
Approuvant froidement tout ce qu'elle dira,
Ne contredisant rien de ce qu'elle voudra.
Ce soir un feint contrat pour elle et pour Valère
Vous sera proposé pour vous mettre en colère :
Signez-le sans façon ; vous pouvez être sûr
D'y voir partout du blanc pour le nom du futur.
Si vous vous tirez bien de votre petit rôle,
Isabelle, obligée à tenir sa parole,
Vous cède le pari peut-être dès ce soir,
Et le prix, par la loi, reste en votre pouvoir.

DORANTE.

Dieux! quel espoir flatteur succède à ma souffrance !
Mais n'abuses-tu point ma crédule espérance?
Puis-je compter sur toi ?

LISETTE.

     Le compliment est doux !
Vous me payez ainsi de ma bonté pour vous?

VALÈRE.

Il est fort question de te mettre en colère!
Songe à bien accomplir ton projet salutaire,
Et, loin de t'irriter contre ce pauvre amant,
Connais à ses terreurs l'excès de son tourment.
Mais je brûle d'ardeur de revoir Eliante :
Ne puis-je pas entrer? Mon âme impatiente...

LISETTE.

Que les amants sont vifs ! Oui, venez avec moi.
 (A Dorante.)
Vous, de votre bonheur fiez-vous à ma foi,
Et retournez chez vous attendre des nouvelles.

SCENE II.

DORANTE.

Je verrais terminer tant de peines cruelles !
Je pourrais voir enfin mon amour couronné !
Dieux! à tant de plaisirs serais-je destiné?
Je sens que les dangers ont irrité ma flamme;
Avec moins de fureur elle brûlait mon âme
Quand je me figurais, par trop de vanité,
Tenir déjà le prix dont je m'étais flatté.

Quelqu'un vient. Evitons de me laisser connaître.
Avant le temps prescrit je ne dois point paraître.
Hélas! mon faible cœur ne peut se rassurer,
Et je crains encor plus que je n'ose espérer.

SCÈNE III.

ÉLIANTE, VALÈRE.

ÉLIANTE.

Oui, Valère, déjà de tout je suis instruite;
Avec beaucoup d'adresse elles m'avaient séduite
Par un entretien feint entre elles concerté,
Et que, sans m'en douter, j'avais trop écouté.

VALÈRE.

Eh quoi! belle Eliante, avez-vous donc pu croire
Que Valère, à ce point ennemi de sa gloire,
De son bonheur surtout, cherchât en d'autres nœuds
Le prix dont vos bontés avaient flatté ses vœux?
Ah! que vous avez mal jugé de ma tendresse!

ÉLIANTE.

Je conviens avec vous de toute ma faiblesse.
Mais que j'ai bien payé trop de crédulité!
Que n'avez-vous pu voir ce qu'il m'en a coûté!
Isabelle, à la fin par mes pleurs attendrie,
A par un franc aveu calmé ma jalousie;
Mais cet aveu pourtant, en exigeant de moi
Que sur un tel secret je donnasse ma foi
Que Dorante par moi n'en aurait nul indice.
A mon amour pour vous j'ai fait ce sacrifice :
Mais il m'en coûte fort pour le tromper ainsi.

VALÈRE.

Dorante est, comme vous, instruit de tout ceci.
Gardez votre secret en affectant de feindre.
Isabelle, bientôt, lasse de se contraindre,
Suivant notre projet peut-être, dès ce jour,
Tombe en son propre piége et se rend à l'amour.

SCÈNE IV.

ISABELLE, ÉLIANTE, VALÈRE, ET LISETTE *un peu après.*

ISABELLE, *en soi-même.*

Ce sang-froid de Dorante et me pique et m'outrage.
Il m'aime donc bien peu, s'il n'a pas le courage
De rechercher du moins un éclaircissement!

LISETTE, *arrivant.*

Dorante va venir, madame, en un moment.
J'ai fait en même temps appeler le notaire.

ISABELLE.

Mais il nous faut encor le secours de Valère.
Je crois qu'il voudra bien nous servir aujourd'hui.
J'ai bonne caution qui me répond de lui.

VALÈRE.

Si mon zèle suffit et mon respect extrême,
Vous pourriez bien, madame, en répondre vous même.

ISABELLE.

J'ai besoin d'un mari seulement pour ce soir,
Voudriez-vous bien l'être?

ÉLIANTE.

Eh mais! il faudra voir.
Comment! il vous faut donc des cautions, cousine,
Pour pleiger vos maris?

LISETTE.

Oh! oui; car pour la mine,
Elle trompe souvent.

ISABELLE, *à Valère.*

Hé bien! qu'en dites-vous?

VALÈRE.

On ne refuse pas, madame, un sort si doux;
Mais d'un terme trop court....

ISABELLE.

Il est bon de vous dire,
Au reste, que ceci n'est qu'un hymen pour rire.

LISETTE.

Dorante est là; sans moi, vous alliez tout gâter.

ISABELLE.

J'espère que son cœur ne pourra résister
Au trait que je lui garde.

SCENE V.

ISABELLE, DORANTE, ÉLIANTE, VALÈRE, LISETTE.

ISABELLE.

Ah! vous voilà, Dorante!
De vous voir aussi peu je ne suis pas contente :
Pourquoi me fuyez-vous? Trop de présomption
M'a fait croire, il est vrai, qu'un peu de passion
De vos soins près de moi pouvait être la cause :
Mais faut-il pour cela prendre si mal la chose?
Quand j'ai voulu tantôt, par de trop doux aveux,

Engager votre cœur à dévoiler ses feux,
Je n'avais pas pensé que ce fût une offense
A troubler entre nous la bonne intelligence;
Vous m'avez cependant, par des airs suffisants,
Marqué trop clairement vos mépris offensants;
Mais, si l'amant méprise un si faible esclavage,
Il faut bien que l'ami du moins m'en dédommage;
Ma tendresse n'est pas un tel affront, je croi,
Qu'il faille m'en punir en rompant avec moi.

DORANTE.

Je sens ce que je dois à vos bontés, madame :
Mais vos sages leçons ont si touché mon âme,
Que, pour vous rendre ici même sincérité,
Peut-être mieux que vous j'en aurai profité.

ISABELLE, *bas, à Lisette.*

Lisette, qu'il est froid! il a l'air tout de glace.

LISETTE, *bas.*

Bon, c'est qu'il est piqué; c'est par pure grimace.

ISABELLE.

Depuis notre entretien, vous serez bien surpris
D'apprendre en cet instant le parti que j'ai pris.
Je vais me marier.

DORANTE, *froidement.*

      Vous marier! vous-même?

ISABELLE.

En personne. D'où vient cette surprise extrême?
Ferais-je mal, peut-être?

DORANTE.

      Oh! non : c'est fort bien fait.
Cet hymen-là s'est fait avec un grand secret.

ISABELLE.

Point. C'est sur le refus que vous m'avez su faire
Que je vais épouser.... devinez.

DORANTE

      Qui?

ISABELLE.

      Valère.

DORANTE.

Valère? Ah! mon ami, je t'en fais compliment.
Mais Eliante donc?

ISABELLE.

      Me cède son amant.

DORANTE.

Parbleu! voilà, madame, un exemple bien rare!

LISETTE.

Avant le mariage, oui, le fait est bizarre;

Car si c'était après, ah! qu'on en céderait
Pour se débarrasser!
    ISABELLE, *bas, à Lisette.*
     Lisette, il me paraît
Qu'il ne s'anime point.
     LISETTE, *bas.*
      Il croit que l'on badine :
Attendez le contrat, et vous verrez sa mine.
    ISABELLE, *à part.*
Périssent mon caprice et mes jeux insensés.
    UN LAQUAIS.
Le notaire est ici.
    DORANTE.
    Mais c'est être pressés :
Le contrat dès ce soir! Ce n'est pas raillerie?
    ISABELLE.
Non, sans doute, monsieur; et même je vous prie,
En qualité d'ami, de vouloir y signer.
    DORANTE.
A vos ordres toujours je dois me résigner.
    ISABELLE, *bas.*
S'il signe, c'en est fait, il faut que j'y renonce.

SCÈNE VI.

LE NOTAIRE, ISABELLE, DORANTE, ÉLIANTE, VALÈRE, LISETTE.

    LE NOTAIRE.
Requiert-on que tout haut le contrat je prononce?
    VALÈRE.
Non, monsieur le notaire; on s'en rapporte en tout
A ce qu'a fait madame; il suffit qu'à son goût
Le contrat soit passé.
    ISABELLE, *regardant Dorante d'un air de dépit.*
    Je n'ai pas lieu de craindre
Que de ce qu'il contient personne ait à se plaindre.
    LE NOTAIRE.
Or, puisqu'il est ainsi, je vais sommairement,
En bref, succinctement, compendieusement,
Résumer, expliquer, en style laconique,
Les points articulés en cet acte authentique,
Et jouxte la minute entre mes mains restant,
Ainsi que selon droit et coutume s'entend.
D'abord pour les futurs. Item pour leurs familles,
Bisaïeuls, trisaïeuls, père, enfants, fils et filles,

ACTE III, SCÈNE X.

Du moins réputés tels, ainsi que par la loi
Quem nuptiæ monstrant, il appert faire foi.
Item pour leur pays, séjour et domicile,
Passé, présent, futur, tant aux champs qu'à la ville.
Item pour tous leurs biens, acquêts, conquêts, dotaux,
Préciput, hypothèque, et biens paraphernaux.
Item encor pour ceux de leur estoc et ligne...

LISETTE.

Item vous nous feriez une faveur insigne
Si, de ces mots cornus le poumon dégagé,
Il vous plaisait, monsieur, abréger l'abrégé.

VALÈRE.

Au vrai, tous ces détails nous sont fort inutiles.
Nous croyons le contrat plein de clauses subtiles;
Mais on n'a nul désir de les voir aujourd'hui.

LE NOTAIRE.

Voulez-vous procéder, approuvant icelui,
A le corroborer de votre signature?

ISABELLE.

Signons, je le veux bien, voilà mon écriture.
A vous, Valère.

ÉLIANTE, *bas, à Isabelle.*

Au moins ce n'est pas tout de bon;
Vous me l'avez promis, cousine?

ISABELLE.

Eh! mon Dieu! non.
Dorante veut-il bien nous faire aussi la grâce?...
(Elle lui présente la plume.)

DORANTE.

Pour vous plaire, madame, il n'est rien qu'on ne fasse.

ISABELLE, *à part.*

Le cœur me bat : je crains la fin de tout ceci.

DORANTE, *à part.*

Le futur est en blanc; tout va bien jusqu'ici.

ISABELLE, *bas.*

Il signe sans façon!... A la fin je soupçonne...
(A Lisette.)
Ne me trompez-vous point?

LISETTE.

En voici d'une bonne!
Il serait fort plaisant que vous le pensassiez!

ISABELLE.

Hélas! Et plût au ciel que vous me trompassiez!
Je serais sûre au moins de l'amour de Dorante.

LISETTE.

Pour en faire quoi?

ISABELLE.

Rien. Mais je serais contente.

LISETTE, *à part.*

Que les pauvres enfants se contraignent tous deux!

ISABELLE, *à Valère.*

Valère, enfin l'hymen va couronner nos vœux;
Pour en serrer les nœuds sous un heureux auspice
Faisons, en les formant, un acte de justice.
A Dorante à l'instant je cède le pari.
J'avais cru qu'il m'aimait, mais mon esprit guéri
S'aperçoit de combien je m'étais abusée.
En secret mille fois je m'étais accusée
De le désespérer par trop de cruauté.
Dans un piége assez fin il s'est précipité;
Mais il ne m'est resté, pour fruit de mon adresse,
Que le regret de voir que son cœur sans tendresse
Bravait également et la ruse et l'amour.
Choisissez donc, Dorante, et nommez en ce jour
Le prix que vous mettez au gain de la gageure :
Je dépends d'un époux, mais je me tiens bien sûre
Qu'il est trop généreux pour vous le disputer.

VALÈRE.

Jamais plus justement vous n'auriez pu compter
Sur mon obéissance.

DORANTE.

Il faut donc vous le dire,
Je demande...

ISABELLE.

Eh bien! quoi?

DORANTE.

La liberté d'écrire.

ISABELLE.

D'écrire?

LISETTE.

Il est donc fou?

VALÈRE.

Que demandes-tu là?

DORANTE.

Oui, d'écrire mon nom dans le blanc que voilà.

ISABELLE.

Ah! vous m'avez trahie!

DORANTE, *à ses pieds.*

Eh quoi! belle Isabelle,
Ne vous lassez-vous point de m'être si cruelle?
Faut-il encor...

SCENE VII.

CARLIN, *botté, et un fouet à la main;* LE NOTAIRE, ISABELLE, DORANTE, ÉLIANTE, VALÈRE, LISETTE.

CARLIN.
Monsieur, les chevaux sont tout prêts,
La chaise nous attend.
DORANTE.
La peste des valets!
CARLIN.
Monsieur, le temps se passe.
VALÈRE.
Eh! quelle fantaisie
De nous troubler?...
CARLIN.
Il est six heures et demie.
DORANTE.
Te tairas-tu?...
CARLIN.
Monsieur, nous partirons trop tard.
DORANTE.
Voilà bien, à mon gré, le plus maudit bavard!
Madame, pardonnez...
CARLIN.
Monsieur, il faut me taire :
Mais nous avons ce soir bien du chemin à faire.
DORANTE.
Le grand diable d'enfer puisse-t-il t'emporter!
ÉLIANTE.
Lisette, explique-lui...
LISETTE.
Bon! veut-il m'écouter?
Et peut-on dire un mot où parle monsieur Carle!
CARLIN, *un peu vite.*
Eh! parle, au nom du ciel! avant qu'on parle, parle :
Parle, pendant qu'on parle : et, quand on a parlé,
Parle encor, pour finir sans avoir déparlé.
DORANTE.
Toi déparleras-tu, parleur impitoyable?
(A Isabelle.)
Puis-je enfin me flatter qu'un penchant favorable
Confirmera le don que vos lois m'ont promis?
ISABELLE.
Je ne sais si ce don vous est si bien acquis,
Et j'entrevois ici de la friponnerie.

Mais, en punition de mon étourderie,
Je vous donne ma main et vous laisse mon cœur.
DORANTE, *baisant la main d'Isabelle.*
Ah! vous mettez par là le comble à mon bonheur.
CARLIN.
Que diable font-ils donc, aurais-je la berlue?
LISETTE.
Non, vous avez, mon cher, une très bonne vue,
   (Riant.)
Témoin la lettre...
CARLIN.
        Eh bien! de quoi veux-tu parler?
LISETTE.
Que j'ai tant eu de peine à me faire voler.
CARLIN.
Quoi! c'était tout exprès?....
LISETTE.
        Mon Dieu! quel imbécile!
Tu t'imaginais donc être le plus habile?
CARLIN.
Je sens que j'avais tort; cette ruse d'enfer
Te doit donner le pas sur monsieur Lucifer.
LISETTE.
Jamais comparaison ne fut moins méritée,
Au bien de mon prochain toujours je suis portée :
Tu vois que par mes soins ici tout est content,
Ils vont se marier, en veux-tu faire autant?
CARLIN.
Tope, j'en fais le saut; mais sois bonne diablesse;
A me cacher tes tours mets toute ton adresse;
Toujours dans la maison fais prospérer le bien;
Nargue du demeurant quand je n'en saurai rien.
LISETTE.
Souvent, parmi les jeux, le cœur de la plus sage
Plus qu'elle ne voudrait en badinant s'engage.
Belles, sur cet exemple apprenez en ce jour
Qu'on ne peut sans danger se jouer à l'amour.

PYGMALION

SCÈNE LYRIQUE (1).

PERSONNAGES.

PYGMALION.   GALATHÉE.

La scène est à Tyr.

Le théâtre représente un atelier de sculpteur. Sur les côtés on voit des blocs de marbre, des groupes, des statues ébauchées. Dans le fond est une autre statue cachée sous un pavillon d'une étoffe légère et brillante, orné de crépines et de guirlandes.

Pygmalion, assis et accoudé, rêve dans l'attitude d'un homme inquiet et triste ; puis, se levant tout-à-coup, il prend sur une table les outils de son art, va donner par intervalles quelques coups de ciseau sur quelques-unes de ses ébauches, se recule et regarde d'un air mécontent et découragé.

PYGMALION.

Il n'y a point là d'âme ni de vie ; ce n'est que de la pierre. Je ne ferai jamais rien de tout cela.

O mon génie ! où es-tu ? mon talent, qu'es-tu devenu ? Tout mon feu s'est éteint, mon imagination s'est glacée ; le marbre sort froid de mes mains.

Pygmalion, ne fais plus des dieux, tu n'es qu'un vulgaire artiste... Vils

---

(1) Cette scène, que Rousseau composa pendant son séjour à Motiers, fut représentée à Paris pour la première fois le 30 octobre 1775, et parut imprimée dans la même année chez la veuve Duchesne (in-8° de 29 pages). Une lettre datée de Lyon, 26 novembre 1770, et signée Coignet, négociant à Lyon, nous apprend que cette scène fut représentée à cette époque par des acteurs de société, et qu'il en a fait la musique, à l'exception de deux morceaux, qu'il déclare être de Rousseau, savoir, l'*andante* de l'ouverture, et le premier morceau de l'interlocution qui caractérise, avant que Pygmalion ait parlé, les coups de ciseau qu'il donne sur ses ébauches. Cette musique fut exécutée à Paris lors des premières représentations en 1775 ; quelque temps après on la jugea beaucoup trop faible pour l'ouvrage, et M. Baudron, chef d'orchestre au Théâtre-Français, se chargea d'y faire

instruments, qui n'êtes plus ceux de ma gloire, allez, ne déshonorez point mes mains.

(Il jette avec dédain ses outils, puis se promène quelque temps en rêvant, les bras croisés.)

Que suis-je devenu! quelle étrange révolution s'est faite en moi!...

Tyr, ville opulente et superbe, les monuments des arts dont tu brilles ne m'attirent plus, j'ai perdu le goût que je prenais à les admirer : le commerce des artistes et des philosophes me devient insipide; l'entretien des peintres et des poètes est sans attrait pour moi, la louange et la gloire n'élèvent plus mon âme; les éloges de ceux qui en recevront de la postérité ne me touchent plus, l'amitié même a perdu pour moi ses charmes.

Et vous, jeunes objets, chefs-d'œuvre de la nature, que mon art osait imiter, et sur les pas desquels les plaisirs m'attiraient sans cesse, vous, mes charmants modèles, qui m'embrasiez à la fois des feux de l'amour et du génie, depuis que je vous ai surpassés, vous m'êtes tous indifférents.

(Il s'assied, et contemple tout autour de lui.)

Retenu dans cet atelier par un charme inconcevable, je n'y sais rien faire, et je ne puis m'en éloigner. J'erre de groupe en groupe, de figure en figure; mon ciseau, faible, incertain, ne reconnaît plus son guide : ces ouvrages grossiers, restés à leur timide ébauche, ne sentent plus la main qui jadis les eût animés...

(Il se lève impétueusement.)

C'en est fait, c'en est fait; j'ai perdu mon génie... si jeune encore, je survis à mon talent.

Mais quelle est donc cette ardeur interne qui me dévore? qu'ai-je en moi qui semble m'embraser? Quoi! dans la langueur d'un génie éteint, sent-on ces émotions, sent-on ces élans de passions impétueuses, cette inquiétude insurmontable, cette agitation secrète qui me tourmente et dont je ne puis démêler la cause?

J'ai craint que l'admiration de mon propre ouvrage ne causât la distraction que j'apportais à mes travaux; je l'ai caché sous ce voile..... mes profanes

---

une musique nouvelle, dans laquelle il dit lui-même avoir conservé le second des deux morceaux faits par Rousseau, que l'on vient d'indiquer. Cette seconde musique est celle qui s'exécute maintenant à Paris quand on y représente *Pygmalion*, et les directeurs de spectacle en province l'ont généralement adoptée.

Rousseau ne s'est pas senti assez fort pour faire cette musique lui-même. On lit à ce sujet l'anecdote suivante, qui se trouve dans l'*Avertissement* précédant le Recueil des romances de Rousseau.

Pendant son dernier séjour à Paris, quelqu'un l'ayant prié de corriger les fautes existantes dans le *Pygmalion* imprimé, il eut la complaisance de faire sur son propre manuscrit les corrections demandées. Quel dommage, dit quelqu'un présent à cette lecture, que *le petit faiseur* n'ait pas mis une telle scène en musique! (Rousseau désignait lui-même ainsi l'auteur prétendu de son *Devin du village*, dont il se disait le *prête-nom*).
« Vraiment, répondit-il, s'il ne l'a pas fait, c'est qu'il n'en était pas capable. Mon petit faiseur ne peut enfler que les pipeaux. Il y faudrait un grand faiseur. Je ne connais que M. Gluck en état d'entreprendre cet ouvrage, et je voudrais bien qu'il daignât s'en charger. »

mains ont osé couvrir ce monument de leur gloire. Depuis que je ne le vois plus, je suis plus triste, et ne suis pas plus attentif.

Qu'il va m'être cher, qu'il va m'être précieux, cet immortel ouvrage! Quand mon esprit éteint ne produira plus rien de grand, de beau, de digne de moi, je montrerai ma Galathée, et je dirai : Voilà mon ouvrage. O ma Galathée! quand j'aurai tout perdu, tu me resteras, et je serai consolé.

(Il s'approche du pavillon, puis se retire ; va, vient, et s'arrête quelquefois à le regarder en soupirant.)

Mais pourquoi la cacher? Qu'est-ce que j'y gagne? Réduit à l'oisiveté, pourquoi m'ôter le plaisir de contempler la plus belle de mes œuvres?... Peut-être y reste-t-il quelque défaut que je n'ai pas remarqué ; peut-être pourrai-je encore ajouter quelque ornement à sa parure : aucune grâce imaginable ne doit manquer à un objet si charmant... peut-être cet objet ranimera-t-il mon imagination languissante. Il la faut revoir, l'examiner de nouveau. Que dis-je? Eh! je ne l'ai point encore examinée : je n'ai fait jusqu'ici que l'admirer.

(Il va pour lever le voile, et le laisse retomber comme effrayé.)

Je ne sais quelle émotion j'éprouve en touchant ce voile ; une frayeur me saisit ; je crois toucher au sanctuaire de quelque divinité. Pygmalion, c'est une pierre, c'est ton ouvrage... Qu'importe? on sert des dieux dans nos temples, qui ne sont pas d'une autre manière, et n'ont pas été faits d'une autre main.

(Il lève le voile en tremblant, et se prosterne. On voit la statue de Galathée posée sur un piédestal fort petit, mais exhaussé par un gradin de marbre, formé de quelques marches demi-circulaires.)

O Galathée! recevez mon hommage. Oui, je me suis trompé : j'ai voulu vous faire nymphe, et je vous ai fait déesse. Vénus même est moins belle que vous.

Vanité, faiblesse humaine! je ne puis me lasser d'admirer mon ouvrage ; je m'enivre d'amour-propre ; je m'adore dans ce que j'ai fait... Non, jamais rien de si beau ne parut dans la nature ; j'ai passé l'ouvrage des dieux.....

Quoi! tant de beautés sortent de mes mains! Mes mains les ont donc touchées... ma bouche a donc pu... Je vois un défaut. Ce vêtement couvre trop le nu ; il faut l'échancrer davantage ; les charmes qu'il recèle doivent être mieux annoncés.

(Il prend son maillet et son ciseau ; puis, s'avançant lentement, il monte, en hésitant, les gradins de la statue qu'il semble n'oser toucher. Enfin, le ciseau déjà levé, il s'arrête.)

Quel tremblement! quel trouble!...... Je tiens le ciseau d'une main mal assurée... Je ne puis... je n'ose... je gâterai tout.

(Il s'encourage ; et enfin, présentant son ciseau, il en donne un coup, et saisi d'effroi, il le laisse tomber en poussant un grand cri.)

Dieux! je sens la chair palpitante repousser le ciseau!...

(Il redescend tremblant et confus.)

... Vaine terreur, fol aveuglement... Non... je n'y toucherai point; les dieux m'épouvantent. Sans doute elle est déjà consacrée à leur rang.

(Il la considère de nouveau.)

Que veux-tu changer? regarde; quels nouveaux charmes veux-tu lui donner?... Ah! c'est sa perfection qui fait son défaut..... Divine Galathée! moins parfaite, il ne te manquerait rien.

(Tendrement.)

Mais il te manque une âme : ta figure ne peut s'en passer.

(Avec plus d'attendrissement encore.)

Que l'âme faite pour animer un tel corps doit être belle!

(Il s'arrête longtemps. Puis, retournant s'asseoir, il dit d'une voix lente et changée.)

Quels désirs osé-je former? quels vœux insensés! qu'est-ce que je sens?... O ciel! le voile de l'illusion tombe, et je n'ose voir dans mon cœur : j'aurais trop à m'en indigner.

(Longue pause dans un profond accablement.)

..... Voilà donc la noble passion qui m'égare! c'est donc pour cet objet inanimé que je n'ose sortir d'ici!..... un marbre! une pierre! une masse informe et dure, travaillée avec ce fer!... Insensé, rentre en toi-même; gémis sur toi; vois ton erreur, vois ta folie.

..... Mais non.....

(Impétueusement.)

Non, je n'ai point perdu le sens; non, je n'extravague point; non, je ne me reproche rien. Ce n'est point de ce marbre mort que je suis épris, c'est d'un être vivant qui lui ressemble, c'est de la figure qu'il offre à mes yeux. En quelque lieu que soit cette figure adorable, quelque corps qui la porte, et quelque main qui l'ait faite, elle aura tous les vœux de mon cœur. Oui, ma seule folie est de discerner la beauté, mon seul crime est d'y être sensible. Il n'y a rien là dont je doive rougir.

(Moins vivement, mais toujours avec passion.)

Quels traits de feu semblent sortir de cet objet pour embraser mes sens, et retourner avec mon âme à leur source! Hélas! il reste immobile et froid, tandis que mon cœur embrasé par ses charmes voudrait quitter mon corps pour aller échauffer le sien. Je crois dans mon délire pouvoir m'élancer hors de moi, je crois pouvoir lui donner ma vie et l'animer de mon âme. Ah! que Pygmalion meure pour vivre dans Galathée!... Que dis-je, ô ciel! Si j'étais elle, je ne la verrais pas, je ne serais pas celui qui l'aime. Non, que ma Galathée vive, et que je ne sois pas elle. Ah! que je sois toujours un autre, pour vouloir toujours être elle, pour la voir, pour l'aimer, pour en être aimé !...

(Transport.)

Tourments, vœux, désirs, rage, impuissance, amour terrible, amour funeste... Oh ! tout l'enfer est dans mon cœur agité... Dieux puissants, dieux bienfaisants, dieux du peuple, qui connûtes les passions des hommes, ah ! vous avez tant fait de prodiges pour de moindres causes ! voyez cet objet, voyez mon cœur, soyez justes, et méritez vos autels.

(Avec un enthousiasme plus pathétique.)

Et toi, sublime essence qui te caches aux sens et te fais sentir aux cœurs, âme de l'univers, principe de toute existence, toi qui par l'amour donnes l'harmonie aux éléments, la vie à la matière, le sentiment aux corps, et la forme à tous les êtres ; feu sacré, céleste Vénus, par qui tout se conserve et se reproduit sans cesse ; ah ! où est ton équilibre ! où est ta force expansive ? où est la loi de la nature dans le sentiment que j'éprouve ? où est ta chaleur vivifiante dans l'inanité de mes vains désirs ? Tous tes feux sont concentrés dans mon cœur, et le froid de la mort reste sur ce marbre ; je péris par l'excès de vie qui lui manque. Hélas ! je n'attends point un prodige ; il existe, il doit cesser ; l'ordre est troublé, la nature est outragée ; rends leur empire à ses lois, rétablis son cours bienfaisant, et verse également ta divine influence. Oui, deux êtres manquent à la plénitude des choses ; partage-leur cette ardeur dévorante qui consume l'un sans animer l'autre : c'est toi qui formas par ma main ces charmes et ces traits qui n'attendent que le sentiment et la vie ; donne-lui la moitié de la mienne, donne-lui tout, s'il le faut, il me suffira de vivre en elle. O toi qui daignes sourire aux hommages des mortels, ce qui ne sent rien ne t'honore pas ; étends ta gloire avec tes œuvres. Déesse de la beauté, épargne cet affront à la nature, qu'un si parfait modèle soit l'image de ce qui n'est pas.

(Il revient à lui par degrés avec un mouvement d'assurance et de joie.)

Je reprends mes sens. Quel calme inattendu ! quel courage inespéré me ranime ! Une fièvre mortelle embrasait mon sang : un baume de confiance et d'espoir court dans mes veines ; je crois me sentir renaître.

Ainsi le sentiment de notre dépendance sert quelquefois à notre consolation. Quelque malheureux que soient les mortels, quand ils ont invoqué les dieux ils sont plus tranquilles...

Mais cette injuste confiance trompe ceux qui font des vœux insensés..... Hélas ! en l'état où je suis on invoque tout, et rien ne nous écoute ; l'espoir qui nous abuse est plus insensé que le désir.

Honteux de tant d'égarement, je n'ose plus même en contempler la cause. Quand je veux lever les yeux sur cet objet fatal, je sens un nouveau trouble, une palpitation me suffoque, une secrète frayeur m'arrête...

(Ironie amère.)

... Eh! regarde, malheureux; deviens intrépide; ose fixer une statue.

(Il la voit s'animer, et se détourne saisi d'effroi et le cœur serré de douleur.)

Qu'ai-je vu? dieux! qu'ai-je cru voir? Le coloris des chairs, un feu dans les yeux, des mouvements même..... Ce n'est pas assez d'espérer le prodige; pour comble de misère, enfin, je l'ai vu.....

(Excès d'accablement.)

Infortuné, c'en est donc fait..... ton délire est à son dernier terme... ta raison t'abandonne ainsi que ton génie..... ne la regrette point, ô Pygmalion! sa perte couvrira ton opprobre.....

(Vive indignation.)

Il est trop heureux pour l'amant d'une pierre de devenir un homme à visions.

(Il se retourne, et voit la statue se mouvoir et descendre elle-même les gradins par lesquels il a monté sur le piédestal. Il se jette à genoux, et lève les mains et les yeux au ciel.)

Dieux immortels! Vénus! Galathée! ô prestige d'un amour forcené!

GALATHÉE *se touche, et dit:*

Moi.

PYGMALION, *transporté.*

Moi.

GALATHÉE, *se touchant encore.*

C'est moi.

PYGMALION.

Ravissante illusion qui passes jusqu'à mes oreilles, ah! n'abandonne jamais mes sens.

GALATHÉE *fait quelques pas, et touche un marbre.*

Ce n'est plus moi.

GALATHÉE, *avec un soupir.*

Ah! encore moi.

(Pygmalion, dans une agitation, dans des transports qu'il a peine à contenir, suit tous ses mouvements, l'écoute, l'observe avec une avide attention qui lui permet à peine de respirer. Galathée s'avance vers lui et le regarde; il se lève précipitamment, lui tend les bras, et la regarde avec extase. Elle pose une main sur lui; il tressaille, prend cette main, la porte à son cœur, et la couvre d'ardents baisers.)

PYGMALION.

Oui, cher et charmant objet, oui, digne chef-d'œuvre de mes mains, de mon cœur et des dieux; c'est toi, c'est toi seule; je t'ai donné tout mon être; je ne vivrai plus que par toi.

LES
MUSES GALANTES

BALLET

Représenté en 1745 devant le duc de Richelieu ; en 1747, sur le théâtre de l'Opéra ; en 1761, devant le prince de Conti.

AVERTISSEMENT.

Cet ouvrage est si médiocre en son genre, et le genre en est si mauvais, que, pour comprendre comment il m'a pu plaire, il faut sentir toute la force de l'habitude et des préjugés. Nourri, dès mon enfance, dans le goût de la musique française et de l'espèce de poésie qui lui est propre, je prenais le bruit pour de l'harmonie, le merveilleux pour de l'intérêt, et des chansons pour un opéra.

En travaillant à celui-ci, je ne songeais qu'à me donner des paroles propres à déployer les trois caractères de musique dont j'étais occupé : dans ce dessein, je choisis Hésiode pour le genre élevé et fort, Ovide pour le tendre, Anacréon pour le gai. Ce plan n'était pas mauvais, si j'avais mieux su le remplir.

Cependant, quoique la musique de cette pièce ne vaille guère mieux que la poésie, on ne laisse pas d'y trouver de temps en temps des morceaux pleins de chaleur et de vie. L'ouvrage a été exécuté plusieurs fois avec assez de succès : savoir en 1745, devant M. le duc de Richelieu qui le destinait pour la cour ; en 1747, sur le théâtre de l'Opéra ; et, en 1761, devant M. le prince de Conti. Ce fut même sur l'exécution de quelques morceaux que j'en avais fait répéter chez M. de la Popelinière, que M. Rameau, qui les entendit, conçut contre moi cette violente haine dont il n'a cessé de donner des marques jusqu'à sa mort.

PERSONNAGES DU PROLOGUE.

L'AMOUR.
APOLLON.
LA GLOIRE.

LES MUSES.
LES GRACES.
TROUPES DE JEUX ET DE RIS.

PERSONNAGES DU BALLET.

EUTERPE, sous le nom d'Eglé.
POLYCRATE.
OVIDE.
ANACRÉON.
HÉSIODE.
DORIS.
ÉRITHIE.
THÉMIRE.
Un Songe.
Un Homme de la fête.
Troupes de jeunes Samiennes.
Peuple.

PROLOGUE.

Le théâtre représente le mont Parnasse ; Apollon y paraît sur son trône, et les Muses sont assises autour de lui.

SCÈNE I.

APOLLON et LES MUSES.

Naissez, divins esprits, naissez, fameux héros ;
Brillez par les beaux-arts, brillez par la victoire ;
Méritez d'être admis au temple de mémoire ;
   Nous réservons à votre gloire
   Un prix digne de vos travaux.

APOLLON.

Muses, filles du ciel, que votre gloire est pure,
   Que vos plaisirs sont doux !
   Les plus beaux dons de la nature
Sont moins brillants que ceux qu'on tient de vous.
Sur ce paisible mont, loin du bruit et des armes,
Des innocents plaisirs vous goûtez les douceurs.
La fière ambition, l'amour ni ses faux charmes,
   Ne troublent point vos cœurs.

LES MUSES.

Non, non, l'amour ni ses faux charmes
Ne troubleront jamais nos cœurs.

(On entend une symphonie brillante et douce alternativement.)

SCÈNE II.

APOLLON, LES MUSES, L'AMOUR, LA GLOIRE.

(La Gloire et l'Amour descendent du même char.)

APOLLON.

Que vois-je ? ô ciel ! dois-je le croire ?
L'Amour dans le char de la Gloire !

LA GLOIRE.

Quelle triste erreur vous séduit !

PROLOGUE.

Voyez ce dieu charmant, soutien de mon empire :
Par lui l'amant triomphe, et le guerrier soupire;
Il forme les héros, et sa voix les conduit.
    Il faut lui céder la victoire
    Quand on veut briller à ma cour :
    Rien n'est plus chéri de la Gloire
    Qu'un grand cœur guidé par l'Amour.

APOLLON.

Quoi ! mes divins lauriers d'un enfant téméraire
    Ceindraient le front audacieux !

L'AMOUR.

Tu méprises l'Amour, éprouve sa colère.
    Aux pieds d'une beauté sévère
    Va former d'inutiles vœux.
Qu'un exemple éclatant montre aux cœurs amoureux
    Que de moi seul dépend le don de plaire;
    Que les talents, l'esprit, l'ardeur sincère,
    Ne font point les amants heureux.

APOLLON.

Ciel ! quel objet charmant se retrace à mon âme !
    Quelle soudaine flamme
    Il inspire à mes sens !
  C'est ton pouvoir, Amour, que je ressens :
    Du moins à mes soupirs naissants
    Daigne rendre Daphné sensible.

L'AMOUR.

Je te rendrais heureux ! je prétends te punir.

APOLLON.

Quoi ! toujours soupirer sans pouvoir la fléchir !
    Cruel ! que ma peine est terrible !

                    (Il s'en va.)

L'AMOUR.

C'est la vengeance de l'Amour.

LES MUSES.

    Fuyons un tyran perfide,
    Craignons à notre tour.

LA GLOIRE.

    Pourquoi cet effroi timide ?
Apollon régnait parmi vous,
Souffrez que l'Amour y préside
    Sous des auspices plus doux.

L'AMOUR.

Ah ! qu'il est doux, qu'il est charmant de plaire!
    C'est l'art le plus nécessaire.
Ah ! qu'il est doux, qu'il est flatteur
    De savoir parler au cœur !
(Les Muses, persuadées par l'Amour, répètent ces quatre vers.)

L'AMOUR.

Accourez, Jeux et Ris, doux séducteurs des belles;
Vous par qui tout cède à l'Amour,
Confirmez mon triomphe, et parez ce séjour
    De myrtes et de fleurs nouvelles :
      Grâces plus brillantes qu'elles,
      Venez embellir ma cour.

SCÈNE III.

L'AMOUR, LA GLOIRE, LES MUSES, LES GRACES, troupes de Jeux et de Ris.

CHOEUR.

Accourons, accourons dans ce nouveau séjour;
    Soupirez, beautés rebelles.
    Par nous tout cède à l'Amour.

(On danse.)

LA GLOIRE.

    Les vents, les affreux orages
    Font par d'horribles ravages
    La terreur des matelots :
    Amour, quand ta voix le guide,
    On voit l'alcyon timide
    Braver la fureur des flots.
      Tes divines flammes
      Des plus faibles âmes
    Peuvent faire des héros.

(On danse.)

CHOEUR.

Gloire, Amour, sur les cœurs partagez la victoire;
Que le myrte au laurier soit uni dès ce jour.
    Que les soins rendus à la Gloire
    Soient toujours payés par l'Amour.

L'AMOUR.

Quittez, Muses, quittez ce désert trop stérile;
Venez de vos appas enchanter l'univers;
Après avoir orné mille climats divers,
Que l'empire des lis soit votre heureux asile !
Au milieu des beaux-arts puissiez-vous y briller
    De votre plus vive lumière !
Un règne glorieux vous y fera trouver
    Des amants dignes de vous plaire,
    Et des héros à célébrer.

LES MUSES GALANTES

PREMIÈRE ENTRÉE.

Le théâtre représente un bocage, au travers duquel on voit des hameaux.

SCENE I.

EGLÉ, DORIS.

DORIS.
L'Amour va vous offrir la plus charmante fête,
Déjà pour disputer chaque berger s'apprête :
Le don de votre main au vainqueur est promis.
Qu'Hésiode est à plaindre ! hélas ! il vous adore ;
Mais les jeux d'Apollon sont des arts qu'il ignore ;
De ses tendres soupirs il va perdre le prix.

ÉGLÉ.
Doris, j'aime Hésiode, et plus que l'on ne pense
    Je m'occupe de son bonheur :
Mais c'est en éprouvant ses feux et sa constance
Que j'ai dû m'assurer qu'il méritait mon cœur.

DORIS.
A vos engagements pourrez-vous vous soustraire ?

ÉGLÉ.
Je ne sais point, Doris, manquer de foi.

DORIS.
Comment avec vos feux accorder votre loi ?

ÉGLÉ.
Tu verras dès ce jour tout ce qu'Églé peut faire.

DORIS.
Églé, dans nos hameaux inconnue, étrangère,
Jouit sur tous les cœurs d'un pouvoir mérité ;
    Rien ne lui doit être impossible,
    Avec le secours invincible
    De l'esprit et de la beauté.

ÉGLÉ.
J'aperçois Hésiode.

DORIS.
    Accablé de tristesse,
Il plaint le malheur de ses feux.

ÉGLÉ.
Je saurai dissiper la douleur qui le presse :
Mais pour quelques instants cachons-nous à ses yeux.

SCÈNE II.

HESIODE.

Églé méprise ma tendresse ;
Séduite par les chants de mes heureux rivaux,
Son cœur est le prix : et seul dans ces hameaux
J'ignore les secrets de l'art qu'elle couronne !
  Églé le sait, et m'abandonne !
  Je vais la perdre sans retour.
A de frivoles chants se peut-il qu'elle donne
Un prix qui n'était dû qu'au plus parfait amour ?
     (On entend une symphonie douce.)
Quelle douce harmonie ici se fait entendre !...
Elle invite au repos... Je ne puis m'en défendre...
Mes yeux appesantis laissent tarir leurs pleurs...
Dans le sein du sommeil je cède à ses douceurs.

SCÈNE III.

EGLÉ, HESIODE, *endormi*.

ÉGLÉ.

Commencez le bonheur de ce berger fidèle,
Songes ; en ce séjour Euterpe vous appelle.
Accourez à ma voix, parlez à mon amant ;
  Par vos images séduisantes,
  Par vos illusions charmantes,
Annoncez-lui le destin qui l'attend.
   (Entrée des Songes.)

UN SONGE.

  Songes flatteurs,
 Quand d'un cœur misérable
Vos soins apaisent les douleurs,
  Douces erreurs,
  Du sort impitoyable
Suspendez longtemps les rigueurs ;
  Réveil, éloignez-vous :
 Ah ! que le sommeil est doux !
Mais quand un songe favorable
Présage un bonheur véritable,
  Sommeil, éloignez-vous :
 Ah ! que le réveil est doux !
   (Les Songes se retirent.)

ÉGLÉ.

Toi pour qui j'ai quitté mes sœurs et le Parnasse,
Toi que le ciel a fait digne de mon amour,

Tendre berger, d'une feinte disgrâce
  Ne crains point l'effet en ce jour.
Reçois le don des vers. Qu'un nouveau feu t'anime.
Des transports d'Apollon ressens l'effet sublime;
Et, par tes chants divins t'élevant jusqu'aux cieux,
Ose en les célébrant te rendre égal aux dieux.
Amour, dont les ardeurs ont embrasé mon âme,
Daigne animer mes dons de ta divine flamme :
Nous pouvons du génie exciter les efforts ;
Mais les succès heureux sont dus à tes transports.

SCÈNE IV.

HESIODE.

Où suis-je? quel réveil! quel nouveau feu m'inspire?
Quel nouveau jour me luit? Tous mes sens sont surpris?
          (Il aperçoit la lyre.)
      Mais quel prodige étonne mes esprits?
          (Il la touche, et elle rend des sons.)
Dieux, quels sons éclatants partent de cette lyre!
D'un transport inconnu j'éprouve le délire!
Je forme sans effort des chants harmonieux !
          O lyre! ô cher présent des dieux!
Déjà par ton secours je parle leur langage.
Le plus puissant de tous excite mon courage,
Je reconnais l'Amour à des transports si beaux,
Et je vais triompher de mes jaloux rivaux.

SCÈNE V.

HESIODE, TROUPE DE BERGERS *qui s'assemblent pour la fête.*

CHOEUR.

Que tout retentisse,
Que tout applaudisse
A nos chants divers!
Que l'écho s'unisse,
Qu'Églé s'attendrisse
A nos doux concerts!
Doux espoir de plaire,
Animez nos jeux !
Apollon va faire
Un amant heureux.
Flatteuse victoire!
Triomphe enchanteur!
L'amour et la gloire

Suivront le vainqueur.
(On danse, après quoi Hésiode s'approche pour disputer.)

CHOEUR.

O berger! déposez cette lyre inutile;
Voulez-vous dans nos jeux disputer en ce jour?

HÉSIODE.

Rien n'est impossible à l'Amour.
Je n'ai point fait de l'art une étude servile,
Et ma voix indocile
Ne s'est jamais unie aux chalumeaux.
Mais, dans le succès que j'espère,
J'attends tout du feu qui m'éclaire,
Et rien de mes faibles travaux.

CHOEUR.

Chantez, berger téméraire;
Nous allons admirer vos prodiges nouveaux.

HÉSIODE *commence*.

Beau feu qui consumez mon âme,
Inspirez à mes chants votre divine ardeur :
Portez dans mon esprit cette brillante flamme
Dont vous brûlez mon cœur...

CHOEUR, *qui interrompt Hésiode*.

Sa lyre efface nos musettes.
Ah! nous sommes vaincus!
Fuyons dans nos retraites.

SCÈNE IV.

HESIODE, EGLÉ.

HÉSIODE.

Belle Églé... Mais, ô ciel! quels charmes inconnus!...
Vous êtes immortelle, et j'ai pu m'y méprendre!
Vos célestes appas n'ont-ils pas dû m'apprendre
Qu'il n'est permis qu'aux dieux de soupirer pour vous?
Hélas! à chaque instant, sans pouvoir m'en défendre,
Mon trop coupable cœur accroît votre courroux.

ÉGLÉ.

Ta crainte offense ma gloire.
Tu mérites le prix qu'ont promis mes serments;
Je le dois à ta victoire,
Et le donne à tes sentiments.

HÉSIODE.

Quoi! vous seriez?... O ciel! est-il possible?
Muse, vos dons divins ont prévenu mes vœux :
Dois-je espérer encor que votre âme sensible
Daigne aimer un berger et partager mes feux?

ÉGLÉ.

La vertu des mortels fait leur rang chez les dieux.
Une âme pure, un cœur tendre et sincère,
Sont les biens les plus précieux ;
Et quand on sait aimer le mieux,
On est le plus digne de plaire.
(Aux bergers.)
Calmez votre dépit jaloux,
Bergers, rassemblez-vous :
Venez former les plus riantes fêtes.
Je me plais dans vos bois, je chéris vos musettes :
Reconnaissez Euterpe et célébrez ses feux.

SCÈNE VII.

EGLÉ, HESIODE, LES BERGERS, DORIS.

CHOEUR.

Muse charmante, muse aimable,
Qui daignez parmi nous fixer vos tendres vœux,
Soyez-nous toujours favorable,
Présidez toujours à nos jeux.
(On danse.)

DORIS.

Dieux qui gouvernez la terre,
Tout répond à votre voix.
Dieux qui lancez le tonnerre,
Tout obéit à vos lois.
De votre gloire éclatante,
De votre grandeur brillante
Nos cœurs ne sont point jaloux :
D'autres biens sont faits pour nous.
Unis d'un amour sincère,
Un berger, une bergère,
Sont-ils moins heureux que vous ?

SECONDE ENTRÉE.

Le théâtre représente les jardins d'Ovide à Thômes ; et dans le fond des montagnes affreuses parsemées de précipices, et couvertes de neiges.

SCÈNE I.

OVIDE.

Cruel amour, funeste flamme,
Faut-il encor t'abandonner mon âme?
Cruel amour, funeste flamme,
Le sort d'Ovide est-il d'aimer toujours?
Dans ces climats glacés, au fond de la Scythie,
Contre tes feux n'est-il point de secours?
J'y brûle, hélas! pour la jeune Erithie :
Pour moi, sans elle, il n'est plus de beaux jours.
Cruel amour, etc.
Achève du moins ton ouvrage,
Soumets Erithie à son tour.
Ici tout languit sans amour,
Et de son cœur encore elle ignore l'usage!
Ces fleurs dans mes jardins l'attirent chaque jour,
Et je vais par des jeux... C'est elle, ô doux présage!
Je m'éloigne à regret : mais bientôt sur mes pas
Tout va lui parler le langage
Du dieu charmant qu'elle ne connaît pas.

SCÈNE II.

ERITHIE.

C'en est donc fait! et dans quelques moments
Diane à ses autels recevra mes serments!
Jardins chéris, riants bocages,
Hélas! à mes jeux innocents
Vous n'offrirez plus vos ombrages!
Oiseaux, vos séduisants ramages
Ne charmeront donc plus mes sens!
Vain éclat, grandeur importune,
Heureux qui dans l'obscurité
N'a point soumis à la fortune
Son bonheur et sa liberté!

Mais quels concerts se font entendre?
Quel spectacle enchanteur ici vient me surprendre?

SCÈNE III.

La statue de l'Amour s'élève au fond du théâtre, et toute la suite d'Ovide vient former des dansès et des chants autour d'Erithie.

CHOEUR.

Dieu charmant, dieu des tendres cœurs,
Règne à jamais, lance tes flammes;
Eh! quel bien flatterait nos âmes
S'il n'était de tendres ardeurs?
Chantons, ne cessons point de célébrer ses charmes;
Qu'il occupe tous nos moments;
Ce dieu ne se sert de ses armes
Que pour faire d'heureux amants.
Les soins, les pleurs et les soupirs,
Sont les tributs de son empire;
Mais tous les biens qu'il en retire,
Il nous les rend par les plaisirs.

(On danse.)

ÉRITHIE.

Quels doux concerts, quelle fête agréable!
Que je trouve charmant ce langage nouveau!
Quel est donc ce dieu favorable?

(Elle considère la statue.)

Hélas! c'est un enfant; mais quel enfant aimable!
Pourquoi cet arc et ce bandeau,
Ce carquois, ces traits, ce flambeau?

UN HOMME DE LA FÊTE.

Ce faible enfant est le maître du monde;
La nature s'anime à sa flamme féconde,
Et l'univers sans lui périrait avec nous.
Reconnaissez, belle Erithie,
Un dieu fait pour régner sur vous;
Il veut de votre aimable vie
Vous rendre les instants plus doux.
Etendez les droits légitimes
Du plus puissant des immortels;
Tous les cœurs seront ses victimes
Quand vous servirez ses autels.

ÉRITHIE.

Ces aimables leçons ont trop l'art de me plaire.
Mais quel est donc ce dieu dont on veut me parler?

OVIDE.

De ses plus doux secrets discret dépositaire,
A vous seul en ces lieux je dois les révéler.

SCÈNE IV.

ERITHIE, OVIDE.

OVIDE.
C'est un aimable mystère
Qui de ses biens charmants assaisonne le prix :
Plus on les a sentis,
Et mieux on sait les taire.

ÉRITHIE.
J'ignore encor quels sont des biens si doux ;
Mais je brûle de m'en instruire.

OVIDE.
Vous l'ignorez? n'en accusez que vous ;
Déjà dans mes regards vous auriez dû le lire.

ÉRITHIE.
Vos regards ?... Dans ses yeux quel poison séducteur !
Dieux ! quel trouble confus s'élève dans mon cœur !

OVIDE.
Trouble charmant, que mon âme partage,
Vous êtes le premier hommage
Que l'aimable Erithie ait offert à l'Amour.

ÉRITHIE.
L'Amour est donc ce dieu si redoutable?

OVIDE.
L'Amour est ce dieu favorable
Que mon cœur enflammé vous annonce en ce jour ;
Profitons des bienfaits que sa main nous prépare :
Unis par ses liens...

ÉRITHIE.
Hélas! on nous sépare!
Du temple de Diane on me commet le soin ;
Tout le peuple d'tthome en veut être témoin,
Et je dois dès ce jour...

OVIDE.
Non, charmante Erithie,
Les peuples mêmes de Scythie
Sont soumis au vainqueur dont nous suivons les lois :
Il faut les attendrir, il faut unir nos voix.
Est-il des cœurs que notre amour ne touche,
S'il s'explique à la fois
Par vos larmes et par ma bouche?
Mais on approche... on vient... Amour, si pour ta gloire
Dans un exil affreux il faut passer mes jours,
De mon encens du moins conserve la mémoire,
A mes tendres accents accorde ton secours.

SCENE V.

OVIDE, ERITHIE, TROUPES DE SARMATES.

CHOEUR.

Célébrons la gloire éclatante
De la déesse des forêts :
Sans soins, sans peine et sans attente,
Nous subsistons par ses bienfaits ;
Célébrons la beauté charmante
Qui va la servir désormais :
Que sa main longtemps lui présente
Les offrandes de ses sujets.

(On danse.)

LE CHEF DES SARMATES.

Venez, belle Erithie...

OVIDE.

Ah ! daignez m'écouter !
De deux tendres amants différez le supplice :
Ou si vous achevez ce cruel sacrifice,
Voyez les pleurs que vous m'allez coûter.

CHOEUR.

Non, elle est promise à Diane :
Nos engagements sont des lois :
Qui pourrait être assez profane
Pour priver les dieux de leurs droits !

OVIDE et ÉRITHIE.

Du plus puissant des dieux nos cœurs sont le partage,
Notre amour est son ouvrage :
Est-il des droits plus sacrés ?
Par une injuste violence
Les dieux ne sont point honorés.
Ah ! si votre indifférence
Méprise nos douleurs,
A ce dieu qui nous assemble
Nous jurons de mourir ensemble
Pour ne plus séparer nos cœurs.

CHOEUR.

Quel sentiment secret vient attendrir nos âmes
Pour ces amants infortunés ?
Par l'Amour l'un à l'autre ils étaient destinés ;
Que l'Amour couronne leurs flammes !

OVIDE.

Vous comblez mon bonheur, peuple trop généreux.
Quel prix de ce bienfait sera la récompense ?
Puissiez-vous par mes soins, par ma reconnaissance,
Apprendre à l'avenir heureux !

L'Amour vous appelle,
Ecoutez sa voix;
Que tout soit fidèle
A ses douces lois.
Des biens dont l'usage
Fait le vrai bonheur,
Le plus doux partage
Est un tendre cœur.

TROISIÈME ENTRÉE.

Le théâtre représente le péristyle du temple de Junon à Samos.

SCENE I.

POLYCRATE, ANACREON.

ANACRÉON.

Les beautés de Samos aux pieds de la déesse
Par votre ordre aujourd'hui vont présenter leurs vœux.
Mais, seigneur, si j'en crois le soupçon qui me presse,
   Sous ce zèle mystérieux
   Un soin plus doux vous intéresse.

POLYCRATE.

   On ne peut sur la tendresse
   Tromper les yeux d'Anacréon.
  Oui, le plus doux penchant m'entraîne ;
Mais j'ignore à la fois le séjour et le nom
   De l'objet qui m'enchaîne.

ANACRÉON.

   Je conçois le détour;
Parmi tant de beautés vous espérez connaître
Celle dont les attraits ont fixé votre amour;
Mais cet amour enfin...

POLYCRATE.

           Un instant le fit naître :
  Ce fut dans ces superbes jeux
Où mes heureux succès célébrés par ta lyre...

ANACRÉON.

Ce jour, il m'en souvient, je devins amoureux
   De la jeune Thémire.

POLYCRATE.

Eh quoi! toujours de nouveaux feux ?

TROISIÈME ENTRÉE.

ANACRÉON.

A de beaux yeux aisément mon cœur cède;
Il change de même aisément :
L'amour à l'amour y succède,
Le goût seul du plaisir y règne constamment.

POLYCRATE.

Bientôt une douce victoire
T'a sans doute asservi son cœur?

ANACRÉON.

Ce triomphe manque à ma gloire,
Et ce plaisir à mon bonheur.

POLYCRATE.

Mais on vient..... Que d'appas! Ah! les cœurs les plus sages,
En voyant tant d'attraits, doivent craindre des fers.

ANACRÉON.

Junon, dans ce beau jour, les plus tendres hommages
Ne sont pas ceux qui te seront offerts.

SCENE II.

POLYCRATE, ANACRÉON, TROUPE DE JEUNES SAMIENNES,
qui viennent offrir leurs hommages à la déesse.

HYMNE A JUNON.

Reine des dieux, mère de l'univers,
Toi par qui tout respire,
Qui combles cet empire
De tes biens les plus chers,
Junon, vois ces offrandes :
Nos cœurs que tu demandes
Vont te les présenter.
Que tes mains bienfaisantes
De nos mains innocentes
Daignent les accepter !

(On danse.)

Thémire, portant une corbeille de fleurs, entre dans le temple à la tête des jeunes Samiennes.

POLYCRATE, *apercevant Thémire.*

O bonheur !

ANACRÉON.

O plaisir extrême!

POLYCRATE.

Quels traits charmants! Quels regards enchanteurs !

ANACRÉON.

Ah! qu'avec grâce elle porte ces fleurs !

POLYCRATE.

Ces fleurs! que dites-vous? C'est la beauté que j'aime.

ANACRÉON.

C'est Thémire elle-même.

POLYCRATE.

Ami trop cher, rival trop dangereux,
Ah! que je crains tes redoutables feux!
De mon cœur agité fais cesser le martyre;
Porte à d'autres appas tes volages désirs,
Laisse-moi goûter les plaisirs
De te chérir toujours, et d'adorer Thémire.

ANACRÉON.

Si ma flamme était volontaire,
Je l'imolerais à l'instant:
Mais l'amour dans mon cœur n'en est pas moins sincère
Pour n'être pas toujours constant.
La gloire et la grandeur, au gré de votre envie,
Vous assurent les plus beaux jours :
Mais que ferais-je de la vie,
Sans les plaisirs, sans les amours?

POLYCRATE.

Eh! que te servira ta vaine résistance!
Ingrat, évite ma présence.

ANACRÉON.

Vous calmerez cet injuste courroux;
Il est trop peu digne de vous.

SCÈNE III.

POLYCRATE.

Transports jaloux, tourments que je déteste,
Ah! faut-il me livrer à vos tristes fureurs?
Faut-il toujours qu'une rage funeste
Inspire avec l'amour la haine et ses horreurs?
Cruel Amour, ta fatale puissance
Désunit plus de cœurs
Qu'elle n'en met d'intelligence.
Je vois Thémire : ô transports enchanteurs!

SCENE IV.

POLYCRATE, THÉMIRE.

POLYCRATE.

Thémire, en vous voyant la résistance est vaine,
Tout cède à vos attraits vainqueurs.
Heureux l'amant dont les tendres ardeurs
Vous feront partager la chaîne
Que vous donnez à tous les cœurs!

THÉMIRE.

Je fuis les soupirs, les langueurs,
Les soins, les tourments, les alarmes :
Un plaisir qui coûte des pleurs
Pour moi n'aura jamais de charmes.

POLYCRATE.

C'est un tourment de n'aimer rien ;
C'est un tourment affreux d'aimer sans espérance,
Mais il est un suprême bien,
C'est de s'aimer d'intelligence.

THÉMIRE.

Non, je crains jusqu'aux nœuds assortis par l'Amour.

POLYCRATE.

Ah! connaissez du moins les biens qu'il vous apprête.
Vous devez à Junon le reste de ce jour :
Demain une illustre conquête
Vous est promise en ce séjour.

SCENE V.

THEMIRE.

Il me cachait son rang, je feignais à mon tour.
Polycrate m'offre un hommage
Qui comblerait l'ambition.
Un sort plus doux me flatte davantage,
Et mon cœur en secret chérit Anacréon.
Sur les fleurs, d'une aile légère,
On voit voltiger les Zéphyrs :
Comme eux d'une ardeur passagère
Je voltige sur les plaisirs.
D'une chaîne redoutable,
Je veux préserver mon cœur.
L'Amour m'amuserait comme un enfant aimable,
Je le crains comme un fier vainqueur.

SCENE VI.

ANACRÉON.

ANACRÉON, THEMIRE.

Belle Thémire, enfin le roi vous rend les armes,
L'aveu de tous les cœurs autorise le mien :
Si l'amour animait vos charmes,
Il ne leur manquerait plus rien.

TRÉMIRE.

Vous m'annoncez par cette indifférence

Combien le choix vous paraîtrait égal.
    Qui voit sans peine un rival
    N'est pas loin de l'inconstance.

ANACRÉON.

Vous faites à ma flamme une cruelle offense,
Vous la faites surtout à ma sincérité.
    En amour même
    Je dis la vérité,
Et quand je n'aime plus, je ne dis plus que j'aime.

THÉMIRE.

    Quand on sent une ardeur extrême,
    On a moins de tranquillité.

ANACRÉON.

Thémire, jugez mieux de ma fidélité.
    Ah! qu'un amant a de folie
    D'aimer, de haïr tour à tour!
    Ce qu'il donne à la jalousie,
    Je le donne tout à l'amour.

THÉMIRE.

Je crains ce qu'il en coûte à devenir trop tendre;
Non, l'amour dans les cœurs cause trop de tourments.

ANACRÉON.

    Si l'hiver dépare nos champs,
    Est-ce à Flore de les défendre?
    S'il est des maux pour les amants,
    Est-ce à l'Amour qu'il faut s'en prendre?
    Sans la neige et les orages,
    Sans les vents et leurs ravages,
    Les fleurs naîtraient en tous temps.
    Sans la froide indifférence,
    Sans la fière résistance,
    Tous les cœurs seraient contents.

THÉMIRE.

    Vous vous piquez d'être volage :
Si je forme des nœuds, je veux qu'ils soient constants.

ANACRÉON.

L'excès de mon ardeur est un plus digne hommage
Que la fidélité des vulgaires amants;
    Il vaut mieux aimer davantage,
    Et ne pas aimer si longtemps.

THÉMIRE.

Non, rien ne peut fixer un amant si volage.

ANACRÉON.

Non, rien ne peut payer des transports si charmants.

THÉMIRE.

    Vous séduisez plutôt que de convaincre;
    Je vois l'erreur, et je me laisse vaincre.

Ah! trompez-moi longtemps par ces tendres discours.
L'illusion qui plaît devrait durer toujours.

ANACRÉON.

C'est en passant votre espérance
Que je prétends vous tromper désormais;
Vous attendrez mon inconstance,
Et ne l'éprouverez jamais.
(Ensemble.)
Unis par les mêmes désirs,
Unissons mon sort et le vôtre;
Toujours fidèles aux plaisirs,
Nous devons l'être l'un à l'autre.

SCENE VII.

POLYCRATE, THEMIRE, ANACRÉON.

POLYCRATE.

Demeure, Anacréon; je suspends mon courroux,
Et veux bien un instant t'égaler à moi-même.
Je n'abuserai point de mon pouvoir suprême :
Que Thémire décide et choisisse entre nous.
Dites quels sont les nœuds que votre âme préfère,
N'hésitez point à les nommer :
Je jure de confirmer
Le choix que vous allez faire.

THÉMIRE.

Je connais tout le prix du bonheur de vous plaire.
Si j'osais m'y livrer; cependant en ce jour,
Seigneur, vous pourriez croire
Que je donne tout à la gloire;
Je veux tout donner à l'amour.
Pardonnez à mon cœur un penchant invincible.

POLYCRATE.

Il suffit. Je cède en ce moment;
Allez, soyez unis : je puis être sensible;
Mais je n'oublîrai point ma gloire et mon serment.

THÉMIRE et ANACRÉON.

Digne exemple des rois, dont le cœur équitable
Triomphe de soi-même en couronnant nos feux,
Puisse toujours le ciel prévenir tous nos vœux!
Que votre règne aimable,
Par un bonheur constant à jamais mémorable,
Éternise vos jours heureux!

POLYCRATE, à Anacréon.

Commence d'accomplir un si charmant présage;
Rentre dans ma faveur, ne quitte point ma cour;

Que l'amitié du moins me dédommage
　Des disgraces de l'amour.
　Que tout célèbre cette fête.
L'heureux Anacréon voit combler ses désirs :
　Accourez, chantez sa conquête
　Comme il a chanté vos plaisirs.

SCÈNE VIII.

ANACRÉON, THÉMIRE, peuples de Samos.

CHOEUR.

Que tout célèbre cette fête.
L'heureux Anacréon voit combler ses désirs :
　Accourons, chantons sa conquête
　Comme il a chanté nos plaisirs.
        (On danse.)

ANACRÉON, *alternativement avec le chœur.*
　Jeux, brillez sans cesse :
　Sans vous la tendresse
　Languirait toujours.
　Au plus tendre hommage
　Un doux badinage
　Prête du secours.
        (On danse.)

　Quand pour plaire aux belles
　On voit autour d'elles
　Folâtrer l'Amour,
　Dans leur cœur le traître
　Est bientôt le maître,
　Et rit à son tour.

LE DEVIN DU VILLAGE

INTERMÈDE

Représenté à Fontainebleau, devant le roi, les 18 et 24 octobre 1752; et à Paris, par l'Académie royale de Musique, le jeudi 1ᵉʳ mars 1753.

AVERTISSEMENT.

Quoique j'aie approuvé les changements que mes amis jugèrent à propos de faire à cet intermède quand il fut joué à la cour, et que son succès leur soit dû en grande partie, je n'ai pas jugé à propos de les adopter aujourd'hui, et cela par plusieurs raisons. La première est que, puisque cet ouvrage porte mon nom, il faut que ce soit le mien, dût-il en être plus mauvais; la seconde, que ces changements pouvaient être fort bien en eux-mêmes, et ôter pourtant à la pièce cette unité si peu connue, qui serait le chef-d'œuvre de l'art, si l'on pouvait la conserver sans répétition et sans monotonie. Ma troisième raison est que cet ouvrage n'ayant été fait que pour mon amusement, son vrai succès est de me plaire : or personne ne sait mieux que moi comment il doit être pour me plaire le plus (1).

---

(1) Cet *Avertissement* n'est point dans l'édition originale, conséquemment ce que l'auteur y dit des *changements* faits à sa pièce, et qu'*il n'a pas jugé à propos d'adopter*, ne s'applique qu'à la musique. En effet, il nous apprend lui-même, dans ses *Confessions*, qu'il consentit à ce que Francueil et Jelyotte fissent un autre récitatif plus analogue au goût de l'époque. Au reste, le récitatif fait par Rousseau a été postérieurement rétabli au théâtre. On croit que la musique du *Devin du village*, telle qu'elle s'exécute maintenant à l'Opéra, a, depuis Rousseau, subi de grands changements dans la partie instrumentale. La vérité est que l'accompagnement du récitatif se réduisant, dans la partition, à une basse chiffrée sans l'emploi d'aucun autre instrument, et celui du chant n'en offrant presque point d'autre que deux parties de violon avec la basse, on a jugé que la partition ne pouvait rester en cet état de simplicité, pour être exécutée dans une salle aussi vaste que celle de l'Opéra. M. Lefèvre, bibliothécaire de cet établissement, a fait avec autant de goût que de réserve les *remplissages* que cette circonstance nécessitait. Il a coupé les repos du récitatif par des accords confiés aux différents instruments, mais toujours fournis par la basse telle que le compositeur l'a donnée. Pour le chant, il en a complété les parties d'orchestre dont l'effet, sans ce complément, pouvait paraître trop faible. Les amateurs ont généralement applaudi à ces changements; cependant les effets harmoniques ainsi renforcés, en altérant les rapports établis par le compositeur entre le chant et l'accompagnement, n'ont-ils pas détruit cette *unité* qu'il fait avec raison valoir, et dénaturé jusqu'à un certain point son ouvrage? Ce qu'il y a de certain, c'est que Rousseau s'est for-

A M. DUCLOS.

Historiographe de France, l'un des quarante de l'Académie française et de celle des belles-lettres.

Souffrez, monsieur, que votre nom soit à la tête de cet ouvrage, qui, sans vous, n'eût point vu le jour. Ce sera ma première et unique dédicace : puisse-t-elle vous faire autant d'honneur qu'à moi!

Je suis, de tout mon cœur,
    Monsieur,

Votre très humble et très obéissant serviteur,
J.-J. ROUSSEAU.

LE DEVIN DU VILLAGE.

PERSONNAGES.

COLIN.	LE DEVIN.
COLETTE.	TROUPE DE JEUNES GENS DU VILLAGE.

Le théâtre représente d'un côté la maison du Devin; de l'autre, des arbres et des fontaines; dans le fond, un hameau.

SCÈNE I.

COLETTE, *soupirant, et s'essuyant les yeux de son tablier.*

J'ai perdu tout mon bonheur;
J'ai perdu mon serviteur;
  Colin me délaisse.

Hélas! il a pu changer!
Je voudrais n'y plus songer :
  J'y songe sans cesse.

J'ai perdu mon serviteur;
J'ai perdu tout mon bonheur;
  Colin me délaisse.

Il m'aimait autrefois, et ce fut mon malheur.

---

tement prononcé lui-même contre tout changement de cette espèce dans une note écrite de sa main, et conçue en ces termes :
« Dans TOUTE MA MUSIQUE, je prie instamment qu'on ne mette aucun remplissage partout où je n'en ai pas mis. »

Mais quelle est donc celle qu'il me préfère?
Elle est donc bien charmante! Imprudente bergère!
Ne crains-tu point les maux que j'éprouve en ce jour?
Colin m'a pu changer; tu peux avoir ton tour.

    Que me sert d'y rêver sans cesse?
    Rien ne peut guérir mon amour,
    Et tout augmente ma tritesse.

    J'ai perdu mon serviteur;
    J'ai perdu tout mon bonheur;
      Colin me délaisse.

    Je veux le haïr... je le dois...
Peut-être il m'aime encor... Pourquoi me fuir sans cesse?
    Il me cherchait tant autrefois!

Le Devin du canton fait ici sa demeure;
Il sait tout : il saura le sort de mon amour :
Je le vois, et je veux m'éclaircir en ce jour.

SCÈNE II.

LE DEVIN, COLETTE.

Tandis que le Devin s'avance gravement, Colette compte dans sa main de la monnaie, puis elle la plie dans un papier, et la présente au Devin, après avoir un peu hésité à l'aborder

    COLETTE, *d'un air timide*.
Perdrai-je Colin sans retour?
Dites-moi s'il faut que je meure.
    LE DEVIN, *gravement*.
J'ai lu dans votre cœur, et j'ai lu dans le sien.
    COLETTE.
  O dieu!
    LE DEVIN.
    Modérez-vous.
    COLETTE.
        Eh bien?
Colin...
    LE DEVIN.
    Vous est infidèle.
    COLETTE.
Je me meurs.
    LE DEVIN.
    Et pourtant il vous aime toujours.
    COLETTE, *vivement*.
Que dites-vous?
    LE DEVIN.
      Plus adroite et moins belle,
La dame de ces lieux...

COLETTE.

Il me quitte pour elle!

LE DEVIN.

Je vous l'ai déjà dit, il vous aime toujours.

COLETTE, *tristement.*

Et toujours il me fuit!

LE DEVIN.

Comptez sur mon secours.
Je prétends à vos pieds ramener le volage.
Colin veut être brave, il aime à se parer :
 Sa vanité vous a fait un outrage
 Que son amour doit réparer.

COLETTE.

 Si des galants de la ville
 J'eusse écouté les discours,
 Ah! qu'il m'eût été facile
 De former d'autres amours!

 Mise en riche demoiselle,
 Je brillerais tous les jours;
 De rubans et de dentelle
 Je chargerais mes atours.

 Pour l'amour de l'infidèle
 J'ai refusé mon bonheur;
 J'aimais mieux être moins belle
 Et lui conserver mon cœur.

LE DEVIN.

Je vous rendrai le sien, ce sera mon ouvrage.
Vous, à le mieux garder appliquez tous vos soins;
 Pour vous faire aimer davantage,
 Feignez d'aimer un peu moins.

 L'amour croît, s'il s'inquiète;
 Il s'endort, s'il est content :
 La bergère un peu coquette
 Rend le berger plus constant.

COLETTE.

A vos sages leçons Colette s'abandonne.

LE DEVIN.

Avec Colin prenez un autre ton.

COLETTE.

Je feindrai d'imiter l'exemple qu'il me donne.

SCENE III.

LE DEVIN.

J'ai tout su de Colin, et ces pauvres enfants

Admirent tous les deux la science profonde
Qui me fait deviner tout ce qu'ils m'ont appris.
Leur amour à propos en ce jour me seconde;
En les rendant heureux, il faut que je confonde
De la dame du lieu les airs et les mépris.

SCENE IV.

LE DEVIN, COLIN.

COLIN.
L'amour et vos leçons m'ont enfin rendu sage,
Je préfère Colette à des biens superflus :
  Je sus lui plaire en habit de village,
Sous un habit doré qu'obtiendrais-je de plus?
LE DEVIN.
Colin, il n'est plus temps, et Colette t'oublie.
COLIN.
Elle m'oublie, ô ciel! Colette a pu changer!
LE DEVIN.
  Elle est femme, jeune et jolie;
  Manquerait-elle à se venger?
COLIN.
  Non, Colette n'est point trompeuse,
    Elle m'a promis sa foi :
    Peut-elle être l'amoureuse
    D'un autre berger que moi?
LE DEVIN.
Ce n'est point un berger qu'elle préfère à toi;
  C'est un beau monsieur de la ville,
    COLIN.
Qui vous l'a dit?
    LE DEVIN, *avec emphase.*
    Mon art.
    COLIN.
            Je n'en saurais douter.
  Hélas! qu'il m'en va coûter
  Pour avoir été trop facile!
Aurais-je donc perdu Colette sans retour?
LE DEVIN.
On sert mal à la fois la fortune et l'amour.
D'être si beau garçon quelquefois il en coûte.
COLIN.
De grâce, apprenez-moi le moyen d'éviter
  Le coup affreux que je redoute.
LE DEVIN.
Laisse-moi seul un moment consulter.

(Le Devin tire de sa poche un livre de grimoire et un petit bâton de Jacob, avec lesquels il fait un charme. De jeunes paysannes, qui venaient le consulter, laissent tomber leurs présents, et se sauvent tout effrayées en voyant ses contorsions.)

Le charme est fait. Colette en ce lieu va se rendre;
Il faut ici l'attendre.

COLIN.

A l'apaiser pourrai-je parvenir?
Hélas! voudra-t-elle m'entendre?

LE DEVIN.

Avec un cœur fidèle et tendre
On a droit de tout obtenir.
(A part.)
Sur ce qu'elle doit dire allons la prévenir.

SCÈNE V.

COLIN.

Je vais revoir ma charmante maîtresse.
Adieu, châteaux, grandeurs, richesse,
Votre éclat ne me tente plus.
Si mes pleurs, mes soins assidus,
Peuvent toucher ce que j'adore,
Je vous verrai renaître encore,
Doux moments que j'ai perdus.

Quand on sait aimer et plaire,
A-t-on besoin d'autre bien?
Rends-moi ton cœur, ma bergère,
Colin t'a rendu le sien.

Mon chalumeau, ma houlette,
Soyez mes seules grandeurs;
Ma parure est ma Colette,
Mes trésors sont ses faveurs.

Que de seigneurs d'importance
Voudraient bien avoir sa foi!
Malgré toute leur puissance,
Ils sont moins heureux que moi.

SCENE VI.

COLIN, COLETTE, *parée*.

COLIN, *à part*.

Je l'aperçois... Je tremble en m'offrant à sa vue...
...Sauvons-nous... Je la perds si je fuis...

COLETTE, *à part*.

Il me voit... Que je suis émue!
Le cœur me bat...

SCENE VI.

COLIN.
Je ne sais où j'en suis.
COLETTE.
Trop près, sans y songer, je me suis approchée.
COLIN.
Je ne puis m'en dédire, il la faut aborder.
(A Colette, d'un ton radouci, et d'un air moitié riant, moitié embarrassé.)
Ma Colette... êtes-vous fâchée ?
Je suis Colin : daignez me regarder.

COLETTE, *osant à peine lever les yeux sur lui.*
Colin m'aimait; Colin m'était fidèle :
Je vous regarde, et ne vois plus Colin.
COLIN.
Mon cœur n'a point changé; mon erreur trop cruelle
Venait d'un sort jeté par quelque esprit malin :
Le Devin l'a détruit; je suis, malgré l'envie,
Toujours Colin, toujours plus amoureux.
COLETTE.
Par un sort, à mon tour, je me sens poursuivie.

J.-J. Rousseau, T. VIII.

Le Devin n'y peut rien.

COLIN.

Que je suis malheureux!

COLETTE.

D'un amant plus constant....

COLIN.

Ah! de ma mort suivie,
Votre infidélité...

COLETTE.

Vos soins sont superflus;
Non, Colin, je ne t'aime plus.

COLIN.

Ta foi ne m'est point ravie;
Non, consulte mieux ton cœur :
Toi-même en m'ôtant la vie,
Tu perdrais tout ton bonheur.

COLETTE.

(A part.) (A Colin.)
Hélas! Non, vous m'avez trahie,
Vos soins sont superflus :
Non, Colin, je ne t'aime plus.

COLIN.

C'en est donc fait; vous voulez que je meure;
Et je vais pour jamais m'éloigner du hameau.

COLETTE, *rappelant Colin qui s'éloigne lentement.*
Colin!

COLIN.

Quoi?

COLETTE.

Tu me fuis?

COLIN.

Faut-il que je demeure
Pour vous voir un amant nouveau?

DUO.

COLETTE.

Tant qu'à mon Colin j'ai su plaire,
Je vivais dans les plaisirs.

COLIN.

Quand je plaisais à ma bergère,
Mon sort comblait mes désirs.

COLETTE.

Depuis que son cœur me méprise,
Un autre a gagné le mien.

COLIN.

Après le doux nœud qu'elle brise,
Serait-il un autre bien?

(D'un ton pénétré.)

Ma Colette se dégage!

COLETTE.

Je crains un amant volage.

(Ensemble.)

Je me dégage à mon tour.
Mon cœur devenu paisible,
Oubliera, s'il est possible,
Que tu lui fus cher/chère un jour.

COLIN.

Quelque bonheur qu'on me promette
Dans les nœuds qui me sont offerts,
J'eusse encor préféré Colette
A tous les biens de l'univers.

COLETTE.

Quoiqu'un seigneur jeune, aimable,
Me parle aujourd'hui d'amour,
Colin m'eût semblé préférable
A tout l'éclat de la cour.

COLIN, *tendrement.*

Ah, Colette!

COLLETE, *avec un soupir.*

Ah! berger volage,
Faut-il t'aimer malgré moi!

(Colin se jette aux pieds de Colette; elle lui fait remarquer à son chapeau un ruban fort riche qu'il a reçu de la dame. Colin le jette avec dédain. Colette lui en donne un plus simple dont elle était parée, et qu'il reçoit avec transport.)

(Ensemble.)

A jamais Colin je t'engage/l'engage
Mon/Son cœur et ma/sa foi.
Qu'un doux mariage
M'unisse avec toi.
Aimons toujours sans partage;
Que l'amour soit notre loi.
A jamais, etc.

SCENE VII.

LE DEVIN, COLIN, COLETTE.

LE DEVIN.

Je vous ai délivrés d'un cruel maléfice;
Vous vous aimez encor malgré les envieux.

COLIN.

(Ils offrent chacun un présent au Devin.)
Quel don pourrait jamais payer un tel service!

LE DEVIN, *recevant des deux mains.*

Je suis assez payé si vous êtes heureux.
Venez, jeunes garçons, venez, aimables filles,
Rassemblez-vous, venez les imiter;
Venez, galants bergers, venez, beautés gentilles,
En chantant leur bonheur apprendre à le goûter.

SCÈNE VIII.

LE DEVIN, COLIN, COLETTE, Garçons et Filles du village.

CHOEUR.

Colin revient à sa bergère;
Célébrons un retour si beau.
Que leur amitié sincère
Soit un charme toujours nouveau.
Du Devin de notre village
Chantons le pouvoir éclatant :
Il ramène un amant volage,
Et le rend heureux et constant.

(On danse.)

ROMANCE.

COLIN.

Dans ma cabane obscure
Toujours soucis nouveaux;
Vent, soleil ou froidure,
Toujours peine et travaux.
Colette, ma bergère,
Si tu viens l'habiter,
Colin, dans sa chaumière,
N'a rien à regretter.
Des champs, de la prairie,
Retournant chaque soir,
Chaque soir plus chérie,
Je viendrai te revoir :
Du soleil dans nos plaines
Devançant le retour,
Je charmerai mes peines
En chantant notre amour.

(On danse une pantomime.)

LE DEVIN.

Il faut tous à l'envi

Nous signaler ici :
Si je ne puis sauter ainsi,
Je dirai pour ma part une chanson nouvelle.

(Il tire une chanson de sa poche.)

I.

L'art à l'Amour est favorable,
Et sans art l'Amour sait charmer ;
A la ville on est plus aimable,
Au village on sait mieux aimer.
   Ah ! pour l'ordinaire,
   L'amour ne sait guère
Ce qu'il permet, ce qu'il défend ;
C'est un enfant, c'est un enfant.

COLIN, *avec le chœur, répète le refrain.*

   Ah ! pour l'ordinaire,
   L'Amour ne sait guère
Ce qu'il permet, ce qu'il défend ;
C'est un enfant, c'est un enfant.

(Regardant la chanson.)
Elle a d'autres couplets ! je la trouve assez belle.

COLETTE, *avec empressement.*

Voyons, voyons ; nous chanterons aussi.

(Elle prend la chanson.)

II.

Ici de la simple nature
L'Amour suit la naïveté;
En d'autres lieux, de la parure
Il cherche l'éclat emprunté.
   Ah ! pour l'ordinaire,
   L'Amour ne sait guère
Ce qu'il permet, ce qu'il défend ;
C'est un enfant, c'est en enfant.

CHOEUR.

C'est un enfant, c'est un enfant.

COLIN.

III.

Souvent une flamme chérie
Est celle d'un cœur ingénu ;
Souvent par la coquetterie
Un cœur volage est retenu.
   Ah ! pour l'ordinaire, etc.

(A la fin de chaque couplet le chœur répète toujours ce vers :)
C'est un enfant, c'est un enfant.

LE DEVIN.

IV.

L'Amour, selon sa fantaisie,
Ordonne et dispose de nous;
Ce dieu permet la jalousie,
Et ce dieu punit les jaloux.
    Ah! pour l'ordinaire, etc.

COLIN.

V.

A voltiger de belle en belle,
On perd souvent l'heureux instant;
Souvent un berger trop fidèle
Est moins aimé qu'un inconstant.
    Ah! pour l'ordinaire, etc.

COLETTE.

VI.

A son caprice on est en butte,
Il veut les ris, il veut les pleurs;
Par les... par les..

COLIN, *lui aidant à lire.*

Par les rigueurs on le rebute.

COLETTE.

On l'affaiblit par les faveurs.
            (Ensemble.)
    Ah! pour l'ordinaire,
    L'Amour ne sait guère
Ce qu'il permet, ce qu'il défend;
C'est un enfant, c'est un enfant.

CHOEUR.

C'est un enfant, c'est un enfant.
                        (On danse.)

COLETTE.

Avec l'objet de mes amours,
Rien ne m'afflige, tout m'enchante :
Sans cesse il rit, toujours je chante.
C'est une chaîne d'heureux jours.
Quand on sait bien aimer, que la vie est charmante!
Tel, au milieu des fleurs qui brillent sur son cours,
    Un doux ruisseau coule et serpente.
Quand on sait bien aimer, que la vie est charmante!
                        (On danse.)

COLETTE.

Allons danser sous les ormeaux,
Animez-vous, jeunes fillettes :

Allons danser sous les ormeaux,
Galants, prenez vos chalumeaux.
   (Les Villageois répètent ces quatre vers.)
    COLETTE.
Répétons mille chansonnettes ;
Et, pour avoir le cœur joyeux,
Dansons avec nos amoureux ;
Mais n'y restons jamais seulettes.
Allons danser sous les ormeaux, etc.
    LES VILLAGEOISES.
Allons danser sous les ormeaux, etc.
    COLETTE.
A la ville on fait bien plus de fracas ;
Mais sont-ils aussi gais dans leurs ébats?
  Toujours contents,
  Toujours chantants ;
  Beauté sans fard,
  Plaisir sans art :
Tous leurs concerts valent-ils nos musettes?
Allons danser sous les ormeaux, etc.
    LES VILLAGEOISES.
Allons danser sous les ormeaux, etc.

LA
DÉCOUVERTE DU NOUVEAU MONDE

TRAGEDIE EN TROIS ACTES (1).

PERSONNAGES.

LE CACIQUE de l'Ile de Ganahan, conquérant d'une partie des Antilles.
DIGIZÉ, épouse du Cacique.
CARIME, princesse américaine.
COLOMB, chef de la flotte espagnole.
ALVAR, officier castillan.
LE GRAND-PRÊTRE des Américains.
NOZIME, Américain.
TROUPE DE SACRIFICATEURS AMÉRICAINS.
TROUPE D'ESPAGNOLS ET D'ESPAGNOLES DE LA FLOTTE.
TROUPE D'AMÉRICAINS ET D'AMÉRICAINES.

La scène est dans l'île de Guanahan.

ACTE PREMIER.

Le théâtre représente la forêt sacrée où les peuples de Guanahan venaient adorer leurs dieux.

SCÈNE I.

LE CACIQUE, CARIME.

LE CACIQUE.
Seule en ces bois sacrés! eh! qu'y faisait Carime?
CARIME.
Eh! quel autre que vous devrait le savoir mieux?
De mes tourments secrets j'importunais les dieux;
J'y pleurais mes malheurs : m'en faites-vous un crime?

---

(1) Composée à Lyon en 1740. Rousseau avait fait la musique du premier acte.

ACTE I, SCÈNE I.

LE CACIQUE.

Loin de vous condamner, j'honore la vertu
Qui vous fait près des dieux chercher la confiance
Que l'effroi vient d'ôter à mon peuple abattu.
Cent présages affreux, troublant notre assurance,
   Semblent du ciel annoncer le courroux;
Si nos crimes ont pu mériter sa vengeance,
    Vos vœux l'éloigneront de nous
     En faveur de votre innocence.

CARIME.

Quel fruit espérez-vous de ces détours honteux?
Cruel! vous insultez à mon sort déplorable.
   Ah! si l'amour me rend coupable,
   Est-ce à vous à blâmer mes feux?

LE CACIQUE.

Quoi! vous parlez d'amour en ces moments funestes!
L'amour échauffe-t-il des cœurs glacés d'effroi?

CARIME.

   Quand l'amour est extrême,
   Craint-on d'autre malheur
     Que la froideur
     De ce qu'on aime?
  Si Digizé vous vantait son ardeur,
   Lui répondriez-vous de même?

LE CACIQUE.

Digizé m'appartient par des nœuds éternels;
En partageant mes feux elle a rempli mon trône;
Et, quand nous confirmons nos serments mutuels,
L'amour le justifie, et le devoir l'ordonne.

CARIME.

L'amour et le devoir s'accordent rarement :
Tour à tour seulement ils règnent dans une âme.
   L'amour forme l'engagement,
   Mais le devoir éteint la flamme.
Si l'hymen a pour vous des attraits si charmants,
Redoublez avec moi ses doux engagements :
  Mon cœur consent à ce partage :
  C'est un usage établi parmi nous.

LE CACIQUE.

Que me proposez-vous, Carime! quel langage?

CARIME.

Tu t'offenses, cruel, d'un langage si doux!
Mon amour et mes pleurs excitent ton courroux!
   Tu vas triompher en ce jour.
   Ah! si tes yeux ont plus de charmes,
   Ton cœur a-t-il autant d'amour?

LE CACIQUE.

Cessez de vains regrets, votre plainte est injuste :
　　Ici vos pleurs blessent mes yeux.
Carime, ainsi que vous, en cet asile auguste,
　Mon cœur a ses secrets à révéler aux dieux.

CARIME.

Quoi! barbare, au mépris tu joins enfin l'outrage!
Va, tu n'entendras plus d'inutiles soupirs;
A mon amour trahi tu préfères ma rage :
Il faudra te servir au gré de tes désirs.

LE CACIQUE.

　　Que son sort est à plaindre!
　Mais les fureurs n'obtiendront rien.
　Pour un cœur fait comme le mien
　Ses pleurs étaient bien plus à craindre.

SCENE II.

LE CACIQUE.

　Lieu terrible, lieu révéré,
　Séjour des dieux de cet empire,
Déployez dans les cœurs votre pouvoir sacré :
　Dieux, calmez un peuple égaré,
De ses sens effrayés dissipez ce délire;
Ou, si votre puissance enfin n'y peut suffire,
N'usurpez plus un nom vainement adoré.
Je me le cache en vain, moi-même je frissonne;
Une sombre terreur m'agite malgré moi.
Cacique malheureux, ta vertu t'abandonne;
Pour la première fois ton courage s'étonne;
La crainte et la frayeur se font sentir à toi.
　Lieu terrible, lieu révéré,
　Séjour des dieux de cet empire,
Déployez dans les cœurs votre pouvoir sacré :
　Rassurez un peuple égaré,
De ses sens effrayés dissipez ce délire;
Ou, si votre puissance enfin n'y peut suffire,
N'usurpez plus un nom vainement adoré.
Mais quel est le sujet de ces craintes frivoles?
　Les vains pressentiments d'un peuple épouvanté,
　　Les mugissements des idoles,
　Ou l'aspect effrayant d'un astre ensanglanté?
Ah! n'ai-je tant de fois enchaîné la victoire,
Tant vaincu de rivaux, tant obtenu de gloire,
Que pour la perdre enfin par de si faibles coups?
　Gloire frivole! eh! sur quoi comptons-nous?

Mais je vois Digizé. Cher objet de ma flamme,
 Tendre épouse, ah! mieux que les dieux,
  L'éclat de tes beaux yeux
  Ranimera mon âme.

SCÈNE III.

DIGIZÉ, LE CACIQUE.

DIGIZÉ.

 Seigneur, vos sujets éperdus,
Saisis d'effroi, d'horreur, cèdent à leurs alarmes ;
Et, parmi tant de cris, de soupirs et de larmes,
 C'est pour vous qu'ils craignent le plus.
Quel que soit le sujet de leur terreur mortelle,
Ah! fuyons, cher époux, fuyons, sauvons vos jours.
Par une crainte, hélas! qui menace leur cours,
 Mon cœur sent une mort réelle.

LE CACIQUE.

 Moi fuir! leur cacique! leur roi!
 Leur père enfin! l'espères-tu de moi?
Sur la vaine terreur dont ton esprit se blesse,
Moi, fuir! ah! Digizé, que me proposes-tu?
 Un cœur chargé d'une faiblesse
 Conserverait-il ta tendresse
 En abandonnant la vertu?
Digizé, je chéris le nœud qui nous assemble ;
J'adore tes appas, ils peuvent tout sur moi :
 Mais j'aime encor mon peuple autant que toi,
 Et la vertu plus que tous deux ensemble.

SCÈNE IV.

NOZIME, LE CACIQUE, DIGIZÉ.

NOZIME.

Par votre ordre, seigneur, les prêtres rassemblés
Vont bientôt en ces lieux commencer le mystère.

LE CACIQUE.

Et les peuples?

NOZIME.

 Toujours également troublés,
Tous frémissent au bruit d'un mal imaginaire.
Ils disent qu'en ces lieux des enfants du soleil
Doivent bientôt descendre en superbe appareil.
Tout tremble à leur nom seul, et ces hommes terribles,
Affranchis de la mort, aux coups inaccessibles,
Doivent tout asservir à leur pouvoir fatal :

Trop fiers d'être immortels, leur orgueil sans égal
Des rois fait leurs sujets, des peuples leurs esclaves.
Leurs récits effrayants étonnent les plus braves.
J'ai vainement cherché les auteurs insensés
De ces bruits...

LE CACIQUE.
Laissez-nous, Nozime; c'est assez.

DIGIZÉ.
Grands dieux! que produira cette terreur publique?
Quel sera ton destin, infortuné cacique?
Hélas! ce doute affreux ne trouble-t-il que moi?

LE CACIQUE.
Mon sort est décidé; je suis aimé de toi.
Dieux puissants! dieux jaloux de mon bonheur suprême,
Des fiers enfants du ciel secondez les projets :
Armez à votre gré la terre, l'enfer même;
   Je puis braver et la foudre et vos traits.
Déployez contre moi votre injuste vengeance,
   J'en redoute peu les effets :
   Digizé seule en sa puissance
   Tient mon bonheur et mes succès.
Dieux puissants, dieux jaloux de mon bonheur suprême,
Des fiers enfants du ciel secondez les projets :
Armez à votre gré la terre, l'enfer même;
   Je puis braver et la foudre et vos traits.

DIGIZÉ.
Où vous emporte un excès de tendresse?
   Ah! n'irritons pas les dieux :
   Plus on prétend braver les cieux,
   Plus on sent sa propre faiblesse.
   Ciel, protecteur de l'innocence,
Eloigne nos dangers, dissipe notre effroi.
Eh! des faibles humains qui prendra la défense,
   S'ils n'osent espérer en toi?
Du plus parfait amour la flamme légitime
   Aurait-elle offensé tes yeux?
Ah! si des feux si purs devant toi sont un crime,
Détruis la race humaine et ne fais que des dieux.
   Ciel, protecteur de l'innocence,
Eloigne nos dangers, dissipe notre effroi.
Eh! des faibles humains qui prendra la défense,
   S'ils n'osent espérer en toi?

LE CACIQUE.
Chère épouse, suspends d'inutiles alarmes :
Plus que de vains malheurs tes pleurs me vont coûter.
   Ai-je, quand tu verses des larmes,

De plus grands maux à redouter?
Mais j'entends retentir les instruments sacrés,
    Les prêtres vont paraître :
    Gardez-vous de laisser connaître
    Le trouble auquel vous vous livrez.

SCENE V.

LE CACIQUE, LE GRAND-PRÊTRE, DIGIZÉ,
TROUPE DE PRÊTRES.

LE GRAND-PRÊTRE

C'est ici le séjour de nos dieux formidables ;
Ils rendent en ces lieux leurs arrêts redoutables;
Que leur présence en nous imprime un saint respect!
    Tout doit frémir à leur aspect.

LE CACIQUE.

Prêtres sacrés des dieux qui protégent ces îles,
Implorez leur secours sur mon peuple et sur moi;
    Obtenez d'eux qu'ils bannissent l'effroi
      Qui vient troubler ces lieux tranquilles.
        Des présages affreux
        Répandent l'épouvante;
        Tout gémit dans l'attente
        De cent maux rigoureux.
        Par vos accents terribles
        Evoquez les destins :
        Si nos maux sont certains,
        Ils seront moins sensibles.

LE GRAND-PRÊTRE, *alternativement avec le chœur.*
    Ancien du monde, être des jours,
    Sois attentif à nos prières;
      Soleil, suspends ton cours
      Pour éclairer nos mystères!

LE GRAND-PRÊTRE.
    Dieux qui veillez sur cet empire,
Manifestez vos soins, soyez nos protecteurs.
    Bannissez de vaines terreurs,
    Un signe seul vous peut suffire :
    Le vil effroi peut-il frapper des cœurs
      Que votre confiance inspire?

CHOEUR.
    Ancien du monde, être des jours,
    Sois attentif à nos prières;
      Soleil, suspends ton cours
    Pour éclairer nos mystères.

LE GRAND-PRÊTRE.

Conservez à son peuple un prince généreux :
Que, de votre pouvoir digne dépositaire,
 Il soit heureux comme les dieux,
 Puisqu'il remplit leur ministère,
 Et qu'il est bienfaisant comme eux !

CHOEUR.

 Ancien du monde, etc.

LE GRAND-PRÊTRE.

C'en est assez. Que l'on fasse silence.
De nos rites sacrés déployons la puissance,
Que vos sublimes sons, vos pas mystérieux,
De l'avenir, soustrait aux mortels curieux,
Dans mon cœur inspiré portent la connaissance.
Mais la fureur divine agite mes esprits;
Mes sens sont étonnés, mes regards éblouis;
La nature succombe aux efforts réunis
 De ces ébranlements terribles....
Non, des transports nouveaux affermissent mes sens;
Mes yeux avec effort percent la nuit des temps....
Ecoutez du destin les décrets inflexibles!

 Cacique infortuné,
Tes exploits sont flétris, ton règne est terminé :
Ce jour en d'autres mains fait passer ta puissance ;
Tes peuples, asservis sous un joug odieux,
Vont perdre pour jamais les plus chers dons des cieux,
 Leur liberté, leur innocence.
Fiers enfants du soleil, vous triomphez de nous ;
Vos arts sur nos vertus vous donnent la victoire :
 Mais, quand nous tombons sous vos coups,
Craignez de payer cher nos maux et votre gloire.
Des nuages confus naissent de toutes parts...
Les siècles sont voilés à mes faibles regards.

LE CACIQUE.

De vos arts mensongers cessez les vains prestiges.

 (Les prêtres se retirent, après quoi l'on entend le chœur suivant derrière le théâtre.)

CHOEUR *derrière le théâtre.*

 O ciel ! ô ciel ! quels prodiges nouveaux !
Et quels monstres ailés paraissent sur les eaux !

DIGIZÉ.

 Dieux ! quels sont ces nouveaux prodiges ?

CHOEUR *derrière le théâtre.*

 O ciel ! ô ciel ! etc.

LE CACIQUE.

L'effroi trouble les yeux de ce peuple timide;

Allons apaiser ses transports.
DIGIZÉ.
Seigneur, où courez-vous? quel vain espoir vous guide ?
Contre l'arrêt des dieux que servent vos efforts?
Mais il ne m'entend plus, il fuit. Destin sévère!
Ah! ne puis-je du moins, dans ma douleur amère,
Sauver un de ses jours au prix de mille morts!

ACTE DEUXIÈME.

Le théâtre représente un rivage entrecoupé d'arbres et de rochers. On voit, dans l'enfoncement, débarquer la flotte espagnole, au son des trompettes et des timbales.

SCÈNE I.

COLOMB, ALVAR, troupes d'Espagnols et d'Espagnoles.

CHŒUR.
Triomphons, triomphons sur la terre et sur l'onde !
  Donnons des lois à l'univers :
Notre audace en ce jour découvre un nouveau monde;
  Il est fait pour porter nos fers.

COLOMB, *tenant d'une main une épée nue, et de l'autre l'étendard de Castille.*

Climats dont à nos yeux s'enrichit la nature,
Inconnus aux humains, trop négligés des cieux,
Perdez la liberté :
        (Il plante l'étendard en terre.)
        Mais portez sans murmure,
    Un joug encore plus précieux.
Chers compagnons, jadis l'Argonaute timide
Eternisa son nom dans les champs de Colchos :
Aux rives de Gadès l'impétueux Alcide
    Borna sa course et ses travaux ;
Un art audacieux, en nous servant de guide,
De l'immense Océan nous a soumis les flots.
Mais qui célébrera notre troupe intrépide
    A l'égal de tous ces héros ;
Célébrez ce grand jour d'éternelle mémoire;

Entrez, par les plaisirs, au chemin de la gloire :
Que vos yeux enchanteurs brillent de toutes parts,
De ce peuple sauvage étonnez les regards.

CHOEUR.

Célébrons ce grand jour d'éternelle mémoire;
Que nos yeux enchanteurs brillent de toutes parts.

(On danse.)

ALVAR.

Fière Castille, étends partout tes lois,
Sur toute la nature exerce ton empire;
   Pour combler tes brillants exploits,
   Un monde entier n'a pu suffire.
Maîtres des éléments, héros dans les combats,
Répandons en ces lieux la terreur, le ravage;
   Le ciel en fit notre partage,
   Quand il rendit l'abord de ces climats
   Accessible à notre courage.
Fière Castille, etc.

(Danses guerrières.)

UNE CASTILLANE.

Volez, conquérants redoutables;
Allez remplir de grands destins :
Avec des armes plus aimables,
Nos triomphes sont plus certains.
   Qu'ici d'une gloire immortelle
   Chacun se couronne à son tour.
Guerriers, vous y portez l'empire d'Isabelle,
   Nous y portons l'empire de l'Amour.
   Volez, conquérants, etc.

(Danses.)

ALVAR ET LA CASTILLANE.

Jeunes beautés, guerriers terribles,
Unissez-vous, soumettez l'univers.
Si quelqu'un se dérobe à vos coups invincibles,
Par de beaux yeux qu'il soit chargé de fers.

COLOMB.

C'est assez exprimer notre allégresse extrême,
Nous devons nos moments à de plus doux transports.
Allons aux habitants qui vivent sur ces bords
De leur nouveau destin porter l'arrêt suprême.
Alvar, de nos vaisseaux ne vous éloignez pas;
Dans ces détours cachés dispersez vos soldats :
La gloire d'un guerrier est assez satisfaite
S'il peut favoriser une heureuse retraite.
Allez, si nous avons à livrer des combats,
Il sera bientôt temps d'illustrer votre bras.

CHOEUR.

Triomphons, triomphons sur la terre et sur l'onde;
　Portons nos lois au bout de l'univers :
Notre audace en ce jour découvre un nouveau monde;
　Nous sommes faits pour lui donner des fers.

SCÈNE II.

CARIME.

Transports de ma fureur, amour, rage funeste,
Tyrans de la raison, où guidez-vous mes pas ?
C'est assez déchirer mon cœur par vos combats;
Ah ! du moins éteignez un feu que je déteste
　　Par mes pleurs ou par mon trépas.
Mais je l'espère en vain, l'ingrat y règne encore :
Ses outrages cruels n'ont pu me dégager;
Je reconnais toujours, hélas ! que je l'adore,
　　Par mon ardeur à m'en venger.
Transports de ma fureur, etc.
Mais que servent ces pleurs? Qu'elle pleure elle-même...
C'est ici le séjour des enfants du soleil :
Voilà de leur abord le superbe appareil;
Qu'y viens-je faire, hélas! dans ma fureur extrême?
　　Je viens leur livrer ce que j'aime,
　　Pour leur livrer ce que je hais !
Oses-tu l'espérer, infidèle Carime?
　Les fils du ciel sont-ils faits pour le crime?
　　Ils détesteront tes forfaits.
Mais s'ils avaient aimé... s'ils ont des cœurs sensibles...
Ah ! sans doute ils le sont, s'ils ont reçu le jour.
Le ciel peut-il former des cœurs inaccessibles
　　Aux tourments de l'amour?

SCÈNE III.

ALVAR, CARIME.

ALVAR.

Que vois-je? quel éclat! Ciel! comment tant de charmes
　　Se trouvent-ils en ces déserts?
Que serviront ici la valeur et les armes?
　　C'est à nous d'y porter des fers.

CARIME, *en action de se prosterner.*

Je suis encor, seigneur, dans l'ignorance
Des hommages qu'on doit...

ALVAR, *la retenant.*

J'en puis avoir reçus ;
Mais où brille votre présence
C'est à vous seule qu'ils sont dus.

CARIME.

Quoi donc ! refusez-vous, seigneur, qu'on vous adore ?
N'êtes-vous pas des dieux ?

ALVAR.

On ne doit adorer que vous seule en ces lieux ;
Au titre de héros nous aspirons encore.
    Mais daignez m'instruire à mon tour
    Si mon cœur, en ce lieu sauvage,
Doit, en vous, admirer l'ouvrage
    De la nature ou de l'amour.

CARIME.

Vous séduisez le mien par un si doux langage,
Je n'en attendais pas de tels en ce séjour.

ALVAR.

L'amour veut, par mes soins, réparer en ce jour
Ce qu'ici vos appas ont de désavantage :
    Ces lieux grossiers ne sont pas faits pour vous ;
    Daignez nous suivre en un climat plus doux.
    Avec tant d'appas en partage,
    L'indifférence est un outrage
    Que vous ne craindrez pas de nous.

CARIME.

Je ferai plus encore ; et je veux que cette île
Avant la fin du jour, reconnaisse vos lois.
Les peuples, effrayés, vont d'asile en asile
Chercher leur sûreté dans le fond de nos bois ;
Le cacique lui-même, en d'obscures retraites,
    A déposé ses biens les plus chéris.
Je connais les détours de ces routes secrètes.
Des otages si chers...

ALVAR.

Croyez-vous qu'à ce prix
Nos cœurs soient satisfaits d'emporter la victoire ?
Notre valeur suffit pour nous la procurer.
Vos soins ne serviront qu'à ternir notre gloire,
    Sans la mieux assurer.

CARIME.

Ainsi tout se refuse à ma juste colère !

ALVAR.

Juste ciel! vous pleurez ! ai-je pu vous déplaire?
Parlez, que fallait-il?...

CARIME.

Il fallait me venger.

ALVAR.

Quel indigne mortel a pu vous outrager ?
Quel monstre a pu former ce dessein téméraire ?

CARIME.

Le cacique.

ALVAR.

Il mourra : c'est fait de son destin.
Tous moyens sont permis pour punir une offense,
Pour courir à la gloire il n'est qu'un seul chemin,
Il en est cent pour la vengeance.
Il faut venger vos pleurs et vos appas.
Mais mon zèle empressé n'est pas ici le maître :
Notre chef en ces lieux va bientôt reparaître :
Je vais tout préparer pour marcher sur vos pas.

(Ensemble.)

Vengeance, amour, unissez-vous,
Portez partout le ravage.
Quand vous animez le courage,
Rien ne résiste à vos coups.

ALVAR.

La colère en est plus ardente,
Quand ce qu'on aime est outragé.

CARIME.

Quand l'amour en haine est changé,
La rage est cent fois plus puissante.

(Ensemble.)

Vengeance, amour, unissez-vous, etc.

ACTE TROISIÈME.

Le théâtre change, et représente les appartements du Cacique.

SCÈNE I.

DIGIZÉ.

Tourments des tendres cœurs, terreurs, crainte fatale,
Tristes pressentiments, vous voilà donc remplis!
Funeste trahison d'une indigne rivale,
Noirs crimes de l'amour, restez-vous impunis?

   Hélas! dans mon effroi timide,
Je ne soupçonnais pas, cher et fidèle époux,
   De quelle main perfide
   Te viendraient de si rudes coups.
Je connais trop ton cœur, le sort qui nous sépare
   Terminera tes jours :
Et je n'attendrai pas qu'une main moins barbare
   Des miens vienne trancher le cours.

Tourments des tendres cœurs, terreurs, crainte fatale,
Tristes pressentiments, etc.

Cacique redouté, quand cette heureuse rive
Retentissait partout de tes faits glorieux,
Qui t'eût dit qu'on verrait ton épouse captive
   Dans le palais de tes aïeux?

SCÈNE II.

DIGIZÉ, CARIME.

DIGIZÉ.
Venez-vous insulter à mon sort déplorable?

CARIME.
Je viens partager vos ennuis.

DIGIZÉ.
Votre fausse pitié m'accable
Plus que l'état même où je suis.

CARIME.
Je ne connais point l'art de feindre :
Avec regret je vois couler vos pleurs.

Mon désespoir a causé vos malheurs;
Mais mon cœur commence à vous plaindre,
Sans pouvoir guérir vos douleurs.
Renonçons à la violence :
Quand le cœur se croit outragé,
A peine a-t-on puni l'offense
Qu'on sent moins le plaisir que donne la vengeance
Que le regret d'être vengé.

DIGIZÉ.

Quand le remède est impossible,
Vous regrettez les maux où vous me réduisez.
C'est quand vous les avez causés.
Qu'il y fallait être sensible.

(Ensemble.)

Amour, Amour, tes cruelles fureurs,
Tes injustes caprices,
Ne cesseront-ils point de tourmenter les cœurs?
Fais-tu de nos supplices
Tes plus chères douceurs?
Nos tourments font-ils tes délices?
Te nourris-tu de nos pleurs?
Amour, Amour, tes cruelles fureurs,
Tes injustes caprices,
Ne cesseront-ils point de tourmenter les cœurs?

CARIME.

Quel bruit ici se fait entendre!
Quels cris! quels sons étincelants!

DIGIZÉ.

Du Cacique en fureur les transports violents...
Si c'était lui... Grands dieux! qu'ose-t-il entreprendre?
Le bruit redouble, hélas! peut-être il va périr.
Ciel, juste ciel, daigne le secourir!

(On entend des décharges de mousqueterie qui se mêlent au bruit de l'orchestre.)

(Ensemble.)

Dieux! quel fracas! quel bruit! quels éclats de tonnerre!

SCENE III.

COLOMB, *suivi de quelques guerriers*, DIGIZÉ, CARIME.

COLOMB.

C'est assez. Épargnons de faibles ennemis.
Qu'ils sentent leur faiblesse avec leur esclavage;
Avec tant de fierté, d'audace, et de courage,
Ils n'en seront que plus punis.

DIGIZÉ.

Cruels! qu'avez-vous fait? Mais, ô ciel! c'est lui-même!

SCENE IV.

ALVAR, LE CACIQUE, *désarmé*, COLOMB, DIGIZÉ, CARIME.

ALVAR.

Je l'ai surpris, qui, seul, ardent, et furieux,
Cherchait à pénétrer jusqu'en ces mêmes lieux.

COLOMB.

Parle, que voulais-tu dans ton audace extrême?

LE CACIQUE.

Voir Digizé, t'immoler, et mourir.

COLOMB.

Ta barbare fierté ne peut se démentir :
Mais, réponds, qu'attends-tu de ma juste colère?

LE CACIQUE.

Je n'attends rien de toi; va, remplis tes projets.
  Fils du Soleil, de tes heureux succès
    Rends grâce aux foudres de ton père,
    Dont il t'a fait dépositaire,
Sans ces foudres brûlants, ta troupe en ces climats
  N'aurait trouvé que le trépas.

COLOMB.

Ainsi donc ton arrêt est dicté par toi-même.

CARIME.

  Calmez votre colère extrême;
Accordez aux remords prêts à me déchirer
De deux tendres époux la vie et la couronne.
  J'ai fait leurs maux, je veux les réparer :
    Ou, si votre rigueur l'ordonne,
    Avec eux je vais expirer.

COLOMB.

Daignent-ils recourir à la moindre prière?

LE CACIQUE.

  Vainement ton orgueil l'espère,
Et jamais mes pareils n'ont prié que les dieux.

CARIME, *à Alvar*.

Obtenez ce bienfait si je plais à vos yeux.

CARIME, ALVAR, DIGIZÉ.

Excusez deux époux, deux amants trop sensibles;
  Tout leur crime est dans leur amour

Ah! si vous aimiez un jour,
Voudriez-vous à votre tour
Ne rencontrer que des cœurs inflexibles?

CARIME.

Ne vous rendrez-vous point?

COLOMB.

Allez, je suis vaincu.
Cacique malheureux, remonte sur ton trône.
       (On lui rend son épée.)
Reçois mon amitié, c'est un bien qui t'est dû.
 Je songe, quand je te pardonne,
 Moins à leurs pleurs qu'à ta vertu.
  (A Carime.)
Pour ces tristes climats la vôtre n'est pas née.
Sensible aux feux d'Alvar, daignez les couronner.
Venez montrer l'exemple à l'Espagne étonnée,
Quand on pourrait punir, de savoir pardonner.

LE CACIQUE.

 C'est toi qui viens de le donner;
Tu me rends Digizé, tu m'as vaincu par elle.
Tes armes n'avaient pu dompter mon cœur rebelle,
 Tu l'as soumis par tes bienfaits.
Sois sûr, dès cet instant, que tu n'auras jamais
D'ami plus empressé, de sujet plus fidèle.

COLOMB.

Je te veux pour ami, soit sujet d'Isabelle.
Vante-nous désormais ton éclat prétendu,
 Europe : en ce climat sauvage,
 On éprouve autant de courage,
 On y trouve plus de vertu.
 O vous que des deux bouts du monde
 Le destin rassemble en ces lieux!
Venez, peuples divers, former d'aimables jeux :
 Qu'à vos concerts l'écho réponde :
 Enchantez les cœurs et les yeux.
 Jamais une plus digne fête
  N'attira vos regards.
 Nos jeux sont les enfants des arts,
 Et le monde en est la conquête.
Hâtez-vous, accourez, venez de toutes parts,
 O vous que des deux bouts du monde
 Le destin rassemble en ces lieux,
 Venez former d'aimables jeux.

SCÈNE V.

COLOMB, DIGIZÉ, CARIME, LE CACIQUE, ALVAR,
PEUPLES ESPAGNOLS ET AMÉRICAINS.

CHOEUR.

Accourons, accourons, formons d'aimables jeux;
 Qu'à nos concerts l'écho réponde :
 Enchantons les cœurs et les yeux.

UN AMÉRICAIN.

Il n'est point de cœur sauvage
 Pour l'amour;
 Et dès qu'on s'engage
 En ce séjour,
 C'est sans partage.
 Point d'autres plaisirs
 Que de douces chaînes :
 Nos uniques peines
 Sont nos vains désirs,
 Quand des inhumaines
 Causent nos soupirs.
Il n'est point, etc.

UNE ESPAGNOLE.

Voguons,
 Parcourons
 Les ondes,
Nos plaisirs auront leur tour.
 Découvrir
 De nouveaux mondes,
 C'est offrir
De nouveaux myrtes à l'Amour.
Plus loin que Phébus n'étend
 Sa carrière,
Plus loin qu'il ne répand
 Sa lumière,
L'Amour fait sentir ses feux.
Soleil tu fais nos jours; l'amour les rend heureux.
Voguons, etc.

CHOEUR.

Répandons dans tout l'univers
Et nos trésors et l'abondance;
Unissons par notre alliance
Deux mondes séparés par l'azur des mers.

Air

AJOUTÉ A LA FÊTE DU TROISIÈME ACTE.

DIGIZÉ.

Triomphe, Amour, règne en ces lieux;
Retour de mon bonheur, doux transports de ma flamme,
Plaisirs charmants, plaisir des dieux,
Enchantez, enivrez mon âme;
Coulez, torrents délicieux.
Fille de la vertu, tranquillité charmante,
Tu n'exclus point des cœurs l'aimable volupté,
Les doux plaisirs font la félicité,
Mais c'est toi qui la rends constante.

FRAGMENTS D'IPHIS

TRAGÉDIE

POUR L'ACADÉMIE ROYALE DE MUSIQUE (1).

PERSONNAGES.

ORTULE, roi d'Élide.
PHILOXIS, prince de Mycènes.
ANAXARETTE, fille du feu roi d'Élide.
ÉLISE, princesse de la cour d'Ortule.
IPHIS, officier de la maison d'Ortule.
ORANE, suivante d'Élise.
UN CHEF DES GUERRIERS DE PHILOXIS.
CHŒUR DE GUERRIERS.
CHŒUR DE LA SUITE D'ANAXARETTE.
CHŒUR DE DIEUX ET DE DÉESSES.
CHŒUR DE SACRIFICATEURS ET DE PEUPLES.
CHŒUR DE FURIES DANSANTES.

SCÈNE I.

Le théâtre représente un rivage; et, dans le fond, une mer couverte de vaisseaux.

ORANE.

Princesse, enfin votre joie est parfaite;
　Rien ne troublera plus vos feux.
Philoxis de retour, Philoxis amoureux,
Vient d'obtenir du roi la main d'Anaxarette;
Elle consent sans peine à ce choix glorieux;

(1) Ces fragments ont été composés à Chambéri vers 1738.

L'aspect d'un souverain puissant, victorieux,
Efface dans son cœur la plus vive tendresse :
Le trop constant Iphis n'est plus rien à ses yeux,
    La seule grandeur l'intéresse.

ÉLISE.

En vain tout paraît conspirer
    A favoriser ma flamme;
Je n'ose point encor, chère Orane, espérer
Qu'il devienne sensible aux tourmens de mon âme :
Je connais trop Iphis, je ne puis m'en flatter.
Son cœur est trop constant, son amour est trop tendre :
    Non, rien ne pourra l'arrêter ;
Il saura même aimer sans pouvoir rien prétendre.

ORANE.

Eh quoi! vous penseriez qu'il osât refuser
Un cœur qui bornerait les vœux de cent monarques?

ÉLISE.

Hélas! il n'a déjà que trop su mépriser
    De mes feux les plus tendres marques.

ORANE.

Pourrait-il oublier sa naissance, son rang,
    Et l'éclat dont brille le sang
    Duquel les dieux vous ont fait naître?

ÉLISE.

Quels que soient les aïeux dont il a reçu l'être,
Iphis sait mériter un plus illustre sort,
    Et, par un courageux effort,
Se frayer le chemin d'une cour plus brillante.
Ses aimables vertus, sa valeur éclatante,
    Ont su lui captiver mon cœur.
    Je me ferois honneur
    D'une semblable faiblesse,
    Si, pour répondre à mon ardeur,
    L'ingrat employait sa tendresse :
    Mais, peu touché de ma grandeur,
    Et moins encor de mon amour extrême,
    Il a beau savoir que je l'aime,
    Je n'en suis pas mieux dans son cœur.
Il ose soupirer pour la fille d'Ortule :
    Elle-même, jusqu'à ce jour,
    A su partager son amour;
Et, malgré sa fierté, malgré tout son scrupule,
Je l'ai vu s'attendrir et l'aimer à son tour.
Seule de son secret je tiens la confidence,
Elle m'a fait l'aveu de leurs plus tendres feux.

Oh! qu'une telle confiance
Est dure à supporter pour mon cœur amoureux!

ORANE.

Quel que soit l'excès de sa flamme,
Elle brise aujourd'hui les nœuds les plus charmants.
Si l'amour régnait bien dans le fond de son âme,
Oublîrait-elle ainsi les vœux et les serments?
Laissez agir le temps, laissez agir vos charmes.
Bientôt Iphis, irrité des mépris,
De la beauté dont son cœur est épris,
Va vous rendre les armes.

Air.

Pour finir vos peines
Amour va lancer ses traits.
Faites briller vos attraits,
Formez de douces chaînes.
Pour finir vos peines
Amour va lancer ses traits.

ÉLISE.

Orane, malgré moi la crainte m'intimide.
Hélas! je sens couler mes pleurs.
Iphis, que tu serais perfide,
Si sans les partager tu voyais mes douleurs!
Mais c'est assez tarder; cherchons Anaxarette :
Philoxis en ces lieux lui prépare une fête.
Je dois l'accompagner. Orane, suivez-moi.

SCÈNE II.

IPHIS.

Amour, que de tourments j'endure sous ta loi!
Que mes maux sont cruels! que ma peine est extrême!
Je crains de perdre ce que j'aime;
J'ai beau m'assurer sur son cœur,
Je sens, hélas! que son ardeur
M'est une trop faible assurance
Pour me rendre mon espérance.
Je vois déjà sur ce rivage
Un rival orgueilleux, couronné de lauriers,
Au milieu de mille guerriers,
Lui présenter un doux hommage :
En cet état ose-t-on refuser
Un amant tout couvert de gloire?
Hélas! je ne puis accuser

Que sa grandeur et sa victoire.
De funestes pressentiments
Tour à tour dévorent mon âme;
Mon trouble augmente à tous moments.
Anaxarette... Dieux... trahiriez-vous ma flamme?

Air.

Quel prix de ma constante ardeur,
Si vous deveniez infidèle!
Élise était charmante et belle,
J'ai cent fois refusé son cœur.
Quel prix de ma constante ardeur,
Si vous deveniez infidèle!

SCENE III.

LE ROI, PHILOXIS.

LE ROI.

Prince, je vous dois aujourd'hui
L'éclat dont brille la couronne;
Votre bras est le seul appui
Qui vient de rassurer mon trône :
Vous avez terrassé mes plus fiers ennemis.
Tout parle de votre victoire.
Des sujets révoltés voulaient ternir ma gloire,
Votre valeur les a soumis :
Jugez de la grandeur de ma reconnaissance
Par l'excès du bienfait que j'ai reçu de vous.
Vous possédez déjà la suprême puissance;
Soyez encore heureux époux.
Je dispose d'Anaxarette;
Ortule, en expirant, m'en laissa le pouvoir.
Philoxis, si ma main peut flatter votre espoir,
A former cet hymen aujourd'hui je m'apprête.

PHILOXIS.

Que ne vous dois-je point, seigneur!
Que mes plaisirs sont doux, qu'ils sont remplis de charmes!
Ah! l'heureux succès de mes armes
Est bien payé par un si grand bonheur!

Air.

Tendre amour, aimable espérance,
Régnez à jamais dans mon cœur.
Je vois récompenser la plus parfaite ardeur,
Je reçois aujourd'hui le prix de ma constance.
Ce que j'ai senti de souffrance

N'est rien auprès de mon bonheur.
Tendre amour, aimable espérance,
Régnez à jamais dans mon cœur,
Je vais posséder ce que j'aime :
Ah ! Philoxis est trop heureux !

LE ROI.

Je sens une joie extrême
De pouvoir combler vos vœux.
(Ensemble.)
La paix succède aux plus vives alarmes,
Livrons-nous aux plus doux plaisirs ;
Goûtons, goûtons-en tous les charmes;
Nous ne formerons plus d'inutiles désirs.

LE ROI.

La gloire a couronné vos armes,
Et l'hymen en ce jour couronne vos soupirs.
(Ensemble.)
La paix succède, etc.

LE ROI.

Prince, je vais pour cet ouvrage
Tout préparer dès ce moment ;
Vous allez être heureux amant,
C'est le fruit de votre courage.
Et moi, pour annoncer en ces lieux mon bonheur,
Allons, sur mes vaisseaux triomphant et vainqueur,
Des dépouilles de ma conquête
Faire un hommage aux pieds d'Anaxarette.

SCENE IV.

ANAXARETTE.

Air.

Je cherche en vain à dissiper mon trouble;
Non, rien ne saurait l'apaiser :
J'ai beau m'y vouloir opposer,
Malgré moi ma peine redouble.

Enfin il est donc vrai, j'épouse Philoxis,
Et j'ai pu consentir à trahir ma tendresse;
C'est inutilement que mon cœur s'intéresse
Au bonheur de l'aimable Iphis !

Fallait-il, dieux puissants! qu'une si douce flamme,
Dont j'attendais tout mon bonheur,
N'ait pu passer jusqu'en mon âme
Sans offenser ma gloire et mon honneur?

Je cherche en vain, etc.

Je sens encor tout mon amour,
Quoique pour l'étouffer l'ambition m'inspire,
Et je m'aperçois qu'à leur tour
Mes yeux versent des pleurs, et que mon cœur soupire.

Mais quoi! pourrais-je balancer?
Pour deux objets puis-je m'intéresser?
L'un est roi triomphant, l'autre amant sans naissance :
Ah! sans rougir je ne puis y penser,
Et j'en sens trop la différence
Pour oser encore hésiter.
Non, sachons mieux nous acquitter
Des lois que la gloire m'impose :
Régnons; mon rang ne me propose
Qu'une couronne à souhaiter;
Et je ne serais plus digne de la porter
Si je désirais autre chose.

SCÈNE V.

ELISE, ANAXARETTE, SUITE D'ANAXARETTE *qui entre avec Élise.*

ÉLISE.

Philoxis est enfin de retour en ces lieux,
Il ramène avec lui l'Amour et la Victoire;
Et cet amant, comblé de gloire,
En vient faire hommage à vos yeux :
Ces vaisseaux triomphants, autour de ce rivage,
Semblent annoncer ses exploits.
Nos ennemis vaincus et soumis à nos lois
Sont des preuves de son courage.
Princesse, dans cet heureux jour
Vous allez partager l'éclat qui l'environne :
Qu'avec plaisir on porte une couronne,
Quand on la reçoit de l'Amour!

ANAXARETTE.

Je sens l'excès de mon bonheur extrême,
Et je vois accomplir mes plus tendres désirs.
Hélas! que ne puis-je de même
Voir finir mes tendres soupirs!
(On entend des trompettes et des timbales derrière le théâtre.)
Mais qu'entends-je? quel bruit de guerre
Vient en ces lieux frapper les airs?

ÉLISE.

Quels sons harmonieux! Quels éclatants concerts!
(Ensemble.)
Ciel! quel auguste aspect paraît sur cette terre!

SCÈNE VI.

Ici quatre trompettes paraissent sur le théâtre, suivis d'un grand nombre de guerriers vêtus magnifiquement.

ANAXARETTE, ELISE, SUITE D'ANAXARETTE, CHEF DES GUERRIERS, CHOEUR DE GUERRIERS.

LE CHEF DES GUERRIERS, *à Anaxarette.*

Recevez, aimable princesse,
L'hommage d'un amant tendre et respectueux.
C'est de sa part que, dans ces lieux,
Nous venons vous offrir ses vœux et sa richesse.

(En cet endroit on voit entrer, au son des trompettes, plusieurs guerriers, vêtus légèrement, qui portent des présents magnifiques, à la fin desquels est un beau trophée; ils forment une marche, et vont en dansant offrir leurs présents à la princesse, pendant que le chef des guerriers chante.)

LE CHEF DES GUERRIERS.

Régnez à jamais sur son cœur,
Partagez son amour extrême,
Et que sa flamme même
Puisse naître votre ardeur!
Et vous, guerriers, chantons l'heureuse chaîne
Qui va couronner nos vœux :
Honorons notre souveraine,
Sous ses lois vivons sans peine
Soyons à jamais heureux.

CHOEUR DES GUERRIERS.

Chantons, chantons l'heureuse chaîne
Qui va couronner nos vœux :
Honorons notre souveraine,
Sous ses lois vivons sans peine;
Soyons à jamais heureux.

ÉLISE.

Jeunes cœurs, en ce séjour
Rendez-vous sans plus attendre,
Craignez d'irriter l'Amour.
Chaque cœur doit à son tour
Devenir amoureux et tendre.
On veut en vain se défendre,
Il faut aimer un jour.

COURTS FRAGMENTS

DE LUCRÈCE

TRAGÉDIE EN PROSE (1).

PERSONNAGES.

LUCRÈCE.
COLLATIN, mari de Lucrèce.
LUCRETIUS, père de Lucrèce.
SEXTUS, fils de Tarquin.

BRUTUS.
PAULINE, confidente de Lucrèce.
SULPITIUS, confident de Sextus.

La scène est à Rome.

SCENE I.

LUCRÈCE, PAULINE.

PAULINE.

Me pardonnerez-vous une sincérité que je vous dois? Rome a vu avec applaudissement votre première destination ; tous les vœux du peuple, ainsi que le choix de Tarquin, vous unissaient à son successeur. Quel autre, disait-on, que l'héritier de la couronne, serait digne de posséder Lucrèce? Qu'elle remplisse un trône qu'elle doit honorer! qu'elle fasse le bonheur de Sextus, pour qu'il apprenne d'elle à faire celui des Romains!

Tout changea, au grand désespoir du prince contre le gré du roi, du peuple, et ce serait offenser votre raison de ne dire pas de vous-même. Votre inflexible père rompit un mariage qui devait faire le plus ardent de ses vœux ; Collatin, bourgeois de Rome, obtint le prix dont Sextus s'était vainement flatté. . . . .

. . . .

(1) Ce fut en 1754, pendant son voyage à Genève, que Rousseau fit cette esquisse informe. Elle était écrite au crayon et presque illisible.

Je n'ose vous parler du plus amoureux ni du plus aimable; mais il est impos-
que vous ne sentiez pas, malgré vous-même, lequel des deux méritait le mieux
un tel prix.

LUCRÈCE.

Songez que vous parlez à la femme de Collatin, et que, puisqu'il est mon
époux, il fut le plus digne de l'être.

PAULINE.

Je dois penser là-dessus ce que vous m'ordonnerez de croire; mais le public,
jaloux de la seule liberté qui lui reste, et dont les jugements ne sont soumis
à personne, n'a pas donné au choix de Lucrétius la même approbation que
vous. Le moyen de n'être pas difficile sur le mérite de quiconque osait prétendre à Lucrèce? L'on trouvait à tous égards Collatin moins pardonnable
en cela que Sextus; et votre délicatesse ne doit pas s'offenser si le public a
peine à croire que vous pensiez sur ce point autrement qu'il ne pense lui-
même.

LUCRÈCE.

Que le peuple connaît mal les hommes, et qu'il sait mal placer son estime!

. . . .

PAULINE.

Je crains que votre gloire n'ait plus à souffrir de cette réserve excessive
qu'elle ne ferait de l'excès contraire, et qu'on n'attribue plutôt le goût d'une
vie si solitaire et si retirée au regret de l'époux que vous avez perdu qu'à
l'amour de celui que vous possédez. . . . .

. . . .

et je crains qu'on ne vous soupçonne de prendre contre un reste de penchant
des précautions peu dignes de votre grande âme.

LUCRÈCE.

J'aperçois un étranger. Dieux! que vois-je?

PAULINE.

C'est Sulpitius, un affranchi du prince.

LUCRÈCE.

De Sextus? Que vient faire cet homme en ces lieux?

SCENE II.

LUCRÈCE, PAULINE, SULPITIUS.

SULPITIUS.

Vous avertir, madame, de la prochaine arrivée de votre époux, et vous
remettre une lettre de sa part.

LUCRÈCE.

De la part de qui?

SULPITIUS.

De Collatin.

LUCRÈCE.

Donnez. (*A part.*) Dieux! (*A Pauline.*) Lisez.

PAULINE *lit.*

« Le roi vient de partir pour un voyage de vingt-quatre heures qui me
« laisse le loisir d'aller vous embrasser. Il n'est pas nécessaire d'ajouter que
« j'en profite, mais il l'est de vous avertir que le prince Sextus souhaite de
« m'accompagner. Faites-lui donc préparer un logement convenable : songez,
« en recevant l'héritier de la couronne, que c'est de lui que dépend le sort
« et la fortune de votre époux. »

LUCRÈCE, *à Pauline.*

Faites ce qu'il faut pour recevoir le prince. (*A Sulpitius.*) Dites à Collatin que c'est à regret que je ne seconde pas mieux ses intentions; et, en lui parlant de l'état d'abattement où je suis depuis deux jours, ajoutez que ma santé dérangée ne me permet ni d'agir, ni de voir personne que lui seul.

. . . .

(*A part.*) Dieux qui voyez mon cœur, éclairez ma raison : faites que je ne cesse point d'être vertueuse; vous savez bien que je veux l'être, et je le serai toujours si vous le voulez ainsi que moi!

SCÈNE....

PAULINE, SULPITIUS.

SULPITIUS.

Eh bien! Pauline, que vous semble du trouble de Lucrèce à la nouvelle de l'arrivée du prince? et d'où croyez-vous que lui viendraient tant d'alarmes, si ce n'était de son propre cœur?

PAULINE.

Je crains bien que nous ne nous soyons trop pressés de juger Lucrèce. Ah! croyez-moi, Sulpitius, ce n'est pas une âme qu'il faille mesurer sur les nôtres. Vous savez qu'en entrant dans sa maison je pensais comme vous sur ses inclinations; que je me flattais, d'accord comme je l'espérais avec son propre cœur, de seconder facilement les vues du prince. Depuis que j'ai appris à connaître ce caractère doux et sensible, mais vertueux et inébranlable, je me suis convaincue que Lucrèce, pleinement maîtresse de son cœur et de ses passions, n'est capable de rien aimer que son époux et son devoir.

SULPITIUS.

Me croyez-vous la dupe de ces grands mots? et avez-vous oublié que, selon moi, *devoir* et *vertu* ne sont que des leurres spécieux dont les hommes adroits savent couvrir leurs intérêts? Personne ne croit à la vertu, mais chacun serait bien aise que les autres y crussent. Pensez que Lucrèce ne saurait tant aimer son devoir qu'elle n'aime encore plus son bonheur; et je suis bien trompé dans mes observations, si jamais elle peut le trouver autrement qu'en faisant celui de Sextus.

PAULINE.

Je crois me connaître en sentiments, et vous devez mieux que personne me rendre justice à cet égard. J'ai sondé les siens avec un soin digne de l'intérêt qu'y prend le prince qui nous emploie, et avec toute l'adresse nécessaire pour ne lui point paraître suspecte; j'ai exposé son cœur à toutes les épreuves les plus sûres et contre lesquelles la plus profonde dissimulation est le moins en garde : tantôt je l'ai plainte de ce qu'elle avait perdu, tantôt je l'ai louée de ce qu'elle avait préféré; tantôt flattant la vanité, tantôt offensant l'amour-propre, j'ai tâché d'exciter tour à tour sa jalousie, sa tendresse; et toutes les fois qu'il a été question de Sextus, je l'ai toujours trouvée aussi tranquille que sur tout autre sujet, et toujours prête également à continuer ou cesser la conversation, sans apparence de plaisir ou de peine.

SULPITIUS.

Il faut donc, malgré toute la tendresse dont vous me flattez, que mon cœur se connaisse mieux en amour que le vôtre; car j'en ai plus vu dans le moment où je viens d'observer Lucrèce, que vous n'avez fait depuis six mois que vous êtes à son service : et l'émotion que lui vient de causer le seul nom de Sextus me fait juger de celle qu'a dû lui causer sa vue autrefois.

PAULINE.

Depuis deux jours sa santé est tellement altérée que l'esprit s'en ressent; et ses seules langueurs ont vraisemblablement pu produire l'effet que vous attribuez à la lettre de son mari. J'avoue que mes observations peuvent me tromper; mais trop de pénétration ne vous tromperait-elle point aussi?

SULPITIUS.

Nous devons du moins désirer que l'erreur ne soit pas de mon côté, et fomenter ou même allumer un amour d'où dépend le bonheur du nôtre : vous savez que les promesses de Sextus sont au prix du succès de nos soins.

PAULINE.

Nous devons chercher nos avantages dans les faiblesses de ceux que nous servons. Je le sens d'autant mieux que, notre union ayant été mise à ce prix, mon bonheur dépend du succès. Mais l'intérêt que nous avons à profiter de l'erreur d'autrui ne nous porte point à nous tromper nous-mêmes, et l'avantage que nous devons tirer des fautes de Lucrèce n'est pas une raison d'espérer qu'elle en fasse : d'ailleurs je vous avoue qu'après avoir vu de près cette aimable et vertueuse femme je me trouve moins propre que je ne m'y attendais à seconder les desseins du prince. Je croyais... Sa douceur demande tellement grâce pour sa sagesse, qu'à peine aperçoit-on les charmes de son caractère qu'on perd le courage et la volonté de souiller une âme pure.

Je continuerai de servir Sextus comme vous l'exigez(1); il ne tiendra pas à moi que ce ne soit avec succès : mais ne serait-ce pas vous tromper que de

---

(1) Cet endroit est chargé de ratures.

vous promettre de tous mes soins plus d'effet que je n'en attends moi-même? Adieu : le temps s'écoule; il faut aller exécuter les ordres de Lucrèce. Quand le prince sera venu, au premier moment de liberté que j'aurai, j'aurai soin de vous en faire avertir. . . . .
. . . .

SCÈNE....

BRUTUS, COLLATIN.

BRUTUS, *prenant et serrant Collatin par la main.*

Crois-moi, Collatin, crois que l'âme de Brutus, aussi fière que la tienne, trouve plus grand et plus beau d'être compté parmi des hommes tels que nous, fût-ce même au dernier rang, que d'être le premier à la cour de Tarquin.

COLLATIN.

Ah! Brutus, quelle différence! Ta grandeur est toute au fond de ton âme, et j'ai besoin de chercher la mienne dans la fortune. . . . . . .
. . . .

SCÈNE....

SEXTUS, SULPITIUS.

SEXTUS.

Ami, prends pitié de mes égarements, et pardonne mes discours insensés mais compte sur ma docilité pour tous tes avis. Tu me vois enivré d'amour au point que je ne suis plus capable de me conduire. Supplée donc à cet oubli de moi-même, conduis les pas de ton aveugle maître, et fais qu'avec mon bonheur je te doive le retour de ma raison.

SULPITIUS.

Songez que nous avons ici plus d'une sorte de précautions à prendre, et que l'arrivée du père de Lucrèce doit nous rendre encore plus circonspects. Je vous l'ai dit, seigneur, je soupçonne ce voyage avec Brutus de renfermer quelque mystère : j'ai cru voir, à l'air dont ils nous observaient, qu'ils craignaient d'être observés eux-mêmes; j'ignore ce qui se trame en secret, mais Lucrétius nous regarde de mauvais œil. Je vous avoue que ce Brutus m'a toujours déplu (1).

Ah! seigneur, plût au ciel! mais..... Pardonnez si mon zèle inquiet me donne une défiance que votre courage dédaigne, mais utile à votre sûreté et peut-être à celle de l'état.

(1) Ces deux couplets sont effacés par un trait dans le manuscrit original.

SEXTUS.

Ami, que de vains soucis! Mais seulement que je voie Lucrèce, je suis content de mourir à ses pieds : et que tout l'univers périsse(1)!

SULPITIUS.

Elle met ses soins à vous éviter..... Cependant vous la verrez; le moment vient d'en être pris. Au nom des dieux! allez l'attendre, et me laissez pourvoir au reste.

SCÈNE....

SULPITIUS.

Jeune insensé! nul n'a perdu la raison que toi-même, et mon malheur veut que mon sort dépende du tien. Il faut absolument pénétrer les desseins de Brutus : un secret entretien où Collatin a été admis me donne quelque espoir de tout apprendre par cet homme facile et borné. J'ai déjà su gagner sa confiance : qu'il soit l'aveugle instrument de mes projets; que je puisse éventer par lui les complots que je soupçonne; qu'il me serve à monter au plus haut degré de faveur : qu'il livre sans le savoir sa femme au prince; qu'enfin l'amour, épuisé par la possession, me laisse la facilité d'écarter le mari et de rester seul maître et favori de Sextus, et de soumettre un jour sous son nom tous les Romains à mon empire (2).

SCENE....

PAULINE, SULPITIUS.

PAULINE.

Non, Sulpitius, c'est vainement que j'aurais parlé; elle ne veut point voir le prince; et ce qu'elle a refusé aux raisons de Collatin, elle ne l'aurait pas accordé aux prétextes que vous m'avez suggérés. D'ailleurs, chaque fois que je voulais ouvrir la bouche, sa présence m'inspirait une résistance invincible. Loin de ses yeux je veux tout ce qui vous plaît, mais devant elle je ne puis plus rien vouloir que d'honnête.

SULPITIUS.

Puisqu'une vaine timidité l'emporte, que mes raisons ni votre intérêt n'ont pu vous déterminer à parler, il ne nous reste qu'à ménager entre eux une rencontre qui paraisse imprévue. . . . .
. . . .

---

(1) Il y a dans ces deux couplets beaucoup de ratures qui les rendent presque indéchiffrables.

(2) Le manuscrit est très chargé de ratures.

SCÈNE....

LUCRÈCE.

Cruelle vertu, quel prix nous offres-tu qui soit digne des sacrifices que tu nous coûtes! la raison peut m'égarer à ta poursuite, mais mon cœur me crie qu'il faut te suivre, et je te suivrai jusqu'au bout.

SCÈNE....

LUCRÈCE, PAULINE.

LUCRÈCE.

Ne vaut-il pas mieux qu'un méchant meure, que mon père soit obéi, et que la patrie soit libre, que si, à force de pitié, Lucrèce oubliait sa vertu?

LUCRÈCE, *rentrant.*
(A Pauline, d'un ton froid, mais un peu altéré.)

Secourez ce malheureux!

SCÈNE...

SEXTUS.

Je ne sais quelle image sacrée se présente sans cesse entre elle et moi. Dans ces yeux si doux je crois voir un dieu qui m'épouvante; et je sens, aux combats que j'éprouve en la voyant, que sa pudeur n'est pas moins céleste que sa beauté.

SCÈNE....

SEXTUS.

O Lucrèce! ô beauté céleste, charme et supplice de mon infâme cœur! ô vertu digne des adorations des dieux, et souillée par le plus vil des mortels.

SCÈNE....

LUCRÈCE.

Juste ciel! un homme mort! Hélas! il ne souffre plus; son âme est paisible.

Ainsi, dans deux heures..... O innocence! où est ton prix? O vie humaine! où est ton bonheur?..... Tendre et malheureux père!... Et toi qui m'appelais ton épouse!... Ah! j'étais pourtant vertueuse. . . . .
. . . .

SCENE....

LUCRÈCE.

Monstre! si j'expire par ta rage, ma mort n'est pour toi qu'un nouveau forfait; et ta main infâme ne sait punir le crime qu'après l'avoir partagé(1).

---

(1) Par le désordre qui règne dans ces dernières scènes on peut se faire une idée de celui qui existe dans le manuscrit.

IMITATION DE MÉTASTASE

Grâce à tant de tromperies,
Grâce à tes coquetteries,
Nice, je respire enfin.
Mon cœur, libre de sa chaîne,
Ne déguise plus sa peine;
Ce n'est plus un songe vain.

Toute ma flamme est éteinte :
Sous une colère feinte
L'amour ne se cache plus.
Qu'on te nomme en ton absence,
Qu'on t'adore en ma présence,
Mes sens n'en sont point émus.

En paix sans toi je sommeille;
Tu n'es plus, quand je m'éveille,
Le premier de mes désirs.
Rien de ta part ne m'agite;
Je t'aborde et je te quitte
Sans regrets et sans plaisirs.

Le souvenir de tes charmes,
Le souvenir de mes larmes,
Ne fait nul effet sur moi.
Juge enfin comme je t'aime :
Avec mon rival lui-même
Je pourrais parler de toi.

Sois fière, sois inhumaine,
Ta fierté n'est pas moins vaine
Que le serait ta douceur.
Sans être ému je t'écoute,
Et tes yeux n'ont plus de route
Pour pénétrer dans mon cœur.

D'un mépris, d'une caresse,
Mes plaisirs ou ma tristesse
Ne reçoivent plus la loi.
Sans toi j'aime les bocages;
L'horreur des antres sauvages
Peut me déplaire avec toi.

Tu me parais encor belle;
Mais, Nice, tu n'es plus celle
Dont mes sens sont enchantés.

Je vois, devenu plus sage,
Des défauts sur ton visage
Qui me semblaient des beautés.

Lorsque je brisai ma chaîne,
Dieux ! que j'éprouvai de peine !
Hélas ! je crus en mourir :
Mais, quand on a du courage,
Pour se tirer d'esclavage
Que ne peut-on point souffrir?

Ainsi du piége perfide
Un oiseau simple et timide
Avec effort échappé,
Au prix des plumes qu'il laisse,
Prend des leçons de sagesse
Pour n'être plus attrapé.

Tu crois que mon cœur t'adore,
Voyant que je parle encore
Des soupirs que j'ai poussés;
Mais tel, au port qu'il désire,
Le nocher aime à redire
Les périls qu'il a passés.

Le guerrier couvert de gloire
Se plaît, après la victoire,
A raconter ses exploits;
Et l'esclave, exempt de peine,
Montre avec plaisir la chaîne
Qu'il a traînée autrefois.

Je m'exprime sans contrainte;
Je ne parle point par feinte,
Pour que tu m'ajoutes foi;
Et, quoi que tu puisses dire,
Je ne daigne pas m'instruire
Comment tu parles de moi.

Tes appas, beauté trop vaine,
Ne te rendront pas sans peine
Un aussi fidèle amant.
Ma perte est moins dangereuse;
Je sais qu'une autre trompeuse
Se trouve plus aisément.

FIN DU HUITIÈME VOLUME.

TABLE DU HUITIÈME VOLUME.

LETTRE A M. D'ALEMBERT.

Préface	1
J.-J. Rousseau à M. d'Alembert.	5
Réponse à une lettre anonyme.	87

THÉATRE.

De l'imitation théâtrale, essai tiré des Dialogues de Platon.	93
Préface de Narcisse.	105
Narcisse, ou l'amant de lui-même, comédie.	116
Les Prisonniers de guerre, comédie.	141
L'Engagement téméraire, comédie en trois actes.	158
Pygmalion, scène lyrique.	193
Les Muses galantes, ballet.	199
Le Devin du village, intermède.	219
La Découverte du nouveau Monde, tragédie en trois actes.	232
Fragments d'Iphis, tragédie pour l'Académie royale de musique.	250
Courts fragments de Lucrèce, tragédie en prose.	257
Imitation de Métastase.	265

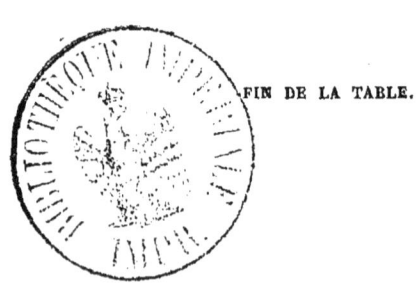

FIN DE LA TABLE.

Paris, imp. Gaittet et Cie, rue Git-le-Cœur, 7.

COLLECTION J. BRY AINÉ

— 1 FRANC LE VOLUME ILLUSTRÉ —

VOLTAIRE

Le Siècle de Louis XIV.	1 vol.
Précis du Siècle de Louis XV. — Histoire du Parlement de Paris.	1 vol.
La Henriade. — Essai sur la Poésie épique.	1 vol.
Dictionnaire philosophique.	5 vol.

J.-J. ROUSSEAU

Les Confessions. — Les Rêveries. — Lettres à M. Vernes — Dictionnaire de Botanique. — Pièces inédites.	2 vol.
La Nouvelle Héloïse. — Les Amours de Mylord Edouard. — Lettres à Sara. — Contes et Poésies diverses.	2 vol.
Emile. — Lettre à M. de Beaumont. — Pièces diverses.	2 vol.
Politique.	1 vol.
Théâtre. — Ecrits sur la Musique.	1 vol.

LA FONTAINE

Fables — Poèmes divers.	1 vol.

MOLIÈRE

Les dix premières livraisons sont en vente.

Typ. Gaittet et Cⁱᵉ, rue Git-le-Cœur, 7, à Paris.

www.ingramcontent.com/pod-product-compliance
Lightning Source LLC
Chambersburg PA
CBHW050633170426
43200CB00008B/990